Konstruktion statt Instruktion

KFU
KOLLOQUIUM FREMDSPRACHENUNTERRICHT
Herausgegeben von Gerhard Bach, Volker Raddatz,
Michael Wendt und Wolfgang Zydatiß

BAND 6

PETER LANG

Frankfurt am Main · Berlin · Bern · Bruxelles · New York · Oxford · Wien

Michael Wendt (Hrsg.)

Konstruktion statt Instruktion

Neue Zugänge zu Sprache und Kultur
im Fremdsprachenunterricht

PETER LANG
Europäischer Verlag der Wissenschaften

Die Deutsche Bibliothek - CIP-Einheitsaufnahme

Konstruktion statt Instruktion : neue Zugänge zu Sprache und
Kultur im Fremdsprachenunterricht / Michael Wendt (Hrsg.). -
Frankfurt am Main ; Berlin ; Bern ; Bruxelles ; New York ;
Oxford ; Wien : Lang, 2000
  (Kolloquium Fremdsprachenunterricht ; Bd. 6)
  ISBN 3-631-37568-9

Gedruckt auf alterungsbeständigem,
säurefreiem Papier.

ISSN 1437-7829
ISBN 3-631-37568-9

© Peter Lang GmbH
Europäischer Verlag der Wissenschaften
Frankfurt am Main 2000
Alle Rechte vorbehalten.

Das Werk einschließlich aller seiner Teile ist urheberrechtlich
geschützt. Jede Verwertung außerhalb der engen Grenzen des
Urheberrechtsgesetzes ist ohne Zustimmung des Verlages
unzulässig und strafbar. Das gilt insbesondere für
Vervielfältigungen, Übersetzungen, Mikroverfilmungen und die
Einspeicherung und Verarbeitung in elektronischen Systemen.

Printed in Germany 1 2 3 4 6 7

INHALT

Vorwort

Ernst von Glasersfeld:
Fremde Sprachen, fremde Begriffe 9

Einführung

Michael Wendt:
Kognitionstheorie und Fremdsprachendidaktik zwischen
Informationsverarbeitung und Wirklichkeitskonstruktion 15

Prinzipien und Methoden

Klaus Müller:
Constructivism in education 43

Angéline Martel:
Constructing learning with technologies: Second/foreign
languages on the Web 55

Gebhard Rusch:
Kognitive Autonomie und Lernwirklichkeit: Plädoyer für die
Authentifizierung von Schule und Unterricht 73

Lernersprache und Lernerautonomie

Johanna Meixner:
'Kamele schlafen in der Luft': Selbstorganisationsprozesse in
Lernersprachen 87

Werner Bleyhl:
Fremdsprachenlernen konstruktiv 103

Ute Rampillon:
Selbstevaluation als Auslöser konstruktiver Lernprozesse 119

Bedeutung und Verstehen

Siegfried J. Schmidt:
Kommunikation und Verstehen 143

Jürgen Donnerstag / Petra Bosenius:
Die Funktion der Emotionen in der Konstruktion von Bedeutung zu
englischen literarischen Texten 153

Michael Wendt:
Le coureur perdu – Erkennen, Verstehen und interkulturelles Lernen 163

Kompetenzen und Selbstverständnis der Lehrenden

Eynar Leupold:
'Ich weiß etwas, was du nicht weißt...': Lehrkompetenz als
Schlüssel zu einem innovativen Fremdsprachenunterricht 175

Daniela Caspari:
Das berufliche Selbstverständnis von
Fremdsprachenlehrer/innen aus konstruktivistischer Sicht 187

Linguistik und Didaktik

Martin Stegu:
Konstruktionen sind Konstruktionen sind Konstruktionen...
Zur Verwendung eines Konzeptes in der Sprachwissenschaft und
verwandten Disziplinen 205

Hinweise

Anschriften 215
Hinweise zur Skripterstellung 217

Vorwort

Vol. ii

Fremde Sprachen, fremde Begriffe

Wenn man mit mehr als einer Sprache aufwächst, dann wird keine der Sprachen, in denen man als Kind gelebt hat, später eine richtige Fremdsprache, auch wenn man sie zum Teil vergisst. Das rührt daher, dass die Bedeutungen der Wörter im Rahmen eigener Erfahrungen gebildet wurden, nicht in einer Form von Unterricht, wo eben diese Beziehung zur persönlichen Erlebenswelt fast völlig fehlt. Die Schule kann sehr gut Grammatik lehren, und manche Schüler werden nach mehrjährigem Studium die Syntax der Fremdsprache so gut beherrschen wie jene, die in ihr aufgewachsen sind. Was aber die Semantik betrifft, so bleibt vieles „fremd", bis ein längerer Aufenthalt im betreffenden Sprachraum ein zumindest relatives Einleben ermöglicht hat.

Vor beinahe fünfzig Jahren haben die Linguisten Weinreich (1953) und Ervin / Osgood (1954) eine Anschauung entwickelt, die meines Erachtens unerlässlich ist, wenn es darum geht, nicht nur das fremde Sprachsystem, sondern auch die Kultur zu verstehen, aus der es erwachsen ist. Der Kern dieser Anschauung ist die Feststellung, dass es zwei Formen der Zweisprachigkeit gibt. Die eine wurde *compound* (zusammengesetzt), die andere *coordinate* (zugeordnet) genannt. Der Einfachheit halber will ich die erste mit 'A', die zweite mit 'B' bezeichnen.

Der Unterschied besteht darin, dass Zweisprachige der Form A die entsprechenden Wörter ihrer beiden Sprachen mit der Vorstellung von *einem* Ding oder Begriff verbunden haben, während für jene der Form B die entsprechenden Vorstellungen nicht identisch sind, da sie aus unterschiedlichen Erlebensbereichen stammen. Die Form A beruht also auf der Annahme, dass Wörter sich auf eine Realität beziehen, die für die Sprecher aller Sprachen grundsätzlich dieselbe ist. Die Form B hingegen trägt der Erfahrungstatsache Rechnung, dass die Wirklichkeit, die von einer Sprachgruppe mit und durch ihre Kultur aufgebaut wurde, im Vergleich zu den Wirklichkeiten Anderssprachiger beachtliche Unterschiede aufweist. Diese Unterschiede kommen in Wortbedeutungen mehr oder weniger deutlich zum Vorschein.

Diebold (1966) hat ein einfaches, aber einleuchtendes Beispiel für die Unterschiede gegeben, die in einer Zweisprachigkeit der Form B eine Rolle spielen. Unterschieden wird hier zwar zwischen dem Englischen Grossbritanniens und jenem der Vereinigten Staaten, doch was die Begriffswelt betrifft, so haben sich auf Grund der großen kulturellen Unterschiede in den beiden Bereichen zwei weitgehend unterschiedliche Sprachen entwickelt. Im Falle des Wortes *friend* veranschaulicht Diebold die Diskrepanz in einem Diagramm mit zwei konzentrischen Kreisen, deren innerer die Personen enthält, die als 'Freunde' betrachtet werden, während der äußere die Gesamtheit der 'Bekannten' umfasst.

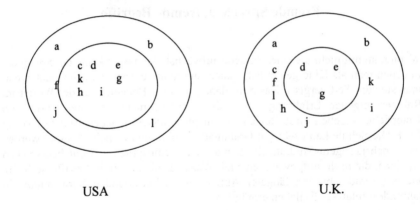

USA   U.K.

Auch wer aus dem deutschen, französischen oder italienischen Sprachraum in die Vereinigten Staaten kommt, wird diesen Unterschied bald bemerken. Auf jeden Fall ist er typisch für die begrifflichen Diskrepanzen, die nicht nur den Fremdsprachenunterricht, sondern die interlinguale Verständigung überhaupt behindern. Was müsste im Unterricht zum Beispiel erklärt werden, um den Schülern klar zu machen, in welchen Zusammenhängen das Wort 'Freiheit' im Englischen *freedom* verlangt und nicht *liberty*? Oder dass die Vorgänge, die wir im Deutschen als 'schlagen', 'treffen', 'aufschlagen' oder 'anfahren' bezeichnen, für Englischsprechende alle unter den Begriff fallen, der durch *to hit* ausgedrückt wird? Und so gibt es Tausende und Abertausende von Unterschieden, die in zweisprachigen Wörterbüchern kaum hervorgehoben werden, im täglichen Sprachgebrauch jedoch das Verstehen erschweren, wenn nicht gar verhindern.

Wenn der Fremdsprachenunterricht mehr vollbringen soll, als dem Besucher des anderen Landes einen Start zu ermöglichen, so kann das meiner Ansicht nach nur durch weitläufiges Lesen der anderssprachigen Literatur (d. h. Romane und Theaterstücke der Gegenwart) erreicht werden. In dieser Literatur handelt es sich um Beschreibungen des Erlebens, und somit gibt sie dem Leser die Möglichkeit, allmählich in die fremde Kultur und ihre Begriffswelt einzudringen.

Armherst, Mai 2000

Ernst von Glasersfeld

Literatur

Diebold, A. R. (1966): *The consequences of early bilingualism in cognitive development and personality formation.* Washington: ERIC (Educational Resources Information Center) ED 020 491.

Ervin, S. M. / Osgood, C. E. (1954): Second language learning and bilingualism. In: Osgood, C. E. u. a. (Hrsg.): 139-146.

Osgood, C. E. / Sebeok, T. A. (Hrsg.) (1954): Psycholinguistics. *Journal of Abnormal and Social Psychology,* Supplement 1954.

Weinreich, U. (1953) : *Languages in contact.* New York: Linguistic Circle of New York.

Einführung

Einführung

Kognitionstheorie und Fremdsprachendidaktik zwischen Informationsverarbeitung und Wirklichkeitskonstruktion

Michael Wendt

In dieser Einführung werden zunächst grundsätzliche Implikationen von Instruktion und Konstruktion im Fremdsprachenunterricht angesprochen. Anschließend werden der informationstheoretische („gemäßigte") Konstruktivismus und der erkenntnistheoretische („radikale") Konstruktivismus mit ihren wichtigsten Entwicklungsstufen, Varianten und Konsequenzen für das Fremdsprachenlernen beschrieben und diskutiert. Schließlich werden die einzelnen Beiträge vorgestellt.

Dans la première partie de cette introduction sont abordés quelques aspects fondamentaux de l'instruction et de la construction comme principes de l'enseignement des langues étrangères. Ensuite, l'auteur décrit et discute le développement, les variantes et les implications pédagogiques du constructivisme („modéré") lié au traitement d'information et du constructivisme épistémologique („radical"). Dans la dernière partie, il présente les contributions réunies dans ce volume.

1. Vom Nürnberger Trichter zum Nadelöhr

Mehrsprachigkeit und *Mehrkulturalität* lautete das Rahmenthema des 18. Kongresses für Fremdsprachendidaktik, den *die Deutsche Gesellschaft für Fremdsprachenforschung (DGFF)* vom 4. bis 6. Oktober 1999 an der Universität Dortmund veranstaltete. Die zwölf Beiträge, die in diesem Band zusammengestellt sind, entstanden in einer mehrmonatigen Phase der Vorbereitung auf die Arbeitsgruppe *Konstruktion statt Instruktion? Zugänge zu Sprache und Kultur aus konstruktivistischer Sicht*, die sich auf dem Kongress zusammenfand. Sie kann als wichtiger Meilenstein der Konstruktivismus-Rezeption in der deutschsprachigen Fremdsprachendidaktik gelten.

Das für dieses Zusammentreffen gewählte Thema konnte und kann als hochaktuell eingestuft werden. Eine wenige Tage vor dem Kongress durchgeführte web-weite Suche erbrachte Hinweise auf 52 Dokumente, die die Formulierung *konstruktion statt instruktion* enthielten. Ein Grund mehr, diese als Haupttitel für den vorliegenden Band zu übernehmen und das Fragezeichen wegzulassen.

Im Gegenzug erweist sich die vom Untertitel geleistete Einengung der Perspektive auf *Fremdsprachenunterricht* als unumgänglich, weil die Begriffe 'Konstruktion' und 'Konstruktivismus' heute feste Bestandteile der Diskussion vor allem in den Gesellschaftswissenschaften, wo der Paradigmenwechsel bereits stattgefunden hat (Reckwitz/ Sievert 1999), in der Kognitionswissenschaft, Neurobiologie, Psychologie, Psychotherapie, Pädagogik, Kommunikations- und Medienwissenschaft bilden. Auch in der Geschichtswissenschaft, der Philosophie, der Linguistik, der Literaturwissenschaft und der Theologie weisen sie einen steigenden Diskurswert auf. Die zunehmende Verbreitung der mit diesen Begriffen verbundenen Konzeptionen birgt zum einen die Chance, interdisziplinäre Bezüge herzustellen und entsprechende Forschung anzuregen, sie erfordert zum anderen, die spezifischen Anliegen der Fremdsprachendidaktik unter veränderten Vorzeichen zu reflektieren und zu artikulieren. Einen Schritt in Richtung auf diese Neubesinnung zu gehen, ist Ziel dieses Sammelbandes.

Fremdsprachendidaktik hat es mit Unterricht und Lernen im Hinblick auf den Gegenstand Fremdsprachen zu tun. Die traditionelle Vorstellung von Unterricht und Lernen verbindet sich mit Instruktion, Steuerung, Aufmerksamkeit, Input, Regellernen und insgesamt mit Maßnahmen, die die Aufnahme jenes Wissens, das als Bestandteil einer objektiv erfahrbaren Realität gedacht wird, in die Köpfe der Lernenden bewirken sollen. Der bildhafte Ausdruck „Eintrichtern" (dem nach heutigem Sprachgebrauch auf der Lernerseite ein „sich reinziehen" in etwa entspricht) verdankt sich dem *Nürnberger Trichter*, einem Schnellkurs in Buchform, der es nach Ansicht des Georg-Philipp Harsdörfler (1647) erlaubte, die deutsche Dicht- und Reimkunst unter Umgehung des Lateinischen in nur sechs Stunden zu erlernen.

Um im Bild zu bleiben: Ein am Trichterboden angebrachter Filter und eine möglicherweise dahinter verborgene Mechanik haben zunächst das Interesse der Philosophen, seit Ebbinghaus auch der Psychologen und - nachdem sich die Behavioristen den Blick in und durch den Trichter versagt hatten - ab ungefähr 1960 der Kognitionswissenschaftler erregt. Seitdem schließlich die radikalen Konstruktivisten den Trichter einfach umgedreht haben, scheint uns dessen untere Öffnung so eng wie das biblische Nadelöhr, durch das laut *Matth. 19.24* weder Kamele noch intelligente Wesen hindurch kommen, sondern nach unserer Alltagserfahrung allenfalls dünne Fäden wie jener passen, der es Theseus ehedem doch noch ermöglichte, den Weg aus der Wirklichkeit des Labyrinths in die Realität Ariadnes zu finden.

Obwohl Beobachter der Praxis immer wieder bestätigen, „daß man von einer eingeschränkten Lehrbarkeit von Sprachen auszugehen hat" (Legenhausen 1994: 468), gehört Instruktion zweifellos immer noch und weiterhin zu den alltäglichen Gepflogenheiten des Fremdsprachenunterrichts; in der Lerntheorie findet sie hingegen immer weniger entschiedene Befürworter. Der vorherrschenden Meinung zufolge führt Instruktion als in stark gelenkter Weise bewusstmachende Unterrichtsform zu einem wenig anwendungsfreundlichen deklarativen und expliziten Wissen, zu Lernergebnissen also, die den Anforderungen der Informationsgesellschaft nicht mehr entsprechen können. Bei dieser Argumentation wird zu wenig bedacht, dass die hauptsächlichen Unterschiede zwischen Muttersprachensprechern und Fremdsprachenlernenden laut Wolff (1993: 37f.) im deklarativen Wissensbereich (Sprachwissen, kulturspezifisches Weltwissen) liegen, der für die „Veränderungen beim Einsatz des prozeduralen Wissens" verantwortlich zu machen ist.

Obwohl definitorischer Bestandteil der ins Schlaglicht der Kritik geratenen Instruktion, erfreut sich der *input* anhaltender Wertschätzung. Als 'Information' wird er zum *intake* 'verarbeitet', und als *comprehensible input* (Krashen 1994) bewährt er sich beim

Erlangen impliziten Wissens, das seinerseits seit Krashen (1981) und Kasper (1981: 19ff.) als Kennzeichen des natürlichen Spracherwerbs gilt.

Da sich aber gerade am Input die Geister der Konstruktivisten scheiden, sei an dieser Stelle versucht, zwei Hauptrichtungen innerhalb der gegenwärtig konkurrierenden konstruktivistischen Ansätze herauszuarbeiten. Damit verbindet sich die Absicht, Neu-Konstruktivisten/innen beim Lesen der Beiträge dieses Bandes eine zusätzliche Orientierungshilfe zu bieten.

2. Informationstheoretischer („gemäßigter") Konstruktivismus

2.1 Informationstheoretische Modelle

Informationstheoretischer („gemäßigter") Konstruktivismus mit den Varianten ontologischer, pragmatischer oder psychologischer Konstruktivismus (vgl. Stangl 1987: 147ff., Little 1997: 37) analysiert Wahrnehmungs- und Verstehensprozesse, indem er an eine von Platon über Descartes und die Gestalttheoretiker bis zu den psycholinguistischen Verstehensmodellen der siebziger Jahre reichende abendländische Denktradition anschließt. Heutige Vertreter eines „gemäßigten" Konstruktivismus verweisen auf Forschungsergebnisse der kognitiven Psychologie im weitesten Sinne und auf Modelle der Psycholinguistik oder der kognitiven Linguistik.

Alle genannten Ansätze vertreten eine korrespondenztheoretische Position auf dem Hintergrund des ontologischen Realismus. Dieser zufolge ist Realität prinzipiell erkennbar, ist unsere Wahrnehmung derselben jedoch defektiv. Aufgrund der Insuffizienz der menschlichen Sinnesorgane, aufgrund situativer Beeinträchtigungen der Rezeption und der prinzipiellen Offenheit von Texten (z.B. Eco 1990) bedarf Wahrnehmung der Ergänzung aus dem eigenen Wissens- und Erfahrungsvorrat.

Didaktiker/innen haben in der Regel keine Schwierigkeiten, ähnlich „gemäßigte" Sichtweisen mitzuvollziehen oder sich auf sie einzulassen. Das liegt u.a. an deren völliger Kompatibilität mit den bekannten Ausgestaltungen des Informationsverarbeitungsparadigmas (vgl. Grotjahn 1997). Das wird ausreichend deutlich, wenn Rüschoff / Wolff (1999: 30) behaupten, „die konstruktivistische Lerntheorie" hebe das mentale „Potential des Menschen zu aktiver, eigenverantworteter Informationsverarbeitung" hervor.

Auf der Grundlage des Informationsverarbeitungsmodells sind Organisationsformen des Gehirns wiederentdeckt oder neu entwickelt worden, deren Metaphorik im heutigen kognitionstheoretischen Diskurs über weite Strecken eine belegbare Argumentation ersetzt.

So greift Neisser (1967) auf die Schematheorie nach Bartlett (1932) zurück, der die Annahme zugrunde liegt, dass Gedächtnisprozesse auf konstruktiven Mechanismen beruhen, die von strukturierten Wissensbereichen beeinflusst oder gesteuert werden. 'Schemata' repräsentieren Standardsituationen wie 'Bestellen' oder 'Bahnfahrt'. Sie sind Voraussetzungen und Ergebnisse aller Informationsverarbeitungsprozesse (Schwarz 1996: 92).

Die Kognitionswissenschaften haben aus der Schematheorie komplexe Repräsentationseinheiten entwickelt, z.b. *frames*, *scripts* und *scenarios*. Die Frame-Idee entstand in der Künstliche-Intelligenz-Forschung aus dem Bedürfnis, komplexe Wissenseinheiten zu repräsentieren, und wurde schon in den siebziger Jahren in die Linguistik übernommen (Fillmore 1977, Lakoff 1982). Die Bedeutung von Lexemen (z.B. 'Kindergeburtstag') wird durch Wissenselemente (z.b. 'Kuchenessen') beschrieben, die in einer gegebenen Kultur so selbstverständlich mit den Lexemen verbunden sind, dass sie in Texten nicht expliziert werden müssen (Klein 1998: 39).

Netzwerkmodelle (z.b. Lamb 1999) sind nach Schwarz (1996: 92) mit der Schematheorie kompatibel. Sie wurden vor allem im Konnektionismus entwickelt (vgl. Pishwa 1998: 56-59). Ein konnektionistisches Modell ist mehrschichtig und besteht aus miteinander verbundenen Knoten, die unterschiedlich stark aktiviert oder inhibiert werden und miteinander interagieren können. Auf diese Weise entstehen lernfähige Systeme, die trotz der Veränderungen durch das Lernen als Systeme bestehen bleiben. Nach McClelland (1989) sind diese Systeme funktional geschlossen und besteht Lernen aus systeminternen Umgewichtungen, durch die Differenzen zwischen Ist- und Sollwerten allmählich abgebaut werden. Sprache ist für Bates/ MacWhinney (1989) integraler Teil der Kategorien von Kognition.

Nur das konnektionistische Modell trägt deutliche systemtheoretische Kennzeichen. Aber alle genannten Organisationsmodelle implizieren die Konstruktivität der Gehirntätigkeit. Damit ist jedoch eindeutig nur die mentale Re-Konstruktion der Realität gemeint, weshalb der „gemäßigte" Konstruktivismus eigentlich Rekonstruktivismus genannt werden müsste.

Der Korrespondenzannahme entsprechend wird im Informationsverarbeitungsmodell 'Verstehen' als mentale Rekonstruktion einer „vom Textproduzenten intendierte(n) Bedeutung des Textes" durch den Rezipienten dargestellt (Strohner 1995: 130): Die miteinander eng interagierenden Prozessbereiche der Konzept-, Referenz- und Sinn*verarbeitung* sind ihrerseits von sensorischen, syntaktischen und pragmatischen „Verarbeitungsbereichen des Lesens" abhängig.

2.2 Rezeption „gemäßigt" konstruktivistischer Ansätze

In der Fremdsprachendidaktik werden Grundsätze des „gemäßigten" Konstruktivismus und des Informationsverarbeitungsmodells unter dem Einfluss der Hermeneutik Gadamers (z.B. 1975) und der Rezeptionspragmatik (z.B. Köpf 1981) bis in die beginnenden neunziger Jahre hinein meist implizit mitreflektiert. Die Iser-Rezeption Ende der siebziger Jahre kam der Neubestimmung der Person des Lesers in der fremdsprachlichen Literaturdidaktik entgegen und bereitete den Boden für das Konzept des „Aushandelns von Bedeutungen" (Long 1983).

Der entscheidende Anstoß für die Beschäftigung mit dem „gemäßigten" Konstruktivismus kam jedoch aus Nordamerika. Die dort verbreitete Bezeichnung *constructionism* ist laut Rüschoff (2000: 379)[1] von Papert (1991: 3) eingeführt worden. Die seit Anfang der neunziger Jahre für Unterrichtszwecke entwickelten Konstruktivismus-Varianten[2] schließen an den Pragmatismus nach John Dewey an, der die Bedeutung des Lernens durch Handeln betont, berufen sich auf die Entwicklungspsychologie Piagets und bemühen sich insbesondere um die Erarbeitung von Konzeptionen für Lernumwelten (u.a. Duffy u.a. 1993). Grundlegende „Aspekte für die Gestaltung konstruktivistischer Lernumgebungen" sind (Gerstenmaier/ Mandl 1995: 879): Authentizität und Situiertheit, multiple Kontexte (Transfermöglichkeiten), multiple Perspektiven (Problembetrachtung), sozialer Kontext (kooperative Lernformen). Außerdem müssen Lernumwelten die Freiheiten bieten, die Lernende zum Sammeln authentischer Erfahrungen und zur Wissenskonstruktion benötigen, und subjektiv wahrnehmbare Handlungsräume eröffnen (*ibid.*). Nach Bruner (1990) geschieht Wissenskonstruktion durch Interaktion von bereits vorhandenem mit neu zu erwerbendem Wissen und wird Rezeption durch die aktive Konstruktion von persönlich relevanter Bedeutung ergänzt.

Unter diesem Einfluss fordert auch die deutschsprachige Pädagogische Psychologie der neunziger Jahre - teilweise unter ausdrücklichem Bekenntnis zum „gemäßigten" Konstruktivismus - den Übergang „vom Primat der Instruktion (Lernen) zum Primat der Konstruktion" (Reinmann-Rothmeier/ Mandl 1996: 41f.): Von Interesse sei jetzt weniger, wie Wissen vermittelt wird, als vielmehr wie Wissen konstruiert wird und in welcher Verbindung Wissen zum Handeln steht (Gerstenmaier/ Mandl 1995). Neben der Wissenskonstruktion, „bei der der Lernende eine aktive Position übernimmt", definiere die „konstruktivistische Unterrichtsphilosophie" die Aufgaben der Lehrenden, „Problemsituationen und Werkzeuge zur Problembearbeitung zur Verfügung zu stellen und bei Bedarf auf Bedürfnisse der Lernenden zu reagieren ..." (Reinmann-Rothmeier/Mandl a.a.O.).

Das Informationsverarbeitungsparadigma ist bereits mit der Rezeption der kognitiven Wende durch die deutschsprachige Fremdsprachendidaktik in den achtziger Jahren zum bevorzugten Referenzrahmen geworden. Während die Literaturdidaktik ihre Aufmerksamkeit der Schematheorie zuwandte (vgl. Bredella 1990, Jahr 1995), entfaltete sich in der Sprachdidaktik ein gewisses Interesse für die Netzwerkmetapher (Multhaupt 1995, Winter 2000). Schemata wurden hierbei mitunter als „ausgrenzbare Teilsysteme kognitiver Netzwerke" gesehen (Jahr 1995: 213).

Konstruktivistische Ansätze in der deutschsprachigen Fremdsprachendidaktik weithin bekannt gemacht zu haben, ist zweifellos das Verdienst von Wolff, der selbst dem Informationsverarbeitungsmodell verpflichtet ist. Sich auf seinen vielbeachteten Aufsatz von 1994 zu beziehen, gehört unter kognitivistisch argumentierenden Fremdsprachendidaktikern fast schon zum guten Ton.

Das ist auch keineswegs verwunderlich, lassen sich doch Informationsverarbeitungsparadigma und „gemäßigter" Konstruktivismus mit den bereits bekannten Forderungen nach Handlungs- und Lernerorientierung, nach Lernerautonomie, Lernen lernen und Unterstützung des Lernprozesses durch Einbezug der Informationstechnologien in Beziehung bringen (z.B. Rüschoff / Wolff 1999). Schließlich ist auch hierzulande das

Interesse für eine offene und möglichst authentische Ausgestaltung von Lernumwelten erwacht (u.a. Wolff 1994: 418f., 1999: 45-47, Little 1997, Legutke 1998: 105f., 1999, Legutke/ Müller-Hermann 2000). Dabei wird allerdings i.d.R. die Frage ausgespart, ob technologiegestütztes Lernen oder *rich learning environment* (Rüschoff 2000: 379) das auslösen kann, was Sprachenlernen eigentlich ist: ein Sozialisationsprozess.

2.3 Ungelöste Probleme des Informationsverarbeitungsparadigmas

Zwar hat Wolff (1994: 409) eine steigende Tendenz beobachtet, „Wissensbeständen einen höheren Stellenwert als den eingehenden Stimuli einzuräumen" und wirken nach Rüschoff/ Wolff (1999: 30) im Lernprozess „bisherige Erfahrungen und neue Informationen" zusammen. Eine solche Position allein reicht aber nicht aus, die Berechtigung von Instruktion zu widerlegen. Das eigentliche, ungelöste Problem des Informationsverarbeitungsparadigmas und damit des informationstheoretischen Konstruktivismus liegt jedoch in der Frage nach der 'Verarbeitungstiefe'.

Das mit dieser Bezeichnung einst von Craik/ Lockhart (1972) in die Diskussion gebrachte Theorem hat in der Vergangenheit eher beiläufige Beachtung erfahren (z.B. Zimmer 1988). Wolff (1997) hat es im Zusammenhang mit der Bemühung um Theoretisierung des Bilingualen Sachfachunterrichts wieder aufgegriffen, jedoch eher im Sinne einer notwendigen Emotionalisierung des Lernens interpretiert. Tatsächlich verbergen sich hinter dem Verarbeitungstiefenmodell aber kognitive Prozessebenen unterschiedlicher Komplexität und Bewusstheit (vgl. Rusch in diesem Band: 80), eine Problematik, die heute eher im Licht der Begriffspaare 'unbewusst' vs 'bewusst', 'implizit' vs 'explizit' und 'ungesteuert' vs 'gesteuert' diskutiert und empirisch untersucht wird (vgl. Pishwa 1998). Diese Dichotomien gefährden die Konsistenz des Informationsverarbeitungsmodells, was sich etwa darin zeigt, dass auf der einen Seite die Überlegenheit *impliziter* Analysen und *unbewusster* Organisationsprozesse betont (z.B. Winter/ Reber 1994: 133) und auf der anderen Seite die Bedeutung von Sprach*bewusstheit* und Strategientraining hervorgehoben wird.

Weitergehende Überlegungen nähren den Verdacht, dass es sich bei diesen Versuchen, Informationsverarbeitungsprozesse differenzierter zu betrachten, um modellspezifische Artefakte handeln könnte. So stellt z.B. der Sprachpsychologe Knobloch (1994: 177) zum 'Wort' fest: „Es ist pointiert, eindeutig, bewusst auf der Sinnebene, diffus, mehrdeutig, unbewusst in der automatischen Verarbeitung." Noch nachdenklicher stimmt die Arbeit von Hutto (2000), der zeigt, dass sich hinter der Bewusstheitsproblematik das philosophisch noch nicht gelöste Geist-Körper-Problem verbirgt. Auch die Neurobiologie sucht noch vergeblich nach der physischen Basis des nichtphysischen Bewusstseins; wird dieses sich nur *Jenseits des Physikalismus* finden lassen?

Allem Anschein nach widersetzt sich das Informationsverarbeitungsmodell seiner Ausdifferenzierung. Es verbleibt auf einer Stufe der Allgemeinheit, die es für die empirische Erforschung des Fremdsprachenerwerbs als besonders geeignet erscheinen lässt (z.B. Grotjahn 1999).

Vielleicht sollte sich Fremdsprachendidaktik wieder mehr als verstehende Wissenschaft begreifen und aus dieser Position den Anspruch der Fremdsprachenforschung auf messbare Objektivität relativieren. Die vorwiegend hermeneutisch orientierten Arbeiten des Gießener Graduiertenkollegs zur *Didaktik des Fremdverstehens* (1993-2000) weisen vielleicht den richtigen Weg; allerdings fehlt es ihnen an einer Rückbindung an erkenntnistheoretische Theoriebildung und an einer auf diese gegründeten Psycholinguistik des Verstehens.

3. Erkenntnistheoretischer („radikaler") Konstruktivismus

3.1 Erkenntnistheoretische Grundlagen

Trotz einer gewissen Namensähnlichkeit mit der vorstehend besprochenen Kognitionstheorie beruht „radikaler", kognitionstheoretischer oder erkenntnistheoretischer Konstruktivismus[3] auf einer vollkommen anderen Sichtweise.

Der Gegensatz zum Informationsverarbeitungsparadigma wird von folgender Aussage hervorgehoben (Rusch 1992: 392): „Übertragungen codierter Informationen finden zwischen lebenden Organismen, auch zwischen Menschen, die dieselbe Sprache sprechen, nicht statt." Diese unserer Alltagserfahrung und unseren Vorstellungen von Zugängen zu Sprache und Kultur offensichtlich widersprechende Behauptung bedarf der näheren Erläuterung. Erkenntnistheoretischer Konstruktivismus (nachfolgend meist kurz als 'Konstruktivismus' bezeichnet) stellt die Frage nach den Zusammenhängen zwischen den physischen Reaktionen der Sinnesorgane auf die physisch-materielle Realität einerseits und den Prozessen im kognitiven System des Gehirns anderseits. Bei ihrer Beantwortung kommt er dem eingangs evozierten Bild des Nadelöhrs sehr nahe.

In der Schmerzforschung bezweifelt niemand mehr ernsthaft, dass Schmerz zwar in den meisten Fällen organische Ursachen hat, dass die Schmerzempfindung jedoch ein Wahrnehmungsprozess ist, der im Gehirn stattfindet. Nur durch diese Annahme lassen sich Phantomschmerzen, Schmerzfreiheit während des Schlafens und die Möglichkeiten der Einwirkung durch Hypnose oder Akupunktur erklären. Dass Tast-, Geruchs- und Geschmackseindrücke ausschließlich im Gehirn identifiziert und als angenehm oder unangenehm interpretiert werden, scheint auch dem Laien unmittelbar plausibel. Schließlich ist anzunehmen, dass es sich bei visuellen und akustischen Sinnesreizen - vorausgesetzt, dass sie unserer Aufmerksamkeit nicht völlig entgehen - keinesfalls anders verhält: ihre eigentliche Identifizierung und Interpretation findet im Gehirn statt.

Damit spricht nichts gegen die Annahme, dass unser Wissen über die Welt ('Realität') ein vom Gehirn erzeugtes Wissen ist oder - was dasselbe ist - dass unser kognitives System eine 'Wirklichkeit' erzeugt ('konstruiert'), von der wir nur annehmen können, dass sie Ähnlichkeiten mit der 'Realität' aufweist. Der Philosoph Sandkühler (1999: 201) stellt in diesem Zusammenhang fest, dass unsere mentalen Welten andere sind als die reale Welt, dass sie jedoch i.d.R. wie mögliche Welten funktionieren, und folgert (:202): „Wir leben in Wirklichkeiten des Wissens."

Mit dieser Kernaussage steht Konstruktivismus in einer erkenntnistheoretischen Tradition, die nicht nur auf das Spätwerk des auch vom Informationstheoretischen Konstruktivismus in Anspruch genommenen Schweizer Psychologen Piaget (1973), sondern überdies auf die Schriften von Vico, Berkeley und Kant verweisen kann (vgl. von Glasersfeld 1992a: 415, 1992b: 20-33 und Stangl 1987: 146). Zusammenfassend erklärt von Glasersfeld (1992a: 422), „daß der Konstruktivismus nie Wirklichkeit - die ontische Wirklichkeit - verneint oder verleugnet, daß er nur sagt, daß alle meine Aussagen über diese Wirklichkeit zu hundert Prozent *mein* Erleben sind."

Mit dieser Formulierung lässt sich die Vielzahl konstruktivistischer Ansätze kennzeichnen, die menschliche Erkenntnis, Wirklichkeitskonstruktion und Interaktion als Prozesse in selbstreferentiellen kognitiven Systemen und daher unter ausdrücklichem Verzicht auf ontologische Aussagen beschreiben. Sie alle ziehen damit eine logische Folgerung aus der Grundannahme, dass Realität und Wissen über Realität von unterschiedlicher Beschaffenheit sind.

Als die wichtigsten Bezugswissenschaften des erkenntnistheoretischen Konstruktivismus gelten Kybernetik, Systemtheorie, Neurobiologie, Kognitionstheorie und Philosophie (vgl. Krohn/ Küppers/ Paslack 1992). Seit seinen Anfängen in Illinois charakterisiert ihn interdisziplinäres Arbeiten.

3.2 Das kognitive System

1957 gründete der Kybernetiker Heinz von Foerster das *Biological Computer Laboratory* an der *University of Urbana* (vgl. Schmidt 1992c: 76). Es gelang ihm, dort eine international und interdisziplinär zusammengesetzte Gruppe von Forschern zu versammeln (vgl. Krohn/ Küppers/ Paslack 1992: 446 ff.). Der von ihm 1960 auf der Grundlage des Prinzips der Selbstorganisation formulierte neue Systembegriff begründete zum einen eine konstruktivistisch orientierte Systemtheorie (z.B. Le Moigne 1994) und bereitete zum anderen die biologische Kognitionstheorie von Maturana (1970) und Varela (1979) vor.

Eine der großen Fragen unserer Zeit, inwieweit Kognition biologisch definiert sei, schien bereits im Titel des Buches von Maturana (*Biology of Cognition* 1970; vgl. Schmidt 1992c: 79) eine Antwort gefunden zu haben, die der ganzheitlichen Sichtweise des 20. Jahrhunderts entsprach und wohl eben dadurch die oft konstatierte Faszination dieses Ansatzes (vgl. Roth 1992b: 256) begründete. Ihm zufolge sind alle lebenden Systeme dem Prinzip der Autopoiese (der ständigen Rekonstruktion ihrer eigenen Komponenten) unterworfen, thermodynamisch offen (1992b: 289 f.), strukturell plastisch und operational (funktional) geschlossen (1992a: 105, 117). Interaktionen zwischen zwei oder mehreren Systemen führen zu einer plastischen (strukturellen) Angleichung, die von jedem System aus sich selbst heraus ('autonom') geleistet wird und sein weiteres Funktionieren gewährleistet, sowie zur Ausbildung 'konsensueller Bereiche' mit den angegliederten Systemen.

Vor allem die funktionale Geschlossenheit kognitiver Systeme und die Ausbildung konsensueller Bereiche sind in oft leicht variierter Form in der stark überwiegenden Mehrzahl aller späteren radikal-konstruktivistischen Ansätze wiederzufinden.

Aus dem Prinzip der funktionalen Geschlossenheit haben von Foerster und von Glasersfeld die Theorie der Wissenskonstruktion entwickelt. Deren zentrale Aussage, dass Wissen nicht von außen in das kognitive System eindringen kann, sondern von diesem selbst 'aus Anlass' äußerer Veränderungen konstruiert wird, stellt alle bisherigen Ansichten über Wissenserwerb und natürlich auch über Spracherwerb auf den Kopf.

Von Glasersfeld (1992a: 414) übernimmt von Maturana den Begriff der 'Perturbation' für von außen kommende Störungen des Systems und erweitert (: 439) den ursprünglich auf das biologische Überleben bezogenen Begriff der 'Viabilität'. Dieser lässt sich nunmehr einfach als Funktionstüchtigkeit mentaler Konstruktionen, subjektiver Erlebniswelten oder wissenschaftlicher Theorien in einer umgebenden Realität verstehen. Erkenntnistheoretischer Konstruktivismus, als Funktionalismus gesehen, entzieht sich dem Relativismusvorwurf (: 409 f.).

Fazit: Wir 'verarbeiten' nicht eine 'Realität', die von außen in das Gehirn eindringen will, sondern unser kognitives System erzeugt selbst eine 'Wirklichkeit', die wir an der 'Realität' viabilisieren.

Erste Meilensteine der Konstruktivismusrezeption in Deutschland waren zwei Tagungen, die 1977 und 1979 stattfanden. In den Folgejahren bildeten sich an verschiedenen Standorten unterschiedliche Ansätze und Schwerpunkte aus: Wissenschaftstheorie in Erlangen (vgl. Janich 1992) und Konstanz, Sozial- und Psychotherapie in Heidelberg, Neurobiologie und Kognitionstheorie in Bremen, Literatur- und Medientheorie in Siegen (vgl. Rusch 1992) und Münster (vgl. Schmidt 1992c: 63-72). Neben interdisziplinärer Ausrichtung ist ihnen gemeinsam, dass sie die Konstruktivität und Selbstreferentialität des kognitiven Systems zum Ausgangspunkt nehmen und dass sie, als Folge daraus, den Anspruch auf 'Objektivität' und 'Wahrheit' aufgeben (z.B. Rusch 1992: 382), bzw. durch subjektive und intersubjektive Funktionstüchtigkeit ersetzen.

Hingegen wird die von Maturana praktizierte Übertragung des Prinzips der Autopoiese (Selbsterzeugung) auf das kognitive System nicht mehr überall mitvollzogen. So fordert der Bremer Philosoph und Neurobiologe Roth (1992b: 256 ff., 262, 271-276) eine klare Unterscheidung zwischen dem biologisch-autopoietisch funktionierenden Organismus einerseits und den für Wahrnehmungs-, Empfindungs- und Denkprozesse freigesetzten, vollkommen flexiblen Nervenzellen des Gehirns andererseits. Auch wenn er sich gegen die Unterstellung eines „mit dem heutigen Weltbild unvereinbar(en) Dualismus" verwehrt (1997: 284), ist sein vielbeachteter Ansatz mit der monistischen Weltsicht Maturanas nicht mehr in Übereinstimmung zu bringen.

Dem Prinzip der unspezifischen Reize bei von Foerster (z.B. 1996) und Maturana stellt Roth die Fähigkeit des kognitiven Systems gegenüber, eintreffende Reize nach Sinnesmodalitäten zu lokalisieren und zu interpretieren. Damit behalten Wahrnehmen und

Erkennen ihren selbstreferentiellen und interpretativ-konstruktiven Charakter und wird um den Preis der Aufgabe einer kompromisslos ganzheitlichen Sichtweise eine höhere experimentelle Praktikabilität erreicht.

Bei der Erzeugung subjektiver mentaler Wirklichkeiten sind wir keineswegs allein. Der soziale Konstruktivismus, der sich nach Vorläufern in den siebziger Jahren im folgenden Jahrzehnt herausgebildet hat (vgl. Hejl 1992, Gerstenmaier/ Mandl 1995: 871, Frindte 1998) hat es sich zur Aufgabe gemacht, interindividuelle und soziale Wirklichkeitskonstruktion zu modellieren.

Die Interaktion zwischen verschiedenen kognitiven Systemen wird von Köck (1992: 367) und Hejl (1992: 317) noch im Zusammenhang mit Maturanas Modell der konsensuellen Bereiche gesehen. Für die Beschreibung von interindividueller Wirklichkeitskonstruktion ist dies jedoch m.E. vollkommen entbehrlich. Es genügt anzunehmen, dass auch interindividuelle Wirklichkeiten individuell konstruiert, in sozialer Interaktion viabilisiert, falls notwendig revidiert und in manchen Fällen institutionalisiert werden.

3.3 Sprache und Bedeutung

Es ist davon auszugehen, dass alles, was wir eben über das Zusammenspiel von individueller und interindividueller Wirklichkeitskonstruktion gesagt haben, analog für den Spracherwerb, die Bedeutungskonstruktion, das Verstehen, für Kommunikation und für Lernen gilt.

Maturana (1992a: 112) beschreibt Sprache lediglich im Zusammenhang mit Interaktion in konsensuellen Bereichen. Da wir uns jedoch vorgenommen haben, ohne dieses Modell auszukommen, können wir den Erwerb des sprachlichen Zeichensystems nur aus den basalen (und wahrscheinlich angeborenen) Fähigkeiten des menschlichen Gehirns erklären, Sinneseindrücke zu differenzieren und zu generalisieren (vgl. Wendt 1993a: 128-129) und auf dieser Grundlage höchst komplexe Zeichensysteme auszubilden, die der Orientierung des Rezipienten (vgl. Maturana 1982: 57, Rusch 1992: 393 f.) und vermutlich auch der eigenen Orientierung dienen, und das heißt: seine eigene Sprache zu konstruieren und zu viabilisieren. In diesem Sinne lesen wir bei Piaget (1983): *...we consider all cognitive acquisitions, including language, to be the outcome of a gradual process of construction.*

Schwierig wird das Problem erst, wenn wir die aus der Sicht des Informationsverarbeitungsmodells viel weniger relevante Frage nach dem Zusammenhang zwischen dem materiellen sprachlichen Ausdruck und der zum Verstehen offenbar notwendigen Bedeutung stellen. Die zwar arbiträre, aber dennoch ziemlich verlässliche Zusammengehörigkeit beider 'Ebenen' des Zeichens bei de Saussure entspricht auch heute noch dem naiven Empfinden. So heißt es bei Robra (2000: 39): „Streng genommen kann es eine 'Bedeutungszuschreibung' gar nicht geben, weil Wörter Bedeutung haben." Hierbei bleibt ausgespart, wie es möglich ist, dass sich die Bedeutung von Wörtern in Abhängigkeit von ihren Kontexten, von der Intention des Sprechers, von der

Auffassung durch den Rezipienten und von seinem Erfahrungshintergrund, aber auch im Lauf der Zeit ändern kann. Außerdem ist das natürliche Vertrauen in die Bedeutungshaltigkeit von Wörtern bereits von Piaget (1967: 112) nachhaltig erschüttert worden: Die Entwicklung der kindlichen Semantik hängt von den Phasen der allgemeinen Intelligenzentwicklung ab.

Die heutige linguistische Referenzsemantik kommt bereits weitgehend ohne das allgemeine Weltwissen aller Sprachbenutzer aus (vgl. Sucharowski 1996: 162-164) und entfernt sich damit schrittweise von der objektiven Gegebenheit der Bedeutung sprachlicher Zeichen. Allerdings wird die Position Jackendoffs (1983) noch nicht allgemein akzeptiert, der zufolge die Referenten sprachlicher Ausdrücke in der konstruierten Welt zu suchen und somit als rein mentale Phänomene zu sehen sind.

Die kognitive Linguistik vollführt noch immer einen Drahtseilakt zwischen externen und mentalen Bedeutungen. Das zeigt sich etwa darin, dass einerseits festgestellt wird, dass Kinder gänzlich andere Bedeutungen als Erwachsene „haben" und andererseits angenommen wird, dass für solche Unterschiede abweichende Rezeptionsdaten verantwortlich seien (vgl. Schwarz 1996: 130). Nach Sucharowski (1996: 164f.) referieren sprachliche Ausdrücke sowohl auf die perzipierte und gedeutete Welt ('Wp') als auch auf das mentale Weltmodell ('Wm'); eine Entscheidung zwischen Bedeutung als „letzte Phase eines komplexen Informationsverarbeitungsprozesses" und Bedeutung als kognitives Konstrukt wird damit umgangen.

Aus der Sicht einer konstruktivistischen Semantik genügt die Annahme der Wm-Bedeutung: diese interpretiert die Ausdrucksebene im Zusammenhang mit der Interpretation konkreter Situationen oder Ko-Texte und viabilisiert sich somit selbst. Die Wp-Bedeutung ist dann das Ergebnis im konkreten Fall.

Es scheint sich in der Tat so zu verhalten, dass Bedeutung im kognitiven System des Individuums vom Kleinkindalter an vorhanden ist, im Laufe seiner Sozialisationsbiographie im ständigen Wechsel von Konstruktion und Viabilisierung entfaltet wird und sich dabei stets auf der Suche nach sprachlichem Ausdruck befindet. Wenn Maturana (1992a: 113) schreibt, Sprache sei inhaltsleer, so trifft dies demnach auf die äußere Sprache, nicht aber auf das mentale Konstrukt 'Sprache' zu.

Die Bedeutungen des mentalen Konstrukts 'Sprache' sind individuelle Bedeutungen; wir nennen sie 'konnotativ'. In derselben Weise, wie mentale Wirklichkeiten interindividuell und sozial konstruiert werden können, entstehen jedoch auch gesellschaftlich ausgehandelte Bedeutungen (vgl. auch Gerstenmaier/ Mandl 1995: 872), die wir als 'denotativ' bezeichnen. Knobloch (1994: 185) spricht in diesem Zusammenhang im Sinne Wygotskis von der „semantischen Karriere" des Wortes. Das Konnotat ist in seiner Terminologie der 'Sinn' als „bewegliche, nicht festzulegende, von Fall zu Fall konstruierbare Größe", und nur im Fall des Denotats kennt er 'Bedeutung' als „Ausgangspunkt der Sinnkonstruktion" (Knobloch 1994: 180).

Wenn Rusch (1992: 383) schreibt, „ ... daß alle Referenten unserer sprachlichen Ausdrücke im Bereich unserer Kognition liegen", so ist dies also dahin gehend zu präzisieren, dass sprachliche Äußerungen sowohl auf individuelle wie auf gesellschaftlich ausgehandelte Bedeutungen referieren.

Dennoch bleibt es dabei, dass Bedeutungen das kognitive System nicht „verlassen" können, dass Informationen, wie oben gesagt, nicht „übertragen" und demzufolge auch nicht „verarbeitet" werden können, sondern in ihrem Bedeutungsgehalt vom kognitiven System erzeugt werden, das nur mit seinen eigenen Zuständen interagiert (Prinzip der 'semantischen Geschlossenheit'). Die Antwort auf die daraus resultierende Frage, wie das kognitive System im konkreten Fall von Kommunikation zur Erzeugung von Bedeutung veranlasst wird, setzt sich aus zwei Aspekten zusammen.

Zum einen hat Wahrnehmung, wie erwähnt, eine physische Komponente (vgl. auch Richards/ von Glasersfeld 1992: 210-212, von Glasersfeld 1992a: 404), die wir als 'sensorisch' bezeichnen. Sensorische Sinnesreize werden jedoch erst durch 'Verortung' in unseren mentalen Wirklichkeitskonstruktionen bewusst wahrgenommen.

Zum anderen heißt es bei Schmidt (1992c: 15) in Anlehnung an Roth: „Weil aber im Gehirn der signalverarbeitende und der bedeutungserzeugende Teil eins sind, können die Signale nur das bedeuten, was entsprechende Gehirnteile ihnen an Bedeutung zuteilen." Somit ist Wahrnehmung Interpretation und erhalten alle Dinge ('Signale' [4]) erst durch den Vergleich mit unseren mentalen Konstruktionen ihre Identität, Raum-Zeitlichkeit, Kausalität, Bewertung, kurz: ihre Bedeutung. Anders gesagt (Roth 1992a: 241): Das Gehirn als selbstexplikatives System „weist seinen eigenen Zuständen Bedeutungen zu, die nur aus ihm genommen sind."

Kommunikation ist also notwendig, um die eigenen Wirklichkeitskonstruktionen (die unser „Überleben" in der Realität sicherstellen sollen), unsere eigenen Bedeutungen und zugleich das zu ihrer „Äußerung" notwendige Sprachsystem zu viabilisieren.

Aus dem Vorgesagten ergibt sich, dass auch Lernersprachen nicht von „außen" in die Lernenden hineinkommen, dass sie vielmehr von ihnen selbst konstruiert und viabilisiert werden müssen. Die von der Zweitsprachenerwerbsforschung immer wieder beschriebene und auf entwicklungsbedingte Erwerbssequenzen zurückgeführte 'Instruktionsresistenz' (vgl. zusammenfassend Schlak 2000: 139) erhält durch die Selbstreferentialität des Lernersprachsystems eine weiterführende Erklärung. Das Konstruieren der Lernersprache im Fremdsprachenunterricht muss von den Lehrenden veranlasst werden (vgl. Wendt 1998), wobei möglicherweise nicht nur die Ausgangssprache, sondern auch zusammen mit dieser erworbene Regeln der Universalgrammatik eine Rolle spielen (Herschensohn 2000) und wozu die Lernenden sicherlich auch deshalb nicht immer sehr motiviert sind, weil sie die 'Bedeutung' im beschriebenen Sinn zum großen Teil bereits besitzen oder zu besitzen glauben.

Wenn also Lernersprachen nicht von „außen" kommen, erscheint auch die das Unterrichtsgeschehen beeinflussende 'Faktorenkomplexion' in einem anderen Licht und spielen Instruktion, Input und Lernumwelten völlig andere Rollen als bisher angenommen. Dann werden auch Lernerstrategien (vgl. Wendt 1996a: 85 ff.)

zukünftig nicht als Verarbeitungs-, sondern als Konstruktions- und Viabilisierungsstrategien interpretiert und untersucht werden müssen.

Einen weiteren wichtigen und genuinen Bereich konstruktivistischer Unterrichtsforschung bilden die sog. 'subjektiven Theorien' aller am Unterrichtsgeschehen beteiligter und auf dieses Einfluss nehmender Personen vom einzelnen Lernenden (vgl. Hu 1996, Kallenbach 1996, Riemer 1997) bis zum Bildungspolitiker. Dass Lehrkräfte (vgl. De Florio-Hansen 1998) ihre Auffassungen vom erfolgreichen Lernen und Lehren einer Fremdsprache zunächst anhand von Beobachtungen, „was geht", konstruieren und viabilisieren, sie aber in der Folge „im Kern" nicht mehr verändern, haben Visosky (1996) und Woods (1996) belegt.

3.4 Interkulturelles Lernen

Die gezielte Veränderung mental konstruierter Wirklichkeiten durch Fremdsprachenunterricht spielt auch im Bereich des interkulturellen Lernens eine eminent wichtige Rolle. Ohne auf die zahllosen Definitionen einzugehen, wird 'Kultur' hier aus konstruktivistischer Sicht als Menge kollektiver Wahrnehmungsmuster verstanden, die in der Wirklichkeitskonstruktion („Erfahrungswelt") eines jeden teilhabenden Individuums eine mehr oder weniger spezifische Synthese eingehen, seine Wahrnehmungen orientieren und interpretieren. Kollektive Wahrnehmungsmuster sind gesellschaftliche Wirklichkeitskonstruktionen, die in Diskursen viabilisiert werden, deren Semantik bilden und mehr oder weniger handlungsrelevant werden können.

Ansätze, die diesen Kulturbegriff stützen, sind etwa

- das „kollektive Gedächtnis", das nach Halbwachs (1985) Wahrnehmungs- und Selbstwahrnehmungsbilder prägt
- kollektive Vorstellungsstrukturen bei Geertz (1987)
- Begriffe als Bezeichnungen für umweltbezogen und kulturspezifisch interpretierte sensorische „Befunde" bei Lakoff (1987)
- Kultur als „Handlungsbereiche", in denen Produkte, Stile, Wahrnehmungsweisen, Verhaltensformen und Zeitvorstellungen kollektive Sinngehalte gestalten (Röseberg 1995: 41)
- Kultur als sinngebendes und identitätsbildendes Konstrukt für Gruppen und einzelne (vgl. Fäcke 1999: 16 ff., 28 f., 33).

Postmoderne und Dekonstruktivismus widersprechen diesem Kulturbegriff nicht. Dekonstruktivisten verstehen soziale Wirklichkeitskonstruktionen ebenfalls als Konstrukte, hinterfragen sie jedoch insofern, als sie hegemoniale Machtansprüche rechtfertigen können, durch die Pluralität und Partikularität unterdrückt werden (vgl. Fäcke 1999: 63, 70-80).

Fremdverstehen als Ziel interkulturellen Lernens darf nicht verkennen, dass Verstehen als 'fremdkulturelle Wahrnehmung' auf Wissensbeständen aus der primären

Erfahrungswelt beruht (Donnerstag 1993: 68) und sogar Vorurteile voraussetzt (Gadamer 1975). Schon aus diesem Grund ist 'Perspektivenübernahme' oder 'Perspektivenwechsel' als Weg zum Fremdverstehen (vgl. Bredella/ Christ 1995: 17; vgl. Abendroth-Timmer u.a.m. 1997: 378) höchst problematisch, wenn es bedeutet, „das vertraute Eigenkulturelle mit den Augen des anderen zu sehen ..." (Bach 1998: 196). Aus konstruktivistischer Sicht bleibt hier zudem unbeachtet, dass bereits die eigene 'Perspektive' eine Wirklichkeitskonstruktion ist, dass die eigene Perspektive des anderen seine Konstruktion ist, und dass die Perspektive des anderen von mir konstruiert werden muss, wenn ich sie verstehen oder gar übernehmen will. Und das wird noch einmal komplizierter, wenn ich seinen Blick auf meine Perspektive einbeziehen will. Die Menge der dazu notwendigen Viabilisierungsprozesse dürfte kaum je zu leisten sein.

Interkulturelles Lernen beruht vielmehr auf der Einsicht, dass die eigene Wirklichkeit und die des anderen Konstruktionen sind und keiner die 'wahre' Wirklichkeit besitzt.[5] In diesem Sinne kann möglicherweise auch fremdsprachige Literatur für Erscheinungen im zielsprachigen Kulturraum öffnen (z.B. Wendt 1996b, Krück 1997: 125).

3.5 Rezeption des „radikalen" Konstruktivismus

In der kognitiven Linguistik wird „radikaler" Konstruktivismus seit Mitte der neunziger Jahre rezipiert. Schwarz (1996) und Sucharowski (1996; bsd.: 177-180) referieren Positionen u.a. von Maturana, Varela und Schmidt, jedoch ohne sie eingehend zu diskutieren.

In der Fremdsprachendidaktik verdankt sich ein deutliches Interesse für Konstruktivismus noch in erster Linie den „gemäßigten"Autoren und sind Unterschiede zu den erkenntnistheoretischen oder „radikalen"Ansätzen sehr häufig nicht bekannt [6]. Nach ersten Hinweisen auf von Glasersfeld und Schmidt bei Bleyhl (1989: 86 f.) wurde in einigen Aufsätzen (Wendt 1992, 1993b, 1993c, 1994) untersucht, welche Folgerungen aus den erkenntnistheoretischen Sichtweisen für den Fremdsprachenunterricht gezogen werden können. Außerdem sind drei Bücher (Müller 1996, Wendt 1996a, Meixner 1997) und ein Themenheft (Wendt 1998) zu nennen, in denen auch radikal-konstruktivistische Positionen vorgestellt und diskutiert werden. Eine an solchen Positionen orientierte Fremdsprachendidaktik ist gegenwärtig hauptsächlich an den Universitäten Bremen und Eichstätt, an der Pädagogischen Hochschule Ludwigsburg und an zahlreichen Studienseminaren vertreten.

Im fremdsprachendidaktischen Schrifttum ist ein Fußnoten- und Nebensatzkonstruktivismus recht verbreitet; mitunter finden sich Wolff und Wendt in demselben Klammerzusatz genannt (z.B. Schlak 2000: 25, 209). Nur in wenigen Publikationen, wie z.B. im *Kognitions*-Band der Frühjahrskonferenz (Bausch et al. Hrsg. 1998), wird auf die neuen Sichtweisen teils verhalten wohlwollend, teils mehr oder weniger kritisch Bezug genommen. Eingehende Kritiken wie die Aufsätze von Bredella (1998) und Reinfried (1999) sind leider noch selten; solche Stellungnahmen sind jedoch wichtig, weil sie 'perturbieren' und zu einer intensiveren Auseinandersetzung mit konstruktivistischen Vorstellungen 'Anlass' geben können.

Die Kritik entzündet sich vor allem an der Selbstreferentialität (Reinfried 1999: 171; vgl. Diesbergen 1998), an der Annahme Maturanas und von Foersters, Reize seien unspezifisch (Bredella 1998: 40-42), an einem vermuteten radikalen Subjektivismus (Robra 1996: 77), Solipsismus (Bredella 1998: 37) oder Egozentrismus (: 43) sowie an der Befürchtung, Konstruktivismus verunmögliche Kommunikation (: 36-38, 43). Gelegentlich wird auch vor einer Unterschätzung der Rolle des Lehrers gewarnt (Schiffler 1998: 155, Reinfried 1999: 177). Ich hoffe gezeigt zu haben, dass der Großteil dieser Kritikpunkte Wahrnehmungsmustern entspricht, die vom Informationsverarbeitungsmodell geprägt sind. In Erwiderung auf die induzierten negativen Auswirkungen im persönlichkeitsbildenden Bereich sei auf Wolff (1999: 46) verwiesen, nach dessen Überlegungen „das konstruktivistische Paradigma" die Notwendigkeit verdeutlicht, „selbständige und kooperativ handelnde Menschen" heranzubilden und „unsere Lerner zu verantwortlichen und unabhängigen Menschen zu erziehen."

Die Fremdsprachenforschung schließlich hat sich bedauerlicherweise noch überhaupt nicht mit dem erkenntnistheoretischen Konstruktivismus auseinandergesetzt. So behauptet Grotjahn (1999) in seiner 9. These, Konstruktivismus greife zu kurz, ohne zu erkennen, dass dieser die Gütekriterien der am Informationsverarbeitungsparadigma orientierten empirischen Forschung vollkommen uminterpretiert (vgl. schon Stangl 1987, Krüssel 1993, von Foerster 1996) und damit seine Ausführungen insgesamt in Frage stellt: Auch empirisch gewonnene 'Wahrheit' ist und bleibt ein Konstrukt des 'Beobachters' und kann nur als solches Viabilität beanspruchen.

4. Die Arbeitsgemeinschaft *Konstruktion statt Instruktion?*

Die eingangs erwähnte Arbeitsgemeinschaft sollte Vertreter/innen der verschiedenen konstruktivistischen Richtungen und andere an den neuen Sichtweisen interessierte Fremdsprachendidaktiker/innen zusammenführen. Die Beiträge waren schon Monate zuvor zusammen mit den zu besprechenden Fragen in die Web-Seite *http://ourworld. compuserve.com/homepages/michaelwendt* gestellt worden, sodass von einer 'Instruktion' in Vortragsform Abstand genommen werden konnte und die volle Sitzungszeit den 41 Teilnehmern/innen für Gruppengespräche und Diskussionen zur Verfügung stand.

Von der für erwiesen gehaltenen Tatsache ausgehend, dass in der Schule Lernen stattfindet, aber niemand sehr genau sagen kann, was dabei vor sich geht, verlief die Diskussion über den Stellenwert von Konstruktion und Instruktion im Fremdsprachenunterricht am ersten Tag eher unstrukturiert und lebhaft, aber engagiert. Im Mittelpunkt standen die Bedeutung einer Erkenntnistheorie für die Entwicklung einer Lerntheorie, eine Kontroverse, die sich aus dem ersten Beispiel im Beitrag von Werner Bleyhl ergab (Kürzt Instruktion Lernwege ab?), sowie die Frage nach den Motiven Lernender, mentale Erfahrungswirklichkeiten und Realität stimmig zu machen und zu halten. Die Erläuterung dreier konstruktivistischer Kernaussagen durch Gebhard Rusch und eine kurze Abgrenzung von „radikalem" Konstruktivismus gegenüber „gemäßigtem"durch Michael Wendt kamen einem deutlichen Informationsbedürfnis entgegen.

Am zweiten Tag teilten sich die Teilnehmer/innen zunächst in Gesprächsgruppen zu folgenden Themen auf: Lernerautonomie (Bericht: Claudia Finkbeiner), interkulturelles Lernen (Werner Müller-Pelzer), Medieneinsatz (Jürgen Donnerstag), Grammatik (Martin Stegu), Textverstehen (Gert Solmecke), Leistungsbewertung (Werner Bleyhl), Lehreraus-/-fortbildung (Hannelore Küpers) und Spracherwerbsforschung (Michael Wendt). Anschließend wurden die in den Gesprächsgruppen erzielten Ergebnisse zusammengetragen. Soweit schriftliche Kurzberichte vorliegen, können sie unter der angegebenen Internet-Adresse nachgelesen werden.

Da eine Synthese im Sinne eines 'Dortmunder Konstruktivismus' weder zu leisten noch beabsichtigt war, möglicherweise auch überhaupt nicht angestrebt werden sollte, hat die Arbeitsgemeinschaft keine Ergebnisse formuliert. Es wurde vielmehr vereinbart, die Web-Seite bestehen zu lassen und die dort einsehbaren Diskussionsbeiträge durch künftig zugehende Aufsätze und Statements zu ergänzen.

In der Tat ist zu wünschen, dass die auf der Web-Seite zu findenden Thesenpapiere, Fallstudien und Problemskizzen ebenso wie natürlich auch die im vorliegenden Band enthaltenen Aufsätze möglichst vielen Lesern/innen Anlass zu Stellungnahmen und Erwiderungen geben. Es ist durchaus denkbar, dass aus *Konstruktivismus in der Diskussion* eines Tages ein weiterer Band entsteht.

5. Die Beiträge in diesem Band

ERNST VON GLASERSFELD, dessen Werk einen wichtigen Bezugspunkt für alle erkenntnistheoretischen Konstruktivisten darstellt und dem das jüngste Buch von Gebhard Rusch (1999) gewidmet ist, hat für den vorliegenden Band ein Vorwort verfasst, in dem er die Zusammenhänge von Sprache, Bedeutung und Kultur hervorhebt. Der Fremdsprachenforschung vermittelt er die Anregung, Sprachaneignung in didaktischen und authentischen Verwendungskontexten mit besonderer Ausrichtung auf die Bedeutungskonstruktion zu untersuchen. Das Lesen authentischer Texte übernimmt in diesem Zusammenhang eine wichtige Brückenfunktion.

Aus der erwähnten Web-Seite wurden für diesen Band zwölf Beiträge ausgewählt, die aus der Sicht eines fremdsprachendidaktischen Teilbereichs zur Frage „Konstruktion statt Instruktion?" theoretisch begründet Stellung nehmen und aus ihrer Antwort bedenkenswerte Folgerungen für die künftige methodische Gestaltung des Fremdsprachenunterrichts ziehen.

Eine vom Untertitel her naheliegende Unterteilung in sprach- bzw. kulturbezogene Beiträge erwies sich als undurchführbar; denn nur die Hälfte der Arbeiten lässt sich ausschließlich auf den sprachlichen Zielbereich oder auf die Arbeit mit Texten beziehen, während in den anderen die kulturelle Dimension zwar nicht das hauptsächliche Anliegen, jedoch durchaus mitbedacht ist. Daher wurde der Zuordnung zu inhaltlichen Blöcken der Vorzug gegeben, wobei sich in der Tat herausgestellt hat, dass die zu einem Block zusammengefassten Beiträge einander wechselseitig erhellen. Die Beiträge des ersten Blocks stellen konstruktivistische Prinzipien und Vorschläge zu ihrer Verwirklichung beim Fremdsprachenlehren und -lernen in den Vordergrund. Sie führen vom Lernort Schule über das Lernmedium Internet zum Lernen in authentischen Kontexten.

KLAUS MÜLLER skizziert eine Reihe pädagogischer und unterrichtsmethodischer Konzepte, die im Hinblick auf sprachliche und kulturelle Zielbereiche instruktivistische Vorgehensweisen ersetzen. ANGÉLINE MARTEL analysiert 44 Lern- und Informationsangebote im Internet nach dem Kriterium der Nähe zum konstruktivistischen Paradigma. Für künftige Entwicklungen fordert sie die Aufgabe des herkömmlichen statischen Sprachbegriffs, die Förderung der Bedeutungs- und Grammatikkonstruktion durch die Lernenden, die Lösung von orts- und zeitabhängigen Lernarrangements, die Freigabe urheberrechtlich geschützten Wissens und eine größere Flexibilität der Lehrkräfte im Umgang mit differenzierten Lernangeboten. Obwohl kognitive Systeme aufgrund ihrer funktionalen Geschlossenheit nur auf eigene Zustände reagieren können, ist nach GEBHARD RUSCH Lernen möglich, und zwar vor allem, wenn sich eigenes Handeln in vorgefundenen (nach Möglichkeit: authentischen) Kontexten als unangemessen erweist. Durch den Autonomiebegriff, den er mit der „Erfindung" und Erprobung der Fremdsprache durch das lernende Individuum verbindet, leitet dieser Beitrag zum nächsten Block über.

Im zweiten Block steht das lernende Individuum im Mittelpunkt aller Überlegungen.

JOHANNA MEIXNER gibt Beispiele für Transfer, Übergeneralisieren und Lernerstrategien als Selbstorganisationsprozesse sowie für Hypothesenbildung und Fossilisierung, die sie als unterschiedliche Stadien lernersprachlicher Konstruktionsprozesse deutet. Die Lehrkraft bestimmt nicht das interne Lernprogramm, stellt jedoch die Lernanlässe und Arbeitsmittel bereit und hilft, wo nötig, durch Instruktion. WERNER BLEYHL, den am „radikalen" Konstruktivismus vor allem die Selbstorganisation des kognitiven Systems interessiert, setzt ein authentisches Perturbationserlebnis gegen Instruktion. Nach der von ihm vertretenen Verstehensmethode wird Input vor allem in den sogenannten Inkubationsperioden zum Anlass für die Konstruktion und Viabilisierung der Lernersprache. Hieraus zieht er Folgerungen für Evaluation und Leistungsmessung im Fremdsprachenunterricht. Um Leistungsmessung und insbesondere um Selbstevaluation, die einander ergänzen sollten, geht es im Beitrag von UTE RAMPILLON. Da die Lernenden im „neuen Unterricht" nicht mehr durch Instruktion und Linearität trivialisiert werden und ihr notwendigerweise subjektives Wissen selbst konstruieren, sind sie auch in erster Linie dazu berufen, es selbst zu evaluieren. Zur Durchführung gibt die Autorin ausführliche Hinweise.

Im dritten Block geht es um 'Text' in der weitesten Bedeutung dieses Begriffs, um literarische Texte und um eine Textbasis für interkulturelles Lernen. Und da Texte verstanden werden sollten, wird gefragt, wie Bedeutung entsteht.

Nach SIEGFRIED J. SCHMIDT, dem allgemein bekannten konstruktivistischen Text- und Medienwissenschaftler, kommen Verstehen und Bedeutung nicht von „außen" und bilden Texte lediglich Anlässe für selbstorganisierende kognitive Operationen. Daher werden Verstehensprozesse als subjektabhängige soziale Leistungen gesehen, die nur gelingen können, weil parallele sprachliche Sozialisationen oder bekannte Diskursmuster und Gattungen eine gewisse Vor-Orientierung bewirken. Im Beitrag von JÜRGEN DONNERSTAG und PETRA BOSENIUS wird Bedeutungskonstruktion im Rahmen nicht hintergehbarer denotativer Bedeutung als emotional-subjektiv und erfahrungsbezogen beschrieben. Im Gegensatz zum weitgehend lehrergesteuerten Abarbeiten inhaltlich-formaler Analysekriterien geben konstruktivistische Lernprinzipien auch den emotiven Komponenten der Sinnbildung Raum. Aus der Sicht von MICHAEL WENDT beruht Verstehen auf Sinnzuweisung aus dem Bedeutungsfundus der mentalen Wirklichkeitskonstruktion, weshalb Textinterpretationen nicht an den mutmaßlichen Sinngebungsabsichten des Autors gemessen werden können. Interkulturelles Lernen erfordert das Bewusstsein, dass die eigenen Einstellungen und Wirklichkeiten Konstrukte sind, und die Bereitschaft, sie nicht nur an der Eigengruppe, sondern auch an anderskulturell orientierten Personen, Gruppen oder Texten zu viabilisieren.

Ein sich veränderndes Tätigkeitsfeld der Lehrenden stellt diese, aber auch die Lehreraus- und -fortbildung vor neue Anforderungen, die in den Beiträgen des vierten Blocks untersucht werden.

Aus der zu fordernden Rücknahme von Instruktionsfunktionen zugunsten autonomer Wissenskonstruktion und Selbstevaluation der Lernenden leitet EYNAR LEUPOLD die Notwendigkeit der Entwicklung neuer Lehrkompetenzen ab. Er erläutert die neuen Erfordernisse durch eine Gegenüberstellung von traditionell-instruktivistischer und an konstruktivistischen Prinzipien orientierter Vokabeleinführung. DANIELA CASPARI hat in ihrem Projekt zur Erforschung subjektiver Theorien Lehrender (vgl. dies. 1998) eine vornehmlich instruktivistische Grundhaltung (etwa als Sprachtrainer oder Kulturmittler) beobachtet. Sie macht Vorschläge, wie Lehrerfortbildung der Diskrepanz zwischen didaktischem Diskussionsstand und dem als subjektives Theoriekonstrukt gesehenen beruflichen Selbstverständnis der Lehrkräfte Rechnung tragen kann.

Im dritten Teil dieser Einführung ist die Notwendigkeit deutlich geworden, zu Fragen des Spracherwerbs auch neuere Entwicklungen in der Linguistik zu berücksichtigen. Das geschieht im fünften Block.

In seinem Überblicksartikel überprüft MARTIN STEGU, den Reinfried (1999: 173) als radikal-konstruktivistischen Linguisten einstuft, inwiefern konstruktivistische Grundannahmen sinnvoll in verschiedene linguistische Teilbereiche übernommen werden können und inwieweit eine Relevanz für das Lernen fremder Sprachen anzunehmen ist. Im Schlussteil warnt der Autor jedoch davor, jede Instruktion aufzugeben und die autonom konstruierenden Lernenden mit ihrer Autopoiese allein zu lassen.

6. Danksagung

An dieser Stelle sei Ernst von Glasersfeld für seine freundliche Bereitschaft gedankt, diesen Band mit einem Vorwort zu eröffnen.

Dank gebührt darüber hinaus den Autoren/innen der Beiträge für die Web-Seite und den vorliegenden Band sowie allen, die durch ihr Engagement zum Gelingen der Arbeitsgemeinschaft beigetragen haben, und unter ihnen an erster Stelle Herrn Klaus Müller.

Nicht zuletzt danke ich Frau Meike Bültbrun und Frau Tuyet Dobis für die umsichtige Erstellung der Druckvorlage.

Bremen im Juni 2000

Anmerkungen

[1] Auch Rüschoff (2000) vergleicht informationstheoretische und konstruktivistische Ansätze, allerdings mit anderer Gewichtung. Aus seiner Sicht betont Konstruktionismus das äußere oder wenigstens beteiligte konstruktive Handeln, das einen permanenten Wechsel von Internalisierung des Äußeren und Externalisierung des Inneren gewährleistet. Insofern gehe Konstruktionismus über Piagets Konstruktivismus hinaus, der die Wissenskonstruktion ohne Unterstützung durch die Lehrkraft beschreibe.

[2] Gerstenmaier/ Mandl (1995: 875-878) verweisen auf *Anchored Instruction-, Cognitive Flexibility-* und *Cognitive Apprenticeship-Approach*. Zum *Cognitive Apprenticeship*-Ansatz, der eine gewisse Nähe zum Interiorisieren nach Galperin aufweist, vgl. Vogel (2000).

[3] Zur Herkunft und Diskussion des Begriffs vgl. Richards / von Glasersfeld (1992: 221) und von Glasersfeld (1992a: 411).
Teile des 3. Kapitels dieser Einführung sind der Bremer Antrittsvorlesung des Verf. (18.11.1999) entnommen, die zur Veröffentlichung in *Kolloquium Fremdsprachenunterricht* Band 7 vorgesehen ist.
Die folgenden Ausführungen finden eine Ergänzung in den 15 Thesen zum erkenntnistheoretischen Konstruktivismus auf der Web-Seite *http://ourworld.compuserve.com/ homepages/michaelwendt*.

[4] Für die 'Signale' hat Köck (1992: 359) die semiotischen Begriffe 'Zeichen' und 'Code' in die konstruktivistische Modellierung sprachlicher Interaktion eingefügt.

[5] Der Verfasser hat dieses Ziel an anderer Stelle (1998) als 'Konstruktionsbewusstheit' bezeichnet. Nach einem Bericht von Hermann-Brennecke (1998: 58) kann ein 6-wöchiger Kurs in allgemeiner Semantik, in dem die Lernenden u.a. mehr über die eigenen Kognitionen und die Subjektivität der Wahrnehmung erfahren, Ethnozentrismus und Autoritarismus signifikant verringern.

[6] Das wird z. B. deutlich, wenn Bredella (1998: 37) die von Wolff vertretene Fremdsprachendidaktik als radikal-konstruktivistisch einordnet.

Literatur

Abendroth-Timmer, Dagmar/ Bechtel, Mark/ Becker, Monika/ Caspari, Daniela/ Müller-Hartmann, Andreas/ Pörings, Ralf (1997): Wenn Forscher über Forscher forschen: Gestaltung und Evaluation eines Methodenseminars im Rahmen des Graduiertenkollegs "Didaktik des Fremdverstehens". In: Bredella, Lothar/ Christ, Herbert/ Legutke, Michael K. (Hrsg.): *Thema Fremdverstehen*. Tübingen: Narr: 1997: 378-399.

Bach, Gerhard (1998): Interkulturelles Lernen. In: Timm, Johannes-P. (Hrsg.): 192-200.

Bartlett, F.C. (1932, 1950, 1961): *Remembering*. A Study in Experimental and Social Psychology. Cambridge: Cambridge University Press.

Bates, Elisabeth/ Mac Whinney, Brian (1989): Functionalism and the competition model. In: Mac Whinney, Brian/ Bates, Elisabeth (Hrsg.): 3-76.

Bausch, Karl-Richard/ Christ, Herbert/ Königs, Frank G./ Krumm, Hans-Jürgen (Hrsg.) (1998): *Kognition als Schlüsselbegriff bei der Erforschung des Lehrens und Lernens fremder Sprachen*. Arbeitspapiere zur 18. Frühjahrskonferenz. Tübingen: Narr.

Bleyhl, Werner (1989): Spaziergang eines Fremdsprachenlehrers in sprachphilosophischen Gefilden. In: Kleinschmidt, Eberhard (Hrsg.): *Fremdsprachenunterricht zwischen Sprachenpolitik und Praxis*. Festschrift für Herbert Christ. Tübingen: Narr: 83-89.

Bredella, Lothar (1990): Das Verstehen literarischer Texte im Fremdsprachenunterricht. *Die Neueren Sprachen* 89/6: 562-583.

Bredella, Lothar (1998): Der radikale Konstruktivismus als Grundlage der Fremdsprachendidaktik? In: Bausch, Karl-Richard et al. (Hrsg.): 34-49.

Bredella, Lothar/ Christ, Herbert (1995): Didaktik des Fremdverstehens im Rahmen einer Theorie des Lehrens und Lernens fremder Sprachen. In: Dies. (Hrsg.): *Didaktik des Fremdverstehens*. Tübingen: Narr 8-19.

Bruner, Jerome S. (1990): *Acts of meaning*. Cambridge, MA.: Havard University Press.

Caspari, Daniela (1998): Subjektive Theorien von Fremdsprachenlehrern/innen - für Studierende ein relevantes Thema? Überlegungen zum Gegenstand und seiner methodischen Umsetzung im Rahmen eines fachdidaktischen Hauptseminars. *Fremdsprachen Lehren und Lernen* 27: 122-145.

Craik, F.I.M./ Lockhart, R.S. (1972): Levels of processing: a framework for memory research. *Journal of Verbal Learning and Verbal Behavior* 11: 671-684.

De Florio-Hansen, Inez (Koord.) (1998): *Subjektive Theorien von Fremdsprachenlehrern*. Tübingen: Narr. (Fremdsprachen Lehren und Lernen 27.)

Dewey, John (dt. 1998): *Die Suche nach Gewißheit*. Frankfurt/M.: Suhrkamp.

Diesbergen, Clemens (1998): *Radikal-konstruktivistische Pädagogik als problematische Konstruktion*. Eine Studie zum radikalen Konstruktivismus und seiner Anwendung in der Pädagogik. Bern u.v.a.: Lang.

Donnerstag, Jürgen (1993): Anmerkungen zu einem integrativen Modell fremdsprachlichen literarischen Lesens. In: Gienow W./ Hellwig K. (Hrsg.): 59-71.

Duffy, Thomas/ Lowyck, Joost/ Jonassen, David H. (Hrsg.) (1993): *Designing Environments for Constructive Learning*. Berlin u.a.m.: Springer.

Eco, Umberto (1990): *Lector in fabula*. Die Mitarbeit der Interpretation in erzählenden Texten. München: dtv.

Edelhoff, Christoph/ Weskamp, Ralf (Hrsg.) (1999): *Autonomes Fremdsprachenlernen*. Ismaning: Hueber.

Ellis, Nick (Hrsg.) (1994): *Implicit and explicit learning of languages*. London u.a.: Academic Press.

Fäcke, Christiane (1999): *Egalität-Differenz-Dekonstruktion*. Eine inhaltskritische Analyse deutscher Französisch-Lehrwerke. Hamburg: Kovač.

Fillmore, Charles J. (1977): Scenes and Frames Semantics. In: Zampolli, A. (Hrsg.): *Linguistic Structures Processing*. New York: 55-83.
Foerster, Heinz von (1960): On Self-Organizing Systems and their Environment. In: Yovits, M.C./ Cameron, S. (Hrsg.): *Self-Organizing Systems*. London: 31-50.
Foerster, Heinz von (1996): *Lethologie*. Eine Theorie des Lernens und Wissens angesichts von Unbestimmbarkeiten, Unentscheidbarkeiten, Unwißbarkeiten. In: Müller, Klaus (Hrsg.): 1-23.
Frindte, Wolfgang (1998): *Soziale Konstruktionen*: Sozialpsychologische Vorlesungen. Opladen: Westdeutscher Verlag.
Gadamer, Hans-Georg (1975): *Wahrheit und Methode*. Tübingen: Mohr.
Galperin, P.J. (1972): Die geistige Handlung als Grundlage für die Bildung von Gedanken und Vorstellungen. In: Lompscher, Joachim (Hrsg.): 33-49.
Geertz, Clifford (1987): Dichte Beschreibung. Bemerkungen zu einer deutenden Theorie von Kultur. In: Ders.: *Dichte Beschreibung*. Beiträge zum Verstehen kultureller Systeme. Frankfurt/M.: Suhrkamp: 7-43.
Gerstenmaier, Jochen/ Mandl, Heinz (1995): Wissenserwerb unter konstruktivistischer Perspektive. *Zeitschrift für Pädagogik* 41/6: 868-888.
Gienow, Wilfried/ Hellwig Karlheinz (Hrsg.) (1993): *Prozeßorientierte Mediendidaktik im Fremdsprachenunterricht*. Frankfurt/M.: Lang.
Glasersfeld, Ernst von (1992a): Siegener Gespräche über Radikalen Konstruktivismus. In: Schmidt, Siegfried J. (Hrsg.) (1992a): 401-440.
Glasersfeld, Ernst von (1992b): Aspekte des Konstruktivismus: Vico, Berkeley, Piaget. In: Rusch, Gebhard / Schmidt, Siegfried J. (Hrsg.): 20-33.
Grotjahn, Rüdiger (1997): Strategiewissen und Strategiegebrauch. Das Informationsverarbeitungsparadigma als Metatheorie der L2-Strategieforschung. In: Rampillon, Ute/ Zimmermann, Günther (Hrsg.): *Strategien und Techniken beim Erwerb fremder Sprachen*. Ismaning: Hueber: 33-76.
Grotjahn, Rüdiger (1999): Thesen zur empirischen Forschungsmethodologie. *Zeitschrift für Fremdsprachenforschung* 10/1: 133-158.
Halbwachs, Maurice (1985): *Das kollektive Gedächtnis*. Frankfurt/M.: Fischer.
Heinemann, Margot (Hrsg.) (1998): *Sprachliche und soziale Stereotype*. Frankfurt/M. u.v.a.: Lang. (Forum Angewandte Linguistik 33.)
Hejl, Peter. M. (1992): Konstruktion der sozialen Konstruktion: Grundlinien einer konstruktivistischen Sozialtheorie. In: Schmidt, Siegfried J. (Hrsg.) (1992a): 303-339.
Hermann-Brennecke, Gisela (1998): Die affektive Seite des Fremdsprachenlernens. In: Timm, Johannes-P. (Hrsg.): 53-59.
Herschensohn, Julia (2000): *The Second Time Around*. Minimalism and L-Acquisition. Amsterdam / Philadelphia, Pa: J. Benjamins.
Holtzer, Gisèle/ Wendt, Michael (éds.) (2000): *Didactique comparée des langues et études terminologiques*. Interculturel, Stratégies, Conscience langagière. Frankfurt/M. u.v.a.: Lang. (Kolloquium Fremdsprachenunterricht 4.)
Hu, Adelheid (1996): *Lernen als kulturelles Symbol*. Eine empirisch-qualitative Studie zu subjektiven Lernkonzepten im Fremdsprachenunterricht bei Oberstufenschülerinnen und -schülern aus Taiwan und der Bundesrepublik. Bochum: Brockmeyer.
Hutto, Daniel D. (2000): *Beyond Physicalism*. Amsterdam / Philadelphia, Pa: J. Benjamins.
Iser, Wolfgang (1976): *Der Akt des Lesens*. München: Fink.
Jackendoff, Ray S. (1983): *Semantics and cognition*. Cambridge, Mass.: MIT Press.
Jahr, Silke (1995): Strategien zum Textverstehen im Fremdsprachenunterricht. In: Spillner, B. (Hrsg.): 213-218.

Janich, Peter (1992): Die methodische Ordnung von Konstruktionen. Der Radikale Konstruktivismus aus der Sicht des Erlanger Konstruktivismus. In: Schmidt, Siegfried J. (Hrsg.) (1992b): 24-41.

Kallenbach, Christiane (1996): *Subjektive Theorien*. Was Schüler und Schülerinnen über Fremdsprachenlernen denken. Tübingen: Narr.

Kasper, Gabriele (1981): *Pragmatische Aspekte in der Interimsprache*. Eine Untersuchung des Englischen fortgeschrittener deutscher Lerner. Tübingen: Narr. (Tübinger Beiträge zur Linguistik 168.)

Klein, Joseph (1998): Linguistische Stereotypbegriffe. Sozialpsychologischer vs. semantiktheoretischer Traditionsstrang und einige frametheoretische Überlegungen. In: Heinemann, Margot (Hrsg.): 25-46.

Knobloch, Clemens (1994): *Sprache und Sprechtätigkeit*. Sprachpsychologische Konzepte. Tübingen: Niemeyer.

Köck, Wolfram K. (1992): Kognition-Semantik-Kommunikation. In: Schmidt, Siegfried J. (Hrsg.) (1992a): 340-373.

Köpf, Gerhard (Hrsg.) (1981): *Rezeptionspragmatik*. München: Fink.

Krashen, Stephen (1981): *Second language acquisition and second language learning*. Oxford etc.: Pergamon Press.

Krashen, Stephen (1994): The input hypothesis and its rivals. In: Ellis, Nick (Hrsg.): 45-77.

Krohn, Wolfgang/ Küppers, Günther/ Paslack, Rainer (1992): Selbstorganisation - Zur Genese und Entwicklung einer wissenschaftlichen Revolution. In: Schmidt, Siegfried J. (Hrsg.) (1992a): 441-465.

Krück, Brigitte (1997): Das Lesetagebuch als Medium der Rezeption literarischer Texte im Englischunterricht. In: Siebold, Jörg (Hrsg.): 125-139.

Krüssel, Hermann (1993): *Konstruktivistische Unterrichtsforschung*. Der Beitrag des wissenschaftlichen Konstruktivismus und der Theorie der persönlichen Konstrukte für die Lehr-Lern-Forschung. Frankfurt/M. u.v.a.: Lang.

Lakoff, George (1982): *Categories and models*. Trier: LAUT.

Lakoff, George (1987): *Women, fire, and dangerous things*: What categories reveal about the mind. Chicago: University of Chicago Press.

Lamb, Sidney M. (1999): *Pathways of the Brain*. The neurocognitive basis of language. Amsterdam / Philadelphia., Pa: J. Benjamins.

Le Moigne, Jean-Louis (1994): *Le Constructivisme* I: Des fondements. Paris: ESF.

Legenhausen, Lienhard (1994): Vokabelerwerb im autonomen Lernkontext. *Die Neueren Sprachen* 93/5: 467-483.

Legutke, Michael K. (1998): Handlungsraum Klassenzimmer and beyond. In: Timm, Johannes P. (Hrsg.): 93-109.

Legutke, Michael K. (1999): Möglichkeiten zur Neugestaltung des Fremdsprachenunterrichts - Vier Praxisberichte (Fallvignetten). In: C. Edelhoff/R. Weskamp (Hrsg.): 94-112.

Legutke, Michael K./ Müller-Hermann, Andreas (2000): Lernwelt Klassenzimmer - Auswahlbibliographie. *Der fremdsprachliche Unterricht Englisch* 44/3: 10.

Little, David (1997): Lernziel: Kontrastive Sprachbewußtheit - Lernerautonomie aus konstruktivistischer Sicht. *Fremdsprachen und Hochschule* 50: 37-49.

Lompscher, Joachim (Hrsg.) (1972): *Theoretische und experimentelle Untersuchungen zur Entwicklung geistiger Fähigkeiten*. Berlin: Volk und Wissen.

Long, Michael M. (1983): Native-Speaker / Non-native Speaker Conversation and the negotiation of comprehensible Input. *Applied Linguistics* 4/2: 126-141.

Lüsebrink, Hans-Jürgen/ Röseberg Dorothee (Hrsg.) (1995): *Landeskunde und Kulturwissenschaft in der Romanistik*. Theorieansätze, Unterrichtsmodelle, Forschungsperspektiven. Tübingen: Narr.

Mac Whinney, Brian/ Bates, Elisabeth (Hrsg.) (1989): *The linguistic study of sentence processing.* Cambridge: Cambridge University Press.

Maturana, Humberto R. (1970): *Biology of Cognition.* Dt. Biologie der Kognition. In: Maturana, Humberto R. (1982): 32-80.

Maturana, Humberto R. (1982): *Erkennen: Die Organisation und Verkörperung von Wirklichkeit.* Ausgewählte Arbeiten zur biologischen Epistemologie. Braunschweig / Wiesbaden: Vieweg 2. Aufl. 1985.

Maturana, Humberto R. (1992a): Kognition. In: Schmidt Siegfried J. (Hrsg.) (1992a): 89-118.

Maturana, Humberto R. (1992b): Biologie der Sozialität. In: Schmidt, Siegfried J. (Hrsg.) (1992a): 287-302.

Maturana, Humberto R./ Varela, Francisco J. (1987): *Der Baum der Erkenntnis.* München: Scherz.

McClelland, James L. (1989): Parallel distributed processing: implications for cognition and development. In: Morris, R.G.M. (Hrsg.): 8-45.

Meixner, Johanna (1997): *Konstruktivismus und die Vermittlung produktiven Wissens.* Neuwied u.a.: Luchterhand.

Morris, R.G.M. (Hrsg.) (1989): *Parallel distributed processing.* Implications for psychology and neurobiology. Oxford: Clarendon Press.

Müller, Klaus (Hrsg.) (1996): *Konstruktivismus.* Lehren-Lernen-Ästhetische Prozesse. Neuwied: Luchterhand.

Multhaupt, Uwe (1995): *Psycholinguistik und fremdsprachliches Lernen.* Von Lehrplänen und Lernprozessen. Ismaning: Hueber.

Neisser, Ulric (1967): *Cognitive Psychology.* New York: Appleton-Century-Crofts.

Papert, S./ Harel, I. (Hrsg.) (1991): *Constructionism.* Nordwood, N.J.: Ablex.

Piaget, Jean (1967): *Six psychological studies.* New York: Random.

Piaget, Jean (1973): *La construction du réel chez l'enfant.* Neuchâtel: Delachaux. 5. Aufl.

Piaget, Jean (1983): Dialogue on the Psychology of Thought. In: R.W. Rieber (Hrsg.): *Dialogues on the Psychology of Language and Thought.* New York: Plenum Press: 107-125.

Pishwa, Hanna (1998): *Kognitive Ökonomie im Zweitsprachenerwerb.* Tübingen: Narr. (Tübinger Beiträge zur Linguistik 437.)

Reckwitz, Andreas/ Sievert Holger (Hrsg.) (1999): *Interpretation, Konstruktion, Kultur.* Ein Paradigmenwechsel in den Sozialwissenschaften. Opladen: Westdeutscher Verlag.

Reinfried, Marcus (1999): Der radikale Konstruktivismus: eine sinnvolle Basistheorie für die Fremdsprachendidaktik? *Fremdsprachen Lehren und Lernen* 28: 162-180.

Reinmann-Rothmeier, Gabi/ Mandl, Heinz (1996): Lernen auf der Basis des Konstruktivismus. *Computer und Unterricht* 23: 41-44.

Richards, John/ Glasersfeld, Ernst von (1992): Die Kontrolle der Wahrnehmung und die Konstruktion von Realität. Erkenntnistheoretische Aspekte des Rückkoppelungs-Kontroll-Systems. In: Schmidt, Siegfried J. (Hrsg.) (1992a): 192-228.

Riemer, Claudia (1997): *Individuelle Unterschiede im Fremdsprachenerwerb.* Eine Longitudinalstudie über die Wechselwirksamkeit ausgewählter Einflussfaktoren. Hochgehren: Schneider.

Riemer, Claudia (Hrsg.) (2000*): Kognitive Aspekte des Lehrens und Lernens von Fremdsprachen.* Cognitive Aspects of Foreign Language Learning and Teaching. Festschrift W.J. Edmonson. Tübingen: Narr.

Robra, Klaus (1996): Zur Theorie der (Fremd-) Sprache(n) und des Fremdsprachenunterrichts (FU). *Fremdsprachen und Hochschule* 47: 77-92.

Robra, Klaus (2000): Eigensemantisierung. Wie Lernende die Bedeutungen unbekannter Lexis in der Lehrbuchphase möglichst selbständig herausfinden können. *Französisch heute* 31/1: 37-46.

Röseberg, Dorothee (1995): Kulturwissenschaftliche Institutionsforschung in der Romanistik. In: Lüsebrink H.-J./ Röseberg D. (Hrsg.): 41-53.
Roth, Gerhard (1992a): Erkenntnis und Realität. Das reale Gehirn und seine Wirklichkeit. In: Schmidt, Siegfried J. (Hrsg.) (1992a): 229-255.
Roth, Gerhard (1992b): Autopoiese und Kognition: Die Theorie H.R. Maturanas und die Notwendigkeit ihrer Weiterentwicklung. In: Schmidt, Siegfried J. (Hrsg.) (1992a): 256-286.
Roth, Gebhard (1997): *Das Gehirn und seine Wirklichkeit*. Frankfurt/M.: Suhrkamp.
Rusch, Gebhard (1992): Autopoiesis, Literatur, Wissenschaft. Was die Kognitionstheorie für die Literaturwissenschaft besagt. In: Schmidt, Siegfried J. (1992a): 374-400.
Rusch, Gerbhard (Hrsg.) (1999): *Wissen und Wirklichkeit*. Beiträge zum Konstruktivismus. Eine Hommage an Ernst von Glasersfeld. Heidelberg: Carl-Auer-Systeme.
Rusch, Gebhard/ Schmidt, Siegfried J. (Hrsg.) (1992): *Konstruktivismus*. Geschichte und Anwendung. Frankfurt/M.: Suhrkamp.
Rüschoff, Bernd (2000): Poetic Pam Revisited: Zur Nutzung elektronischer Texte für das Sprachenlernen. In: Riemer, C. (Hrsg.): 373-386.
Rüschoff, Bernd/ Wolff, Dieter (1999): *Fremdsprachen lernen in der Wissensgesellschaft*. Zum Einsatz der Neuen Technologien in Schule und Unterricht. Ismaning: Hueber. (Forum Sprache.)
Sandkühler, Hans Jörg (1999): Homo mesura. Übersetzung von Welt in Kultur und die Fragwürdigkeit realistischer Ontologie. In: Garber, Klaus H. / Gustav, Klaus (Hrsg.): *Aufsätze zur Literatur und Ästhetik*. Festschrift T. Metscher. Köln/Weimar/Wien: Böhlau.
Schiffler, Ludger (1998): Die "kognitive Wende" - an der Praxis gemessen. In: Bausch, K.-R. u.a. (Hrsg.): 149-159.
Schlak, Torsten (2000): *Adressatenspezifische Grammatikarbeit im Fremdsprachenunterricht*. Eine qualitativ-ethnographische Studie. Baltmannsweiler: Schneider (Perspektiven Deutsch als Fremdsprache 14.)
Schmidt, Siegfried J. (Hrsg.) (1992a): *Der Diskurs des Radikalen Konstruktivismus*. Frankfurt/ M.: Suhrkamp. 5. Aufl.
Schmidt, Siegfried J. (Hrsg.) (1992b): *Kognition und Gesellschaft*. Der Diskurs des Radikalen Konstruktivismus 2. Frankfurt/M.: Suhrkamp. 2. Aufl.
Schmidt, Siegfried J. (1992c): Der radikale Konstruktivismus: Ein neues Paradigma im interdisziplinären Diskurs. In: Ders. (Hrsg.) (1992a): 11-88.
Schwarz, Monika (Hrsg.) (1996): *Kognitive Semantik/Cognitive Semantics*. Ergebnisse, Probleme, Perspektiven. Tübingen: Narr. 2. Auflage.
Siebold, Jörg (Hrsg.) (1997): *Sprache und Medien im Fremdsprachenunterricht*. Beiträge des 3. Mediendidaktischen Kolloquiums Oktober 1996 in Rostock: Universität, Philosophische Fakultät. (Rostocker Beiträge zur Sprachwissenschaft 3.)
Spillner, Bernd (Hrsg.) (1995): *Sprache: Verstehen und Verständlichkeit*. Frankfurt/M. u.v.a. Lang. (Angewandte Linguistik 28.)
Stangl, Werner (1987): *Das neue Paradigma der Psychologie*: Die Psychologie im Diskurs des radikalen Konstruktivismus. Braunschweig/Wiesbaden: Vieweg.
Strohner, Hans (1995): Semantische Verarbeitung beim Lesen. In: Spillner, Bernd (Hrsg.): 129-137.
Sucharowski, Wolfgang (1996): *Sprache und Kognition*. Neuere Perspektiven in der Sprachwissenschaft. Opladen: Westdeutscher Verlag.
Timm, Johannes-P. (Hrsg.) (1998): *Englisch lernen und lehren*. Didaktik des Englischunterrichts. Berlin: Cornelsen.
Varela, Francisco J. (1979): *Principles of Biological Autonomy*. New York: Elsevier.
Varela, Francisco J. (1990): *Kognitionswissenschaft - Kognitionstechnik*. Frankfurt/M.: Suhrkamp.

Visosky, Michaela (1996): Praxiserfahrung? Nein aber woher denn auch? *Zielsprache Französisch* 28/2: 69-70.

Vogel, Klaus (2000): Comment entraîner les stratégies dans l'enseignement des langues étrangères. In: Holtzer, Gisèle / Wendt, Michael (éds.): 127-136.

Wendt, Michael (1992): Kreativität auf dem Prüfstand. Über den Beitrag des radikalen Konstruktivismus zu einer Theorie des kreativen Fremdsprachenunterrichts. In: Karbe, Ursula/ Steinberg-Rahal, Kerstin (Hrsg.): *Kreativität im Fremdsprachenunterricht?* Leipzig: Universitätsverlag: 264-269.

Wendt, Michael (1993a): *Strategien des fremdsprachlichen Handelns*. Lerntheoretische Studien zur begrifflichen Systematik. Band 1: Die drei Dimensionen der Lernersprache. Tübingen: Narr.

Wendt, Michael (1993b): Fremdsprache und Fremdheit. Zu den Aufgaben des Fremdsprachenunterrichts aus der Sicht einer konstruktivistisch orientierten Fremdheitswissenschaft. *Der fremdsprachliche Unterricht Französisch* 27/10: 46-47.

Wendt, Michael (1993c): Medien und Mythen. Texttheoretische und fremdheitspädagogische Aspekte massenmedialer Wirklichkeitskonstruktion. In: Bredella, Lothar/ Christ, Herbert (Hrsg.): *Zugänge zum Fremden*. Gießen: Ferber: 111-134.

Wendt, Michael (1994): Semantische Intertextualität. Zur Begründung der integrativen Funktion der Textdidaktik. *Fremdsprachen und Hochschule* 40: 37-49.

Wendt, Michael (1996a): *Konstruktivistische Fremdsprachendidaktik*. Lerner- und handlungsorientierter Unterricht aus neuer Sicht. Tübingen: Narr.

Wendt, Michael (1996b): L'Étranger und andere Fremde im Französischunterricht. In: Bredella, Lothar/ Christ, Herbert (Hrsg.): *Begegnungen mit dem Fremden*. Gießen: Ferber: 127-154.

Wendt, Michael (Hrsg.) (1998): *Konstruktiv lehren und lernen*. Der fremdsprachliche Unterricht Französisch 32 (Themenheft).

Wendt, Michael (2000): Erkenntnis- und handlungstheoretische Grundlagen des Fremdsprachenunterrichts. In: Abendroth-Timmer, Dagmar/ Breidbach, Stephan (Hrsg.) (im Druck).

Winter, Bill/ Reber, Arthur (1994): Implicit learning and the acquisition of natural language. In: Ellis, Nick (Hrsg.): 115-145.

Winter, Heinrich (2000): Learn the new words. Eine konstruktivistische Kritik einer alltäglichen Handlungsanweisung im Englischunterricht. *Praxis* 47/2: 153-158.

Wolff, Dieter (1993): Der Beitrag der kognitiv orientierten Psycholinguistik zur Erklärung der Sprach- und Wissensverarbeitung. In: Gienow W./ Hellwig K. (Hrsg.): 27-41.

Wolff, Dieter (1994): Der Konstruktivismus: Ein neues Paradigma in der Fremdsprachendidaktik? *Die Neueren Sprachen* 93/5: 407-429.

Wolff, Dieter (1997): Bilingualer Sachfachunterricht: Versuch einer lernpsychologischen und fachdidaktischen Begründung. In: Vollmer, Helmut J./ Thürmann, Eike (Hrsg*.): Englisch als Arbeitssprache im Fachunterricht*. Soest: Landesinstitut für Schule und Weiterbildung: 50-62.

Wolff, Dieter (1999): Zu den Beziehungen zwischen Theorie und Praxis in der Entwicklung von Lernerautonomie. In: Edelhoff C./ Weskamp R. (Hrsg.): 37-48.

Woods, Devon (1996): *Teacher Cognition in Language Teaching*. Beliefs, decision-making and classroom practice. Cambridge: Cambridge University Press.

Zimmer, H. D. (1998): Gedächtnispsychologische Aspekte des Lernens und Verarbeitens von Fremdsprachen. *Info DaF* 15: 149-163.

Prinzipien und Methoden

Constructivism in education

Klaus Müller

Konstruktivismus ist eine über 200 Jahre alte philosophische Kognitionstheorie. Heute kennen wir viele Varianten des Konstruktivismus, die sich u. a. durch eine biologische, soziale, psychologische, physiologische oder künstlerische Ausrichtung unterscheiden. Ihnen gemeinsam ist die Annahme, dass 'Realität' dem menschlichen Gehirn, das seine eigenen 'Wirklichkeiten' konstruiert, nicht zugänglich ist.

Wissen bedeutet, etwas tun zu können und dieses Handeln als sinnvoll zu erfahren. Lernen wird als ein Prozess der individuellen Wissenskonstruktion verstanden, der aus Lernhandlungen in Problemlösungssituationen entsteht. Konstruktivistische Pädagogen entwickeln Lernumwelten, die die Lernenden zur aktiven Hypothesenbildung, zu deren Überprüfung, zum Beschreiben, Erklären und metakognitiven Strukturieren veranlassen

Der folgende Beitrag bietet einen Überblick über die Ursprünge, die Theorien und die Anwendungen konstruktivistischer Ansätze im Bereich schulischen Lernens.

Constructivism is a philosophical theory of cognition that is over 200 years old. Today exist many varieties of constructivism with biological, social, psychological, physiological and artistical perspectives. They all agree about the point that 'reality' is not a factor external to human beings but a construct of human mental activities.

Knowing means being able to do something and to experience this doing as making sense. Learning is seen as the process of an individual constructing knowledge through learning-by-doing in situations offering problems and means of solving these problems. Constructivist educationalists develop situational or artificial contexts enabling learners to construct knowledge by discovery learning, active forming of hypotheses, testing, describing, explaining, and metacognitive structuring.

The following text offers an overview of the roots, the theories, and of the applications of constructivism in the field of education.

1. The philosophical roots of constructivism

Philosophy, the theory of cognition and of ultimate reality, influences all the fields in which the main topics are questions of perception, acquisition of knowledge, and mediation of knowledge, as there are psychology, the science of mind, behavior, and education, the study of teaching and learning psychology. For over 2500 years western philosophers have discussed questions of the following sort: How can we be sure that our senses tell us the truth? What can we find out of 'reality'? Is there any way (logically, mathematically, sensually ...) to an 'objective' reality? Are there alternative ways to 'truth'?

Roughly speaking, two contrary philosophical paradigms or conceptions of how we perceive objects and conceive reality exist: *objectivism* and *constructivism*. The following description contrasts their assumptions as polar extremes on a continuum ranking from the assumption of an externally mediated reality (objectivism) to that of an internally mediated reality (constructivism). Most theories, however, are placed somewhere in the middle of this continuum.

2. Objectivism

Objectivism has its basis in *realism* and *essentialism* (cf. Lakoff 1987). Realism holds that there exists a real world, external to humans and independent of human experience. The epistemology of realism, that is the study of the way humans achieve knowledge, is based upon the assumption that there are links between the human conceptual system and the external reality which guarantee true 'representations' of this reality. The structured representations in our mind are a 'mirror' of the external reality and its structure (cf. Rorty 1979). Words, for instance, 'represent' the aspects of reality. So 'meanings' are external to the language user. They give information about the world, not about the mind, and they are part of metaphysics, that is the study of the qualities of the world, but not of our mental understanding of the world. Reality consists of entities, which have fixed properties and relations. Among these properties some are *essential* (making the object what it is), and others are *accidential* (they happen to be but are not part of the essence of an object). Objectivist metaphysics believes that reality is *correctly* and *completely* structured in terms of entities, properties, and relations. Their structure can be modeled for the learner. Learning consists of finding the referents of the words which 'truely' represent the structure of reality and are therefore 'true' or 'objectively true'. Teaching helps students learn or assimilate this objective reality. Knowledge itself is 'true' or 'false' in terms of the objective reality, but not in terms of the individual who just has to accept the instructions of the teacher. Learners are not encouraged to make their own interpretations of what they perceive. Instead they are expected to replicate the objective knowledge given by instruction.

Unfortunately, this form of epistemology and teaching by activites externally manipulating the learner does not work very well. Rote learning of not understood 'external' knowledge for instance leads to forms of knowledge which are 'inert' (cf. Whitehead 1929). That means that learners are characterized by their failure to develop a workable knowledge base, by their problems in applying and transferring acquired knowledge, and by their inability to reflect on their knowledge or to develop effective individual learning strategies (cf. Koschmann et al. 1994). Regarding the foregoing educational problems, teachers and researchers are on the way to criticize the objectivist paradigm and to develop methodologies based upon the alternative paradigm of *constructivism*.

3. Constructivism

Constructivism has its basis in the western philosophy of scepticism, which stated the epistemological problem, that we have nothing but our senses to perceive the 'reality'. There is no possibility to 'correct' our view of reality if the perceptions were false. And as we know, there are 'false' perceptions and impressions of 'reality' that are wrong, for example dreams. So, how can we distinguish fallacies from reality? One extreme position claims that there is no way to any empirical knowledge at all, another one says that there is truth in God and we can get it by believing.

It was the German philosopher Immanuel Kant who tried to build a bridge between objectivism and agnosticism by arguing in a constructivist way. In the year 1781 he published his *Critique of Pure Reason* in which he claimed that the human mind has some *a priori* knowledge that precedes all reasoning. This *a priori* knowledge structures or determines our perceptions of the environment. Interacting with the environment we inevitably 'produce' appearances of the outer world which does exist, but not in the very way we experience it. With this theory Kant became the founder of a variety of 'constructivisms':

- 'radical' constructivists like Maturana & Varela (1980), Watzlawick (1984) or von Glasersfeld (1984) believe that there is no objective reality independent of human mental activities;
- the 'biological' constructivism (cf. Lorenz 1973) holds that each species constructs its own reality which is livable regarding its needs and fostering reproduction;
- 'moderate' constructivists believe in the existence of a real world which cannot be 'objectively' experienced or represented because our mind will us always give mere 'interpretations' or 'mental models' of this reality.

All 'constructivisms' agree that there is no way of getting 'objective' information about the world or to give 'transmissions' of information in acts of teaching and learning. According to constructivists, thinking and 'meaning' are grounded in individual perceptions of physical and social experiences which are to be formed to a consistent 'sense' by our mind. What we already know will interact with new perceptions and explain these perceptions. Learning is a function of the prior experiences, mental structures, and beliefs of an individual. Words are not representations of structures of the world but cues for the concepts that structure and organize our personal knowledge. 'Meanings' are subjective and not transferable. Communication functions between individuals with similar social experiences and similar personal 'constructs' of reality. Mutual adaptions of meanings and realities are possible and even common, because social contacts are important in the process of constructing realities and 'sense' (cf. Rogoff 1990, Lave 1988, Berger / Luckmann 1966).

It is the integration of these 'social' aspects of constructing realities that distinguishes constructivism from *solipsism*. Solipsism claims that the mind can only know its own, completely individualistic interpretations. This radical position would not allow taking a teaching perspective which aims to influence the construction of knowledge within the learner's mind.

It was the work of Jean Piaget that showed the ways growing children master the construction of personal knowledge by acts of *assimilation, accomodation,* and *communication* (1952). His basic research in connection with the gradually dissatisfying paradigm of objectivism has encouraged educationalists to look for ways to applicate constructivist assumptions in teaching methods and instructional technologies.

4. Constructivist educational principles

Before we describe some important applications of constructivist thought in the field of education, it is necessary to sum up the most significant constructivist assumptions about the nature of knowledge and the roles of learner and teacher. It has already been said that according to a constructivist view knowledge is subjectively perceived and actively constructed by learners. This personal interpretation of experience is a dynamic, multidimensional, and active process of sense-making. Learning as a self regulating process implies idiosyncratic ways of the organization of knowledge. There is not necessarily a process from parts to whole or the mastery of basic skills as a prerequisite of higher-order skills. Linear sequences of this sort might appear or might not appear in the dynamic interactions of the whole system, but teachers do not have to insist on such a curriculum. Instead of normal atomistic approaches a constructivist would always offer a holistic approach with a multidimensional scope of possible arrangements of knowledge allowing each learner to invent his or her developmentally appropriate 'reality' in the focussed domain. Tasks have to be authentic in order to foster the development of the competence of problem-solving in so-called 'ill-structured domains' (cf. Honebein/ Duffy/ Fishman 1993). The results of learning processes are unpredictable and heterogeneous, because individual differences exist both on the part of the previous knowledge and of the constructed or newly arranged knowledge. Multisensory approaches are preferred in any case. The learner is expected to develop learning strategies and metacognitive abilities considering complex tasks without explicit guidance of the teacher who acts as a facilitator and not as an instructor. Learning environments should offer choice and encourage initiations supporting both autonomy and relatedness. Social processes are central. Teachers can provide coaching or scaffolding to extend the potential development of the learner. The reasons for learning should be embedded into the learning process itself. Learners should know the significance of their learning and see the linkages to the world outside the classroom. So they should avoid the problem of 'inert' knowledge and construct transferable and practicable knowledge. While in 'objectivist' ways of teaching the learner's errors are used for assessing student performance, constructivists view errors as "positive stimulans for the kinds of perturbation that create disequilibrium necessary for self-reflection and conceptual restructuring" (Brown/ Collins/ Duguid 1989: 12).

These principles have been applied in some established educational models which are to be presented subsequently.

5. Applications of constructivist principles

5.1 Situated cognition

Constructivism claims that all learning has to be embedded within contexts or cultural environments allowing interactions between participants which form a culture of learning. Researchers relating to this assumption come from several fields, including anthropology, sociology, artificial intelligence, philosophy, psychology, and linguistics. These 'situationalists' share the opinion that person, activity, and setting are indivisable and that cognition and culture form an unit. Here are some important models:

Guided Participation (cf. Rogoff 1990). Rogoff's anthropological view is based on the idea that shared problem solving of a learner and a more skilled partner create forms of apprenticeship in thinking. Experts have to participate in activities by supportive structuring the novices' efforts, guiding them to new ways of understanding and knowing.

Cognitive Apprenticeship (cf. Collins/ Brown/ Newman 1989, Bereiter/ Scardamalia 1985). This model delivers a structured outline of processes within activities of guided participation. Researchers distinguish the teacher's activities of 'modeling', 'coaching', 'scaffolding' and 'fading', further the cognitive aspects of 'articulation', 'reflection', and 'exploration'. The fields which work with this approach are diverse, including mathematics (cf. Shore u. a. 1992), composition and writing (cf. Bereiter/ Scardamalia 1985), reading and writing (cf. de Bruijn 1993) etc.

Communities of Practice (cf. Lave 1988, 1990, Lave 1991, Lave/ Wenger 1991). Lave argues that learning depends on the provision of comprehensive goals, an initial view of the whole complex activity, and opportunities to work together with masters and peers in a structured domain of ongoing processes of practice. Moving toward full participation in practice, novices should develop an increasing sense of identity as a master and such change their personalities and cultural identities. In Lave's view schools are no longer privileged places for learning, a point that is critized by other scholars (cf. Palincsar 1989).

Affordance-Activity Coupling (cf. Greeno 1989, 1991, Greeno u. a. 1993). Greeno suggests that learning environments should include a setting for collaboration between peers and modeling and coaching teachers. To provide opportunities for transfer, Greeno *et al.* 1993 claim that learners should pay attention to 'affordances' that are invariant across changes of situations, thus inducing successful interactions in changed situations. This is expected to be a way of avoiding the construction of 'inert' and not transferable knowledge.

Learning In School And Out (cf. Resnick 1987). Resnick suggests to incorporate more of the features of successful out-of-school learning by the use of simulated work environments. Schools should prepare students to be good adaptive learners being able to perform in unpredictable situations and confronted with changing tasks.

Random Access Instruction (cf. Spiro 1988, Spiro u. a. 1991, Harel/ Papert 1991). This model argues that confronting learners with problems from multiple perspectives can promote the applicability of their knowledge across varying situations. Learners have to work with the same concept in different environments at different times and with different goals. So they are expected to develop cognitive flexibility and to generate multiple perspectives of their knowledge. Hypertext systems for example can offer 'landscapes' of information which are to be entered and crisscrossed by learners in a random and individual way.

Anchored Instruction (cf. Bransford/ Franks u. a. 1989, Bransford/ Vye u. a. 1989, Cognition and Technology Group at Vanderbilt 1992). This concept presents narrative anchors for learning in the form of interesting, complex, and realistic videodiscs. Problems are embedded into large realistic environments containing information for problem solving as well. Learners have to find out the relevant information and to develop strategies for problem solving. One elaborated program, the *Jasper Woodbury Problem Solving Series,* focuses on mathematical problems with links to history, social studies, literature, and science.

5.2 Instructional design

Cognitive Tools for Learning (cf. Nix/ Spiro 1990, Kommers u. a. 1992). This research focuses on the development of a technology of open learning resources and flexible information environments. Learning effects are expected from navigating through hypermedia resources consuming the ideas of others, reconstructing own prior concepts and generating new insights. Some tools that provide this are: semantic networking, expert systems, hypermedia, cooperative learning environments, and micro worlds. The development of new educational cognitive tools based upon constructivist assumptions is an important approach in the context of instructional design.

5.3 Meaningful learning

Learning Science Meaningfully (cf. Glynn/ Duit 1995, Yager 1995). According to this view, students learn science meaningfully when they activate their existing knowledge, relate it to educational experiences, develop intrinsic motivation, construct new knowledge and apply, evaluate and revise this new knowledge. Learning science constructively requires both knowledge about science, science process skills and metacognitive awareness. To achieve the latter students are encouraged to test their own ideas and those of others by discussion reflective dialogue, collection of ideas, reformulation, selfanalysis, elaborating, testing, using division of labor tactics, analysing and questioning. Documented studies of this approach concern the science domains of biology, chemistry, astronomy and earth sciences, and physics.

5.4 The education of the imagination

Theatre in Education (cf. O'Farrell 1994,1996). An anthropological well founded way to construct new realities is art. In this field the power of imagination of humans can create anything thinkable to be 'real', in solitary acts as well as in collective scenarios. All kinds of education in arts are therefore 'constructivist'. Some educationalists however refer explicitly to constructivist assumptions when doing art. Drama or theatre in education for example is well founded in perspectives of constructivism using techniques like *improvisation, creative drama, role-play* or *developmental drama* to foster the actors' own creativity to be worked out. Learning goals are, for example, interpersonal understanding, intercultural communication, the solving of psychological problems, performing written language to auditors, reading and writing as a preparation for playing scenes on stage (cf. Meixner 1996) and for puppet plays (cf. Acuña-Reyes 1993).

An example of working with the power of imagination as a tool for helping to construct word meanings in the second language of at-risk learners will be presented in the empirical part of this article (see below).

5.5 Literacy education

Whole Language (cf. Edelsky/ Altwerger/ Flores 1991, Cazden 1992, Goodman 1984, Brady/ Sills 1993). This approach is designed to be used in literacy education. As it is grounded in constructivist philosophy, whole language advocates stress the point that learning to read and to write must occur within real situations and pragmatic contexts in which authentic reading, writing, talking, and listening take place. The functions of written language have to be experienced 'holistically' in social and cultural settings. This further means that texts should not be separated into discrete parts like sounds or words in isolation or rules of grammar. Instead, the natural richness of context shall give a totality of linguistic and pragmatic information guaranteeing an understanding from the whole to the parts. Learners start from the understanding of textual functions as means of communication related to situations, topics, and pragmatic functions. Teachers are expected to provide stimulating experiences allowing experimentation and fun with words. Learners have to 'invent' ways of spelling representing their current 'reality' of symbolizing the world through letters or words. Invented spelling and non-standard use of writing conventions are expected outcomes representing a necessary individual stage of interim-knowledge. Consequently there is no externally imposed gradation of levels of achievement.

Quality literature is selected for reading because of its richness of story, ideas, and language. Students are invited to connect their reading experiences with their personal knowledge and emotional reaction as well as with the experiences of the other students. One aim is the development of communities of learners engaged in group discussions, collective writing, realizing projects and developing their own curricula. By problem-solving, decision-making, and collaborative interacting students are expected to become both creative and responsible members of a learning community. No information is selected or presented by the teacher, because learning is only taking place through acts of individual learning-by-doing, gaining proficiency through multi-dimensional and multi-modal learning experiences. Describing the role of the teacher as facilitating, supporting, guiding, monitoring, and encouraging learning, but not *controlling* it, *whole language* advocates sometimes exaggerate this position by suggesting „that we should consider 'teaching' to be a dirty word" (Harris / Graham 1994b: 237). Others argue that some types of learners need explicit, structured, and at times isolated instruction too. This may be the case for example for learners with special disorders and needs or for learners of an 'analytic' style of cognition (Witkin / Goodenough 1981). In fact, as a practical compromise, „many teachers, schools, and communities are well on their way to creating educational communities that have coherently integrated meaningful forms of explicit, and sometimes isolated, instruction within a larger, constructivism-based approach" (Harris / Graham 1996: 136).

5.6 Students with special needs

Constructivist Methods for At-Risk Learners (cf. Poplin 1988, Harris/ Graham 1994 a, b, Harris/ Graham 1996, Kronick 1990). Since Mary S. Poplin's influencing article (1988), many constructivist approaches for the sake of students with disabilities and students at risk have been developed. For an overview see the articles presented in the special issues of the *Journal of Special Education* (cf. Harris/ Graham eds. 1994a) and of *Learning Disabilities Research and Practice* (1996, 11/3). The results vary: "In some constructivist classrooms, such integration and attention to learners with special needs is happening, with very positive results. In other classrooms, however, this is not the case." (Harris/ Graham 1996: 136). Details cannot be reported here. We should note, however, that many methods used working with learners with special needs are 'holistic' and even 'constructivist' without special reference to that paradigm, for instance all 'gestalt'-based approaches (cf. Bell 1991), methods using multisensory language instruction (cf. Sparks/ Ganschow 1993), or approaches fostering meta-cognitive strategies and awareness (cf. Wong 1992, Schneider 1996). So we should be aware that the large scope of aspects of constructivist based learning environments and learning-teaching-interactions is not the privileged possession of this paradigm but everyday practice in all forms of schooling or treatment of special needs. Most of the workable constructivist methods and practices do not adhere to a 'radical' position or to an absolut non-directive or non-instructive position considering the word 'teaching' to be a dirty one.

5.7 Multicultural domains

Whole Language and the Bilingual Learner (cf. Freeman/ Freeman 1993, Carrasquillo/ Hedley 1993). Within the last decades a dramatic shift occured in many countries from a rather homogeneous population to a multi-ethnical and multi-cultural society. Often former majority groups have changed into minority groups and vice versa. Consequently there is also the same shift in school populations requiring new forms of teaching methods, communication skills, and language competences. In many classrooms today several first languages and different competences of a common second language coexist. This leads to serious questions concerning the choice of the language used for teaching and communication or the choice of the language in which the more or less bilingual children should learn to read and to write. Most languages differ in the way they spell one phonetically identical sound. So children get confused about the many possible ways of spelling the same sound or complex of sounds when they are confronted with different spelling conventions of their first and second language, no matter whether they learn them simultaneously or subsequently. There are many forms of educational reactions to these almost unsolvable problems with new forms of teaching, one of them being *whole language*. This means for example learning from whole to the parts, learner centered and guided curricula, meaningful and purposeful lessons, social interactions within learning groups, simultaneous development of oral and written language, lessons in the first language of the children enabling them to build concepts and facilitate the acquisition of English, acception of a diversity of learning styles and learning outcomes passing through individual phases of the construction of interim-knowledge. Examples and assessments of *whole language* native programs recommended to limited-English-proficient students are reported in the literature mentioned above.

As a final statement we may notice that the applications of constructivism are widely ranged concerning both learners without special needs, learners at-risk to fail and even very gifted learners which are promoted by the opportunities to create their own ways of learning and to pace the development of knowledge individually.

References

Acuña-Reyes, Rita (1993): Communicative competence and whole language in the foreign language secondary school class. In: Carrasquillo, Angela u.a. (Hrsg.): 20-34.
Auwärter, Manfred (1986): Development of communicative skills: The construction of fictional reality in children's play. In: Cook-Gumperz, Jenny u. a. (Hrsg.): 205-230.
Bell, Nancy (1991): Gestalt imagery: A critical factor in language comprehension. *Annals of Dyslexia* 41: 246-260.
Bereiter, Carl/ Scardamalia, Martha (1985): *The Psychology of Written Composition*. Hillsdale, N.J.: Erlbaum.
Berger, Peter L./ Luckmann, Thomas (1966): *The Social Construction of Reality*. Garden City N.Y.
Brady, Sandra K./ Sills, Toni M. (Hrsg.) (1993): *Whole Language. History, Philosophy, Practice*. Dubuque, Iowa: Kendall/Hunt Publishing Company.
Bransford, John D./ Franks, Jeffery J. u. a. (1989): New approaches to instruction: Because wisdom can't be told. In: Vosniadou, Stella u. a. (Hrsg.): 470-497.
Bransford, John D./ Vye, Nancy J. u. a. (1989): Learning skills and the acquisition of knowledge. In: Lesgold, Alan M. u. a. (Hrsg.): 199-250.
Brown, John S./ Collins, A./ Duguid, Paul (1989): Situated cognition and the culture of learning. *Educational Researcher* 18 (1): 32-43.
Bruijn, Helen de (1993): *Situated Cognition in a Computerized Learning Environment for Adult Basic Education Students*. Den Haag: CIP-Gegevens Koninklijke Bibliotheek.
Carrasquillo, Angela/ Hedley, Carolyn (Hrsg.) (1993): *Whole Language and the Bilingual Learner*. Norwood, N.J.: Ablex Publishing Company.
Cazden, Claus B. (Hrsg.) (1992): *Whole Language Plus*. New York: Teachers College Press.
Chee, Yam San (1995): Cognitive apprenticeship and its application to the teaching of Smalltalk in a multimedia interactive learning environment. *Instructional Science* 23: 133-161.
Cognition and Technology Group at Vanderbilt (1992): The Jasper series as an example of anchored instruction: Theory, program description, and assessment data. *Educational Psychologist* 27: 291-315.

Collins, Allan/ Brown, John S./ Newman, Susan E. (1989): Cognitive apprenticeship: Teaching the crafts of reading, writing and mathematics. In: Resnick, Lauren B. (Hrsg.): 453-494.
Cook-Gumperz, Jenny/ Corsaro, W. A./ Streeck, Jürgen (Hrsg.) (1986): *Children's Worlds and children's Language*. New York, Berlin, Amsterdam: Mouton & de Gruyter.
Detterman, D. K./ Sternberg, Rod J. (Hrsg.) (1993): *Transfer on Trial: Intelligence, Cognition and Instruction*. Norwood, N. J.: Ablex.
Duffy, Thomas M./ Lowyck, Joost/ Jonassen David H. (Hrsg.) (1993): *Designing Environments for Constructive Learning*. Berlin:Springer.
Edelsky, Carl/ Altwerger, Brian/ Flores, Bart (1991): *Whole Language: What's the Difference?* Portsmouth, N.H.: Heinemann.
Freeman, Yvonne/ Freeman, David (1993): Celebrating diversity. Whole language with bilingual learners. In: Brady, Sandra K. u. a. (Hrsg.): 195-217.
Glasersfeld, Ernst von (1984): An introduction to radical constructivism. In: Watzlawick, Paul (Hrsg.): 17-40.
Glynn, Shawn M./ Yeany, R. H./ Britton, Britney K. (Hrsg.) (1991): *The psychology of Learning Science*. Hillsdale, N.J.: Lawrence Erlbaum Associates.
Glynn, Shawn M. (1991): Explaining science concepts: A Teaching-with-Analogies model. In: Glynn, Shawn M. u. a. (Hrsg.): 219-240.
Glynn, Shawn M./ Duit, Reinders (Hrsg.) (1995): *Learning Science in the schools*: Research Reforming Practice. Mahwah, N. J.:Erlbaum.
Glynn, Shawn M./ Duit, Reinders / Thiele, Rodney B. (1995): Teaching science with analogies: A strategy for constructing knowledge. In: Glynn, Shawn M. u. a. (Hrsg.): 247-274.
Goodman, Kenny S. (1984): *What's Whole in Whole Language?* Portsmouth, N.H.: Heinemann.
Greeno, James G. (1989): Situations, mental models and generative knowledge. In: Klahr, David u. a. (Hrsg.): 285-318.
Greeno, James G. (1991): Mathematical cognition: Accomplishments and challenges in research. In: Hoffman, Robin R. u. a. (Hrsg.): 255-279.
Greeno, James G./ Smith, D.R./ Moore, J.L. (1993): Transfer of situated learning. In: D.K. Detterman u. a. (Hrsg.): 99-167.
Harel, Idit/ Papert, Seymour (Hrsg.) (1992): *Constructionism*. Norwood, N. J.: Ablex.
Harel, Idit/ Papert, Seymour (1991): Software design as a learning environment. In: Harel, Idit u. a. (Hrsg.): 41-84.
Harris, Karen R./ Graham, Steve (Hrsg.) (1994a): Implications of constructivism for students with disabilities and students at risk: Issues and directions. *The Journal of Special Education* 28/3: 275-289.
Harris, Karen R./ Graham, Steve (1994b): Constructivism: Principles, Paradigms, and Integration. *The Journal of Special Education* 28/3: 233-247.
Harris, Karen/ Graham, Steve (1996): Constructivism and students with special needs: Issues in the classroom. *Learning Disabilities Research and Practice* 11/3.
Hoffmann, Robert R./ Palermo, Desmond S. (Hrsg.) (1991): *Cognition and the symbolic Processes*: Applied and Ecological Perspectives. Hillsdale, N.J.: Erlbaum.
Honebein, Peter C./ Duffy, Thomas M./ Fishman, Barry J. (1993): Constructivism and the design of learning environments: Context and authentic activities for learning. In: Duffy, Thomas M. u. a. (Hrsg.): 87-108.
Kant, Immanuel (1781/1964): *The Critique of Pure Reason* (K. Smith Transl.). London: Maxmillan (Original work published 1781 in Riga).
Klahr, David/ Kotovsky, Kevin (Hrsg.) (1989): *Complex Information Processing*. Hillsdale, N.J.: Erlbaum.

Kommers, Piet A.M./ Jonassen, David H./ Mayes, J. Terry (Hrsg.) (1992): *Cognitive Tools for Learning*. Berlin: Springer.
Koschmann, Tony D./ Myers, Alan C./ Feltovich, Peter J./ Barrows, Helen S. (1994): Using technology to assist in realizing effective learning and instruction: A principle approach to the use of computers in collaborative learning. *The Journal of the Learning Sciences* 3: 227-264.
Kronick, Doreen (1990): Holism and empiricism as complementary paradigms. *Journal of Learning Disabilities* 23/1: 5-8.
Lakoff, George (1987): *Women, Fire, and Dangerous Things*. Chicago: University Press.
Lave, Jean (1988): *Cognition in Practice: Mind, Mathematics, and Culture in Everyday Live*. Cambridge: University Press.
Lave, Jean (1990): The culture of acquisition and the practice of understanding. In: Stigler, Jonathan W. u. a. (Hrsg.): 309-327.
Lave, Jean (1991): Situated learning in communities of practice. In: Resnik, L.B./ Levine, J. M./ Teasley, S. D. (Hrsg.): 63-82.
Lave, Jean/ Wenger, E. (1991): *Situated Learning: Legitimate Peripheral Participation*. Cambridge: University Press.
Lesgold, Alan M./ Glaser, Robert (Hrsg.) (1989): *Foundations for a Psychology of Education*. Hillsdale, N. J.: Erlbaum.
Lorenz, Konrad (1973): *Die Rückseite des Spiegels. Versuch einer Naturgeschichte menschlichen Erkennens*. München: Piper.
Maturana, Humberto R./ Varela, Francisco J. (1980): *Autopoesis and Cognition: The Realization of the Living*. Dordrecht: Reidel.
Meixner, Johanna (1996): Relationelle Dramaturgie als 'Situated Action': Das lebendige Zeitungstheater. In: Müller, Klaus (Hrsg.): 197-208.
Müller, Klaus (Hrsg.) (1996): *Konstruktivismus, Lehren, Lernen, Ästhetische Prozesse*. Berlin: Luchterhand.
Nix, Don/ Spiro, Rand (Hrsg.) (1990): *Cognition, Education, and Multimedia: Exploring Ideas in High Technology*. Hillsdale, N.J.: Erlbaum.
O'Farrell, Lawrence (1994): *Education and the Art of Theatre*. Geelong, Australia: Deakin University Press.
O'Farrell, Lawrence (1996): Konstruktivistisches Lernen und szenisches Spiel. In: Müller, Klaus (Hrsg.): 189-196.
Palincsar, Annemarie S. (1989): Less charted waters. *Educational Researcher* 18/4: 5-7.
Piaget, Jean (1952): *The Construction of Reality in the Child*. (M. Cook, Transl.). New York: Basic Books.
Poplin, Mary S. (1988): Holistic/constructivist principles of the teaching/learning process: Implications for the field of learning disabilities. *Journal of Learning Disabilities* 21: 401-416.
Resnick, Lauren B. (1987): Learning in school and out. *Educational Researcher* 16/9: 13-20.
Resnick, Lauren B. (Hrsg.) (1989): *Knowing, Learning and Instruction*. Hillsdale, N.J.: Erlbaum.
Resnik, Lauren B./ Levine, James M./ Teasley, Stephen D. (Hrsg.) (1991): *Perspectives on Socially shared Cognition*. Washington D. C.: American Psychological Association.
Rogoff, Barbara (1990): *Apprenticeship in Thinking: Cognitive Development in Social Context*. New York: Oxford University Press.
Rorty, Richard (1979): *Philosophy and the Mirror of Nature*. Princeton: University Press.
Schneider, Elke (1996): *Metacognitive awareness in multisensory structured language instruction: Case study of an at-risk foreign language learner*. Paper presented at the 47th Annual Conference of the Orton Dyslexia Society, November 1996, Boston MA.

Shore, Linda S./ Erickson, Melissa J./ Garik, Peter/ Hickman, Paul/ Stanley, H. Eugene/ Taylor, Edwin F./ Trunfio, Paul A. (1992): Learning fractals by 'Doing Science': Applying Cognitive Apprenticeship strategies to curriculum design and instruction. *Interactive Learning Environments* 2 (3 & 4): 205-226.

Sloan, Glenna D. (1974): The education of the imagination. *Elementary English* 51 (7): 977-982.

Sparks, Richard L./ Ganschow, Leonore (1993): The effects of multisensory structured language instruction in native language and foreign language aptitude skills of at-risk High School foreign language learners: A replication and follow-up study. *Annals of Dyslexia* 43: 194-216.

Spiro, Rand J. (1988): *Cognitive Flexibility Theory: Advanced Knowledge Acquisition in Ill-Structured Domains*. Technical Report No. 441, Champaign IL: Center for the Study of Reading.

Spiro, Rand J./ Feltovich, Paul J./ Jacobson, Michael J./ Coulson, Richard L. (1991): Cognitive flexibility, constructivism, and hypertext: Random access instruction for advanced knowledge acquisition in ill-structured domains. *Educational Technology* 31/5: 24-33.

Stigler, Jonathan W./ Shrewder, Ronald A./ Herdt, Geraldt (Hrsg.) (1990): *Cultural Psychology: Essays on Comparative Human Development*. Cambridge: University Press.

Vosniadou, Stella/ Ortony, Andrew (Hrsg.) (1989): *Similarity and Analogical Reasoning*. Cambridge: University Press.

Watzlawick, Paul (Hrsg.) (1984): *The invented Reality*. Cambridge MA: Harvard University Press.

Whitehead, Antony N. (1929): *The Aims of Education*. New York: Macmillan.

Witkin, Herman A. / Goodenough, D.R. (1981): *Cognitive Styles: Essence and Origins*. New York: International Universities Press.

Wong, Barry Y.L. (1992): On cognitive process-based instruction. An introduction. *Journal of Learning Disabilities* 25: 150-152.

Yager, Robert E. (1995): Constructivism and the learning of science. In: Glynn, Shawn M. u. a. (Hrsg.): 35-58.

Constructing learning with technologies:
Second/foreign languages on the Web

Angéline Martel

Neue instruktivistische und konstruktivistische Konzeptionen des Lernens und Lehrens entwickeln sich parallel zu den Kommunikationstechnologien. Dieser Beitrag untersucht zunächst die Parameter beider Paradigmen, um anschließend Web-Seiten als Beispiele für beide Richtungen zu analysieren. Schließlich werden vier Paradoxe benannt, die die Periode des Übergangs vom Instruktivismus zum Konstruktivismus kennzeichnen; sie betreffen das Phänomen 'Sprache', das Schulklassenmodell, das Urheberrecht und die Rolle der Lehrkraft.

Emerging learning/teaching trends that are concurrent with communication technologies develop according to instructivist or constructivist paradigms. This presentation first investigates the parameters of each paradigm. Then, it analyses web sites as examples of one or the other. Finally, it poses four paradoxes that pertain to the actual transitional period from instructivism to constructivism: on the nature of 'language', on the class model, on the nature of public knowledge and on the role of the teacher.

1. Learning/teaching theories marching on

There is a concurrent paradigm shift happening parallel to, accompanying, and legitimating, the current technological developments. The contemporary emphasis on cognitivist and particularly constructivist theories of learning/teaching constitutes the paradigm shift, away from the previous instructivist (or traditional)/behavourist approaches.

Throughout the ages, learning theories, and the pedagogical practices that they grounded, have emphasised different aspects of the learning and teaching spectrum, and each culture has focusses on the one that expressed its own values. Behaviorism, for example, through an emphasis on habit formation has deeply influenced teaching and learning practices in languages as well as in other disciplines; we remember the Golden Age of structural exercises.

Today, learning theories are placing an emphasis on two other dimensions : active participation in motivating projects and collaborative work. This constitutes the two most important features of constructivism[1] : a psychological foundations based mostly on Jean Piaget and a psychosocial dimensions based on Lev S. Vygotsky. But constructivism is not new. For example, Rousseau and Montaigne have advocated its principles. What is new however is the advantage that technologies provide in planning constructivist learning environments and projects. What is also new is the convergence of humanistic learning/teaching trends with constructivism[2].

Table 1 contrasts constructivism with the previous (traditional) trends that I have called instructivism because of the predominance that they accord to instruction over learning.

In summary, it shows that constructivism refers to the post-modern educational paradigm that postulates that the learner constructs his or her own interpretation of events and information. Knowledge is not acquired once and for all. Authentic tasks and projects are considered more motivating. Constant collaboration is an integral part of the practices.

Instructivism, on the other hand, refers to the traditional educational modes based on positivism. It attempts to cultivate in the learner information and knowledge that are deemed "true" and are pre-constructed independently of the learner, of his or her situation, of his or her culture.

As for the debate as to whether the two approaches are incompatible or complementary (cf. Wasson, 1996), I deem it moot since our Western practices and thinking will participate of both paradigms for a while to come yet. And, in the reality of a course or a classroom, the two types of practices are intertwined, never pure, never unique. Perhaps practices will engage in a synthesis.

Table 1

Principles of learning/teaching practices in the constructivist and the instructivist paradigms

	Contructivist practices	**Instructivist practices**
Individual dimensions		
1. Role of learner	Active constructor of knowledge Collaborator Sometimes an expert	Person who listens Always a learner
2. Conception of learning	Transformation of information into knowledge and meaning Based on observation, background and context	Accumulation of information
3. Basis for cognition	Interpretation based on background knowledge and beliefs	Accumulation based on past acquired information
4. Type of activities	Learner centered, varied, according to learning style Interactive relationship	Teacher-centered Didactic relationship Same exercise for all learners
5. Type of environment	Supportive	Hierarchic
6. Type of curriculum	Resource-rich, activity-based Provides access to information on demand	Pre-established and fixed, needed resources only

7. Flow of activities	Self-directed flow	Linear and teacher directed flow
8. Proof of success	Quality of comprehension and constructed knowledge	Quantity of information remembered
9. Evaluation	In reference to competencies developed Portfolios	In reference to information Tests asking for short answers Standardised tests
Social dimensions		
1. Conception of knowledge	As a dynamic process that evolves over time and culture	A static truth that can be acquired once and for all, independent of the learner
2. Role of the teacher	Collaborator, facilitator, sometimes learner	Expert, transmitter of knowledge
3. Emphasis of teaching	Creation of relationships Answer to complex questions	Memorization Accent on raw information
4. Main actions	Work in co-operation Project development or problem resolution Hands-on, problem-centered	Individual readings and exercises
5. Social model	Community model, sense of ownership People act on their environment and are not only dependent on it; learner as agent extracting and imposing meaning Develop autonomy, metacognition and critical reflection	Classroom model People as recipients of transmitted knowledge
6. Role of play	Play and experimentation as valuable forms of learning	Play as wasted time Experimentation limited
Tools and technologies	Varied: Computers, video, technologies that engage learner in the immediacy they are used to in their everyday lives, books magazines, periodicals, stills photographs,. Films, etc	Pencils, notebooks, texts Few films, videos, etc.

©Martel 1999

Wilson (1996) offers an interesting categorising of terminology in order to illustrate the historical emphasis of learning theories. He begins with the notion that the perspective on knowledge is crucial. Thus, if you think of knowledge as "a quantity or packet of content waiting to be transmitted", you will think of teaching as "a *product to be delivered as a vehicle*". If on the other hand, knowledge is "a cognitive state as reflected in a person's schemas and procedural skills", teaching is going to provide "a set of *instructional strategies* aimed at changing an individual's schemas". If knowledge is further seen as "a person's meanings constructed by interaction with one's environment", teaching will tend to allow "a learner drawing on tolls and resources within a rich *environment*". Finally, if knowledge is seen as "enculturation or adoption and acting", teaching will be "participation in a *community's* everyday activities". Thus, the terminology serves to express the perspective adopted.

What is interesting also is that constructivism is, at times, merging with humanistic learning and teaching theories. This merging could not be better expressed than in the very actual words of Carl Rogers (1902-1987) : "I know I cannot teach anyone anything, I can only provide an environment in which he can learn". He spoke of "learning environments", well before the constructivist adopted the term as symbolic of respect for the learner.

The current merging of constructivism with humanism provides a critical perspective on knowledge and language. It states that meanings are historically situated and constructed and reconstructed through language. And discourse ties knowledge with interest. Critical reflection therefore fosters the unveiling of these interests; it challenges the idea that there is a single meaning to reality. Instead of a paternalistic project of education, constructivism then approaches the emancipatory and empowerment trends of education.

Constructivism also opens an interpretive avenue for interculturalism although it does not yet theorize on the notion. It is however of importance for learning and teaching of languages.

2. Learning/teaching languages on the WEB : pedagogical trends moving on

In this part of my paper, I focus on the resources that are available and developed on Internet for learning and teaching a second or a foreign language. I focus primarily on French resources, although these are a very small part of the WEB. In fact, according to the data base of Teleeducation[3] , 75% of on-line courses come from the USA, 18% from Britain, 3% Australia and the remaining 4% from the rest of the world. My interest in these resources is to see how constructivism develops with the aid of technology in French language learning and teaching cultural and political environments.

The resources available for French language teaching have been divided into four categories :
- a) the commercial showcase of goods and services,
- b) the reference tools,
- c) the online services for teachers and students and
- d) the teaching and learning activities.

In parenthesis and italics are indicated aspects and principles of constructivism (or instructivism) that are invoked in reference to Table 1.

2.1 Commercial showcase for the services and goods : making known on-line services offered face-to-face

Internet gradually erases the boundaries between business and education in such a way that well over 90% of French second/foreign language teaching/learning has a commercial intent in very similar proportions as the American or Canadian part of the WEB. Here are some examples for French.

2.1.1 The institutions : two sites

Many sites provide explicit publicity for campus courses in France or in Quebec. These sites, like examples 1 and 2 offer descriptions of campus or services, registration forms and some enticing activities. We could say that these sites are artefacts of earlier technologies, of the class model of learning, and of current commercial trends of globalization.

> *Example 1 : L'école de langues de l'Université Laval (Québec)*
> http://www.fl.ulaval.ca/elv/bienvenue.html
> (*Collaboration.* This showcase of services is authentic and enthusiastic).

> *Example 2 : Bonjour de France*
> http://www.bonjourdefrance.com/n3/bonjour.htm
> (*Collaboration, exploration, hypertext as references.* This is a well designed showcase, attractive, some good pedagogy. It is a soft-sale pitch).

2.1.2 Institutional groupings : three organizations

Associations, groups, and institutions offering class model courses are numerous in *la francophonie*. They correspond, particularly in France, to the development of a large immersion-type teaching/learning sector. In order to make them better known, Internet guides have been prepared as in examples 3, 4, and 5.

> *Example 3 : „Espace universitaire Albert Camus"*
> http://www.fle.fr
> 36 recognised institutions : universities or linguistic centers, publics or private, presenting their pedagogical program and their cultural services.

> *Example 4 : Souffle*
> http://www.souffle.asso.fr/
> A groupment of 18 teaching centers.

> *Example 5 : International repertory*
> http://www.carrefour.net/repertoire/_ducation/Langues/
> An international repertoire of language schools.

2.1.3 Businesses : two crossroads
And at times the intent is clearly commercial as in examples 6, and 7.

>*Example 6 : Canadian products and services*
>http://ted.educ.sfu.ca/expof/products.html
>Hard sale

>*Example 7 : Products from France*
>http://www.yahoo.fr/Informatique_et_multimedia/Logiciels/

2.2 Reference tools : access to French norms and general resources

A second category of Web sites offers reference tools. In general, these tools expose the diversity in the Francophone world. France is therefore no longer the sole beholder of the norms for the French language, for the French culture, for French expressions etc. For students, this exposure to the multiple aspects of French language and culture can only further advance the comprehension of diversity.

2.2.1 Linguistic resources

>*Example 8 : Bilingual dictionary*
>http://www.humanities.uchicago.edu/forms_unrest/FR_ENG.html

>*Example 9 : Francophone dictionary*
>http://www.francophonie.hachette-livre.fr/
>Multiple norms : a testimony of the power relationships in the Francophone world

>*Example 10 : Dictionary of the Académie française*
>http://www.epas.utoronto.ca:8080/~wulfric/academie/

>*Example 11 : On-line translation*
>http://babelfish.altavista.digital.com/cgi-bin/translate?

2.2.2 Learning resources : two crossroads

>*Example 12 : Clicnet*
>http://www.swarthmore.edu/Humanities/clicnet/

>*Example 13: The Linguist List*
>http://www.linguistlist.org/

2.2.3 Crossroads for resources in French : four geographic perspectives

This section could surely provide a great number of URLs for the whole French WEB could be cited. In effect, through this aspect of the WEB, the concepts of 'second' and 'foreign' languages are blurred. The student, who was deemed to be less in contact with French in a foreign language situation than in a second language one, now has the richness of the world at his or her fingertips, images and sound included. Here are four distinct views of the world in French.

>*Example 14 : From Québec*
>http://www.uqat.uquebec.ca/~wwweduc/education.html

Example 15 : From France
http://www.pagefrance.com/accueil.htm

Example 16 : From U.S.A.
http://www.france.com/

Example 17 : From Africa : showcase of hybridization of language and culture
http://www.metissacana.sn/

2.2.4 Newspapers, television and radio stations, libraries

A great number of resources found in library or in daily life are also available.

Example 18 : libraries
la francophonie : http://fllc.smu.edu/fllc/frlib/francophonelib.html
la Bibliothèque François Mitterand de France : http://www.bnf.fr
la Bibliothèque nationale du Québec : http://www.biblinat.gouv.qc.ca
la Bibliothèque nationale de Suisse : http://www.snl.ch/welcomef.htm
Alexandrie, virtual library : http://www.alexandrie.com/index.html
Athena : http://un2sg4.unige.ch/athena/html/francaut.html

Example 19 : Newspapers from Québec and France
Québec Science : http://www.quebecscience.qc.ca/guide4.htm
Le Monde Diplomatique : http://monde-diplomatique.fr
Le monde : http://www.expansion.tm.fr/courrier/
France Amérique : http://www.France-amerique.com
Le nouvel observateur : http://www.nouvelbobs.com

Example 20 : Television stations
TV5: http://www.tv5.ca/fr.index.appr.html
France 2 (videos clips) : http://www.france2.fr
Arte :http://www.arte-tv.com
Voyage : http://www.voyage.fr

Example 21: Radio stations
Radio France International : http://www.rfi.fr
Radio Canada : http://www.radio-Canada.ca

2.2.5 Data bases

Example 22 : Songs
Songs : http://www.sirius.com/~alee/fmusic.html

2.3 On line services to students and teachers : the creation of relationships

Teacher associations have not yet made an important use of the net. The most prominent associations are still the ATFL and the AQEFLS (two associations studied in the survey mentioned previously).

2.3.1 Teacher Associations

Example 23 : American Association of Foreign Language Teachers
http://www.actfl.org/

> *Example 24 : l'Association québécoise des enseignants et enseignantes du français langue seconde*
> http://terminal1.mtl.net/aqefls/

> *Example 25 : A crossroad of resources for teachers*
> http://ourworld.compuserve.com/homepages/NOE_education
> (*Collaboration and cooperation, projects, problem-centered.* A Quebec site designed to help teachers integrate Internet in their classroom activities)

2.3.2 Services for learners : three sites for communication

As for learner services, the most important ones pertain to email and correspondence. France World is an interesting example of the convergence of old and new technologies. This data bank of 5 000 French students who wish to have pen pal around the world are invited, after the initial electronic contact through France World, to pursue their correspondence by post. France World is also a 1992 product of the Minitel.

> *Example 26 : France World*
> http://www.libul.com/
> (*Collaboration*)

Tandem is an initiative of the European Commission. It is an international network of 12 universities in 10 European countries, two universities in Asia and one American university. It has organised more than 7 000 tandems or teams of students who will each write in the language they are learning to a native speaker of that language who also wishes to learn their language.

> *Example 27 : Tandem international of the European Commission*
> http://tandem.uni-trier.de/Tandem/email/idxfra00.html
> (*Collaboration*)

And postcards, under the name of *corres*, are a new sport in language learning.

> *Example 28 : Postal cards*
> http://www.girafetimbree.com/
> (*Collaboration*)

2.4 Teaching and learning activities : budding pedagogy on the WEB

In this section, we find a list of addresses that provide activities through Internet. Are indicated, in parenthesis and italics, the principles of constructivist or instructivism that they invoke.

2.4.1 Two crossroads for teaching and learning

> *Example 29 : „Teaching with the WEB"*
> http://fmc.utm.edu/~rpeckham/FRLESSON.HTM
> A compilation of numerous sites and resources for teachers and learners.

> *Example 30 : Clicnet*
> http://www.swarthmore.edu/Humanities/clicnet/fle.html
> A compilation of numerous sites and resources for teachers and learners.

2.4.2 Specialized sites

Example 31 : Spatial metaphores
Le quartier français du village planétaire
http://www.richmond.edu/~jpaulsen/pedagog.html
Coq au Rico http://www.imaginet.fr/~pcuchet/index.htm
This site could be called the ambassador of French humor and insouciance.
(*Supportive environment.* Spatial metaphors are seen as a motivating element in learning. In effect, a metaphor calls for a simulation-type activity.)

Example 32 : A new approach to pedagogy
http://polyglot.lss.wisc.edu/lss/lang/teach.html
(*Supportive environment. Exploration.* Spatial metaphors and exploration of the metros of the world.)

Example 33 : A Canadian site for FSL :
http://www2.sympatico.ca/accueil
(*Resources full and exploration.* This site offers a wide variety of services and activities for students of French, from exercises on daily news to dictations, to discussion groups, etc.)

Example 34 : L'immeuble
http://www.mygale.org/00/moncade/
(*Supportive and stimulating environment.* This site is based on a well-known pedagogical game by F. Debyser that has influenced the development of pedagogy towards motivating projects and simulations.)

Example 35 : Sound and multilinguism
http://www.travlang.com
(*Instructivist approach but includes sound on the WEB.*)

Example 36 : Mômes
http://www.momes.net/education/oral/oral.html
(*Linear and teacher directed.* But this site is a fun site for all publics. Numerous oral and written activities although *instructivist in design.*)

Example 37 : Infinit
Tests, etc., very rich : http://Pages.infinit.net/jaser2/
(*Intructivist.* A wide variety of activities although traditional in design : tests, spelling, grammar, etc.).

Example 38 : Spelling
Games: http://www.webdepart.com/cyberrob/jeux/jeux.html
Dictations : http://www.montefiore.ulg.ac.be/cgi-bin-ulg/pivot
Morphology : http://web-lli.univ-paris13.fr/dyn/Flexion
Modern orthography (Conseil international de la langue française) :
http://www.sdv.fr/orthonet/recherche.html
(*Instructivist in design.* But very rich in content.)

Example 39 : reading
Texts : http://www.ambafrance.nl/bcle/index.html
Films and sound transcriptions :
http://www.cyberbar.be/crazyworld/dialogue.html
(*Instructivist in design.*)

Example 40 : writing
Summaries of films: http://www.ciep.fr/tester/testcine/cinema.htm
Collaborative writing games : http://infosurr.argyro.net/JEUX/
(*Collaboration. Inclusion of different resources but instructivist in design.*)

Example 41 : written comprehension
Reading : http://www.lire-francais.com
(*A very rich site for reading. Some interpretation of the language.*)

Example 42 : oral comprehension
http://anarch.ie.toronto.edu/people/patrick/site/html/CourseDescription.html
(*Some interpretation.* Includes audio-visual documents.)

Example 43: Vocabulary
http://www.odysee.nt/(tilde)gilles/hb.html
(*Games and supportive environment.* Crossword puzzles.)

Example 44 : Grammar
http://www.ciep.fr/tester
(Traditional grammar tests. But also included cultural tests. Based on audio-visual documents and readings.)

In summary, these activities deepen the tendencies that we have seen developing in language learning and teaching over the last two or three decades :
- the integration of content through immersion-like learning of the language and the country;
- collaboration through collectives projects and writing ;
- plurimedia including sound, images and text ;
- learner autonomy through research, choice of content and objectives ;
- play and learn with motivation through games and stress reduction,
- simulation and role play;
- authentic communication (discussion groups, e-mail);
- intercultural communication.

Of course, each site invokes only one or two, perhaps more of these trends : a signal that they represent a transition phase but not yet a generalised practice.

But there is still on the WEB, a great deal of "paper-type" activities or of technological gimmicks as there is in the English as a second language learning or for other languages. However, the paradigm shift between instructivist to constructivist environments is barely emerging through collaborative projects, simulations, and community-building. If I could restructure in another way my diagnostic, I would say that Internet is, for language learners: a library, a space for group work, a community to explore, a showcase. But it is not yet a learning *environment*. Let us examine the reasons for this situation through four paradoxes.

3. Constructing learning : four paradoxes

The putting into practice, the construction, of a new paradigm in daily learning and teaching life does not happen overnight. The current transformations is giving rise to paradoxical situations that I resume as four statements that serve to explain the practices that we have seen on the WEB in the previous section.

3.1 Language : between static knowledge and interpretation

The greatest divide between instructivist and constructivist learning and teaching practices occurs on the type of knowledge to be learnt, in this case, language. Traditionally, in second/foreign language teaching, language is considered a fixed and static information to be acquired in order to communicate. Through association or analogy, words and meanings are coupled and learning is an act of acquiring the meaning through the word. All of the WEB sites proposed above use this conception of knowledge.

But there is also a cultural dimension to this conception. The French have traditionally considered their language as a normed tool for communication. They have, over the centuries, put into place numerous normative and structural protective means, from the French Academy to the Loi Toubon (1993). So that in French as a second/foreign language learning on the WEB, the static vision of language is the single most important cultural as well as conceptual deterrent to dynamic and constructivist practices.

But Vygotsky did not focus on sociopolitic strategies to preserve a language ; he never saw language as a static tool. In his investigations of the link between word and meaning (1962: 125), he opts for an interpretive (hermeneutic) conception, after rejecting the associative and analogic theories of thought and language :

> The discovery that word meanings evolve leads the study of thought and speech out a blind alley. Word meanings are dynamic rather than static formations. They change as the child develops ; they change also with the various ways in which thought functions. ... The relation of thought to word is not a thing but a process, a continual movement back and forth from thought to word and from word to thought.

Language teaching has had historically great difficulties coping with language as a "process of acquiring a process". The communicative approaches have gone some ways in this direction but only in terms of varying the register or the situation of usage of static words, phrases or sentences.

Vygotsky's view is also enlightening as to why this is so. He continues his analysis thus:

A first thing such a study reveals is the need to distinguish between two planes of speech. Both the inner, meaningful, semantic aspect of speech and the external, phonetic aspect, though forming a true unity, have their own laws of movement.... In mastering external speech, the child starts from one word, then connects two or three words ; a little later, he advances from simple sentences to more complicated ones, and finally to coherent speech made up of series of such sentences; in other words, he proceeds from a part to the whole. In regard to meaning, on the other hand, the first word of the child is a whole sentence. Semantically the child starts from the whole, from a meaningful complex, and only latter begins to master the separate semantic units, the meanings of words, and to divide his formerly undifferentiated thought into those units. The external and the semantic aspects of speech develop in opposite directions –one from the particular to the whole, from word to sentence, and the other form the whole to the particular from sentence to word. ...The structure of speech does not simply mirror the structure of thought; that is why words cannot be put on by thought like ready-made garment. Thought undergoes many changes as it turns into speech. It does not merely find expression in speech; it finds its reality and form. The semantic and the phonetic developmental processes are essentially one, precisely because of their reverse directions.

This rather extensive quotation allows us to note that language teaching has largely focussed on the external, phonetic plane. New research however, inspired by Vygotsky's zone of proximal development or by Piaget's schema theory have found their way in language learning, particularly in reading and vocabulary acquisition (cf. Carrell 1988, Cicurel 1991, Courchênes et al. 1992). These remain to influence WEB activities.

But on a very practical level, how *could* second/foreign language learning activities shake away the static perspective of language? I think that first of all, we must restore as legitimate the constant translation process that learners go through by adopting more (although not exclusively) comparative and contrastive approaches[4]. Secondly, we should encourage the creation of semantic maps, grammatical concept map, from the perspective of the learner. Other activities could be engaged in but these seem to me to be the most fruitful.

3.2 The class model : from group to groupings of collaborating individuals

Centuries or decades ago, it made sense to organise education on the model of the *class*. The technology then available, books, blackboard, pens, etc., organised learning in one place, at one time (cf. Downes 1998). At the early levels, classes are organised by chronological age rather than by student's needs or previous knowledge. In colleges and universities, education is still time-based and depends on standard curriculum for groups of students.

The class model rests on the belief (we call hardly call it an assumption) that if a group of people starts at the same time, studies the same materials at the same place, and ends at the same time, it is the most efficient mode of education. Perhaps it was, with the available technologies and with the expected results. Cost efficiency rested mostly on the teacher dependent delivery that limited the search for materials. For the most part, customisation and personalisation were not practical.

Today, however, the wagers are on as to how long class groupings will continue. The trend is clearly towards less space dependent (distance) and less time dependent (a synchronous delivery) learning like that on the WEB. In 1997, it was deemed that 82% of teaching activities to adults in North America was in class groups. Of the 18% delivered through distance education, 20% only were thought to be on Internet. But it is foreseen that in the year 2000, these proportions would be reversed : only 52% of teaching activities would be in classrooms and 48% would through distance education. And, of these 48%, 67% would be on Internet. The class model may remain an administrative concept ; but some distance education universities have even abolished it.

Classrooms are replaced by collaborating individuals who choose whom they interact and work with. Different modes of collaboration are seen in language learning on the WEB :

    two individuals without external control

                     with control and linguistic correction

    groups without external control (discussion groups)

                       with control and linguistic correction (groups discussion with monitoring)

                       with minimal control for linguistic correction

                       with minimal control for form and content

                       with control as published works.

From a pedagogical point of view, Li et Hart have shown the interest of each form of electronic communication : motivation and spontaneous exchanges but also the more formalised aspects of publication on the WEB. They conclude (1996: 6):

> Both models (group discussions and publication-type models) have their merits. The participatory, dialogue like nature of the bulletin board was attractive, but in the end the publication model seemed more appropriate for ESL learners because the quality and grammatical accuracy of what they read would affect the quality of their learning.

But our practical knowledge of the most efficient communication is only beginning. After experiences, Haughty / Anderson suggest (1998: 72), namely that we need to :

- provide contextual information to frame discussions;
- delimit discussion time on a theme (days, weeks) ;
- encourage the inclusion of resources coming from the situation (experts, experiences, etc);
- ask participants to provide short and precise interventions ;
- regularly provide summaries of discussions.

Furthermore, studies have shown that learner participation was more important if it was done electronically. In a class discussion, the teacher takes 85% of speaking turns while through asynchronous discussion through a computer, learners take 65% of speaking/writing turns (cf. Pratt / Sullivan 1994).

3.3 Corporate knowledge : does educational knowledge belong to the public?

During a staff meeting, professors in a distance education university discuss the amount of class materials that could be placed for public view on the WEB. The discussion in turn centers on the effects of free public access to learning materials that were previously sold in books and course materials or on the role that evaluation plays as last private entrenchment of an institution.

The paradox is that knowledge was, in effect, considered as private and institutional knowledge when it could still be packaged into a book or into course materials. With the advent of teaching on the WEB, teaching materials could be a completely public affair. Most institutions, however, opt for the public publicity site and the private, reserved access for its students.

But the question posed by the corporate ownership of knowledge, just like the individual ownership of ideas through copyrights, is still very much open. Does this mean that most of the activities that we have seen in the previous section will remain as enticing *hors d'œuvre* and that the learning activities will not be available to the surfers of the WEB? It is too early to tell, but it could serve as a major deterrent in building constructivist learning where access to a wide variety of quality material is necessary.

3.4 The role of the teacher : form complex to more complex

In a recent thesis defence in Paris, the jury spent most of the time discussing the role of professors in teaching languages with technology. Some took a corporate position and advocated the continuation of a strong leadership on the part of the teacher. That *is* education, they claimed. Others pleaded for a re-conceptualising of the profession, for a more emancipated learner.

The incident is interesting for two reasons. First of all because it occurred in Paris, in France, where teachers are traditionally more corporate-oriented and where constructivism is received with more scepticism.

Secondly, the incident is of interest because it reveals the profound changes that the profession of teacher is undergoing. The teacher is less dependent on the institution that hires him or her. Internet resources, including a free WEB site where he or she can organise a class[5], are available. Convivial and limited tools are needed.

But what this means mostly is that the teacher is increasingly becoming a course designer and less a performer. It is the students who now need to perform; a just exchange. Much is said about this new role. Some love it some hate it.

What we can surely say about it is that, for a while to come, pioneers will spend a lot of time preparing learning. While students spend much more time learning on line, teachers take easily three times more time in preparation (cf. Haughey / Anderson 1998).

If teachers need more time to prepare learning, they also need more technical skills if she or he wants to prepare original materials. They need to learn the laws of spatial environments on the WEB for example. They need to learn the positive model of interfaces to avoid visual fatigue: light background, dark lettering (similar to paper). They need to refrain their use of gimmicks: save the highlighting; limit the number of colours : three for writing and one for background; reduce filling on a screen to 25% ; pay attention to cultural coding of colour with students from diverse background; be careful of colour combinations for graphic interface: use only grey or dark blue background with respectively black or magenta, green and black writing or for dark blue white, white/gold/green or gold/magenta or yellow/lavender; etc.

Much is being said about this new role of the teacher. What we could also say for sure is that it is not disappearing. On the contrary, it is becoming far more complex. Flexibility is the most important feature of the new role the teacher will have to plan in such an environment. Sometimes towards the old model of teacher as giver of knowledge because at that particular time, student require guidance and training in a particular task or content area. More often, the teacher will be moving around the classroom, among groups of students, assisting individuals or the group as a whole.

4. Conclusion

Traditionally, language teaching has been under the crossfire of public and individuals alike:

"I learnt French for 10 years and I can't express myself, even in simple situations."

"So much money is spent on teaching languages with very little results ."

How efficient will tomorrow's system be if it follows constructivist principles? That, we do not know. But we can make a few guesses for our Western societies based on prior research[6]:

- The learning process is most effective when it is an intentional process of constructing meaning from information and experience ;

- Learning is influenced by (the richness) of environmental factors, including culture, technology, and instructional practices ;

- Learning is most effective when differential development within and across physical, intellectual, emotional, and social domains is taken into account ;

- Learning is influenced by social interactions, interpersonal relations, and communication with others ;

- Learning is most effective when differences in learners' linguistic, cultural, and social backgrounds are taken into account.

These are important principles to legitimate efficiency. But there is another higher principle that should guide learning and teaching and it is that of empowerment: does this new learning environment allow learners to think critically about their own learning situation, about their own sociocultural situation? Languages are good candidates for this type of emancipation because they provide a comparative possibility with another view of the world, another culture, another socio-political system.

Anmerkungen

1. References on constructivism and its pedagogical applications can be found at the following URL's: http://www.stemnet.nf.ca/~elmurphy/emurphy/refer.html; http://carbon.cudenver.edu/~mryder/itc_data/constructivism.html; http://thorplus.lib.purdue.edu/~techman/conbib.html.
2. In this paper, behaviorism is considered as part of instructivist theories because, like the latter theories, it favours an authoritarian role for the teacher/programmer.
3. At http://www.telecampus.nb.ca
4. Moving away from translation methods was fostered by behaviorism. The building of automatic responses (behaviorism) is one aspect of learning.
5. At http://www.nicenet.org This WEB site allows teachers to constitute 'class-groups', organize them (time, events work to be handed in, discussion, groups), provides documents (readings, articles, student work, comments), groups discussions on different themes, email, links to other sites. The site is located on the server of the Center for Teaching Excellence of the NorthWestern University of Illinois.
6. See Learner-Centered Psychological Principles: A Framework for School Redisign and Reform at http://www.apa.org/ed/lcp.htm

References

Bush, M./ Terry, R. (eds.) (1997): *Technology-Enhanced Language Learning*. Lincolnwood, Illinois : National Textbook Company.

Carrell, P. (1988): *Interactive Approaches to Second Language Reading*. Cambridge : Cambridge University Press.

Cicurel, F. (1991) : Compréhension des textes : une démarche interactive. *Le français dans le monde* 243 : 40-46.

Courchênes et al. (1992) : *L'enseignement des langues secondes axé sur le compréhension*. Ottawa : Presses de l'Université d'Ottawa.

Desmarais, Lise (1998) : *Les technologies et l'enseignement des langues*. Montréal : Les Éditions Logiques.

Downes, Stephen (1998): *The Future of Online Learning*. Monograph.

Haughey, M./ Anderson, T. (1998): *Networked Learning. The Pedagogy of the Internet*. Montréal : McGrall Hill.

Lafrenière, T. (1998) : *Réaliser la mission éducative, celle de libérer l'humain, avec les NTIC*. http://aquops.educ.infinit.net/colloque/15colloque/ouverture.html

Li, Rong-Chang/ Hart, R. (1996): What can the world wide web offer ESL teachers? *TESOL Journal* 6/2 : 5-10.

Martel, Angéline (1996) : Signatures didactiques associatives, langues secondes/étrangères et mondialisation des échanges. *Les Cahiers de l'ASDIFLE* 8 : 142-157.

Martel, Angéline (1997) : Mondialisation, francophonie et espaces didactiques. Essai de macrodidactique des langues secondes/étrangère. *Revue des sciences de l'éducation* 23/2: 243-270.

Martel, Angéline (1998) : L'apprentissage du français sur Internet. Du montage de spectacle à une pensée éducative-sur-le-WEB. *Cahiers de l'ASDIFLE* 9: 125-149.

Martel, Angéline (1999): Culturally Colored Didactics: The sociopolitical at the heart of second/foreign language teaching in Francophone geolinguistic spaces. *Instructional Science* 27: 73-96.

Marton, P. (1998) : *La conception pédagogique de systèmes d'apprentissage multimédia interactif*: fondements, méthodologie et problématique. En ligne à http://www.fse.ulaval.ca/fac/tem/reveduc/html/vol1/no3/concept.html

Oppenheimer, T. (1997): *The Computer Delusion*. The Atlantic Monthly en ligne à http://www.TheAlantic.com/issues/97jul/computer.htm

Pratt, E./ Sullivan, N. (1994): *Comparison of ESL writers in networked and regular classrooms*. Communication au 28th Annual TESOL Convention, Baltimore.

Sandholtz, J./ Ringstaff, C./ Dwyer, D. (eds.) (1996): *Teaching With Technology*. New York : Teacher's College, Columbia University.

Van Dusen, L. M./ Worthen, B. R. (1995): Can Integrated Instructional Technology Transform the Classroom ? *Educational Leadership* 53/20: 28-34.

Vygotsky, Lev S. (1962): *Thought and Language*. Translated by E. Hanfman/ G. Vakar. Cambridge, Mass.: The MIT Press.

Wasson, Barbara (1996): *Instructional Planning and Contemporary Theories of Learning* : Is this a Self-Contradiction ? at http:www.ifi.uib.no/staff/barbara/papers/Euroaied96.html

Wilson, Brent G. (1996): *Constructivist Learning Environments*: Case studies in instructional design. N.J.: Educational Technology Publishers.

Wilson, Brent G. (Ed.) (1996): *Constructivist learning environments*: Case studies in instructional design. Englewood Cliffs, N.J.: Educational Technology Publications.

Kognitive Autonomie und Lernwirklichkeit:
Plädoyer für die Authentifizierung von Schule und Unterricht

Gebhard Rusch

In drei Thesen und fünf Postulaten charakterisiert der Autor radikalen Konstruktivismus als eine Kognitionstheorie, der zufolge 'Wirklichkeit' als mentales Konstrukt anzusehen ist, dessen 'Viabilität' an der außerkognitiven 'Realität' erprobt wird.

Aus diesem Ansatz wird geschlossen, dass Schule und Unterricht die Lernenden nur für die 'Realität Schule und Unterricht' qualifizieren, wenn es ihnen nicht gelingt, das Lernen in authentische Kontexte einzubeziehen.

On the basis of three statements and five postulates the author characterises radical constructivism as a theory of cognition according to which our view of 'reality' can be regarded as a mental construct, the viability of which is tested against the 'outer world'.

This leads to the conclusion that schools and teaching can only qualify learners for the 'reality of schools and teaching' so long as they fail to provide for learning in authentic contexts.

1. Konstruktivismus: Theoreme und Postulate

Im konstruktivistischen Diskurs melden sich unterschiedliche konstruktivistische Positionen zu Wort: radikaler, methodischer und kulturalistischer, operationaler, interaktionistischer und realistischer Konstruktivismus. Allen Unterschieden dieser Konzeptionen zum Trotz möchte ich behaupten, dass sie als konstruktivistische Ansätze durch die folgenden *Theoreme*, die eine Art gemeinsamer Basis formulieren, gekennzeichnet werden können (vgl. Rusch 1999):

T 1: Es ist menschenunmöglich, einen Standpunkt einzunehmen, von dem aus das Verhältnis menschlicher Urteile zur vom Menschen unabhängigen 'Realität' bestimmt werden könnte. Jede Erkenntnis ist ein Wissen von Menschen. (*Beobachtertheorem.*)

Diese Basisannahme besagt zweierlei, nämlich erstens, dass die Grenzen des menschlichen Kognizierens nicht transzendiert werden können, und zweitens, dass es Menschen (Plural!) sind, die erkennen. Erkenntnis wird dadurch als ein kognitives *und* soziales, an die sozial miteinander gekoppelten Individuen gebundenes Phänomen charakterisiert. M.a.W., was Menschen wahrnehmen, nehmen sie nicht unabhängig von anderen Menschen wahr (*sic!*). Alles, was gesagt wird, wird von Beobachtern (Plural!) gesagt (*sensu* H.R.Maturana).

T 2: Jedes Wissen muss vom einzelnen Subjekt mit den Mitteln des ihr/ihm jeweils subjektiv verfügbaren kognitiven Inventars konstruiert werden. (*Konstruktivitätstheorem.*)

Diese Annahme besagt, dass Erkenntnisse nicht als fertige Einheiten von irgendwoher bezogen werden können, sondern dass sie kraft der kognitiven Leistungsvermögen der einzelnen Individuen und vermittels ihrer kognitiven Operationen und kognitiven Operablen kognitiv und sozial erzeugt werden müssen. Dem gemäß ist 'Wirklichkeit' ein kognitives und soziales Konstrukt und als solches nicht unabhängig von Menschen und nicht vorgefertigt ontisch 'gegeben'.

T 3: Jedes Wissen kann nur mit den Mitteln des dem Menschen jeweils subjektiv verfügbaren kognitiven Inventars validiert oder invalidiert werden. (*Geltungstheorem.*)

Diese Annahme besagt, dass den Menschen zur Bewertung ihrer Erkenntnisse nur solche Verfahren dienen können, die sie ihrem kognitiven Vermögen gemäß kontrollieren können. Der Bereich, auf den bezogen die Prüfung von Hypothesen erfolgen kann, ist der Bereich kognitiv-sozial konstruierter 'Wirklichkeit'. Für Prüfverfahren kann man z.B. an folgende Kriterien denken: *Effektivität/Ineffektivität* im Hinblick auf die Erreichung spezifischer Ziele, *Varianz/Invarianz* im Hinblick auf Zeitpunkte und Orte der Prüfung, *Subjektivität/Intersubjektivität* der Prüfverfahren, *Deskriptivität* (als semantische Zielqualität von Theorien in einem Netz internaler Repräsentationen), *Explanativität* (als Zielqualität in einem pragmatisch zu spezifizierenden Sinn), *Wahrheit* (als semantische Zielqualität in einem Netz internaler Repräsentationen), *Reliabilität* (Stabilität/Invarianz instrumenteller Funktionen), *operative Ökonomie* (im Vergleich mit Alternativen), *Kompatibilität* (mit bekannten, bewährten Prozeduren) usw. Hier sind als Validierungs-/Invalidierungsverfahren insbesondere solche Prozeduren ausgeschlossen, die Beobachter- und Konzeptions- bzw. Kognitionsunabhängigkeit erforderten wie z.B. die Wahrheitsprüfung im Rahmen einer realistisch interpretierten korrespondenztheoretischen Wahrheitskonzeption. Die wissenschaftlichen Verfahren rationaler Wissensproduktion sind daher ausdrücklich eingeschlossen. Die rationale Konstruktion sozialer Wirklichkeit (i.e. Wissenschaft) kann als eine Art autoritative Institution zur Klärung wirklichkeitsontologischer Fragen angesehen werden. Damit ist das konstruktivistische erkenntnistheoretische Selbstbild rationaler Kritik zugänglich, gerade weil es keine metaphysischen Behauptungen macht.

Auf dieser Basis können nun einige zentrale *Postulate* formuliert werden:

P 1: Umstellen epistemologischer Fragen von 'Realitäts'-Erkenntnis auf den Erwerb operationalen Wissens (*Erkenntnistheorie als Theorie des Wissens*);

P 2: Relativieren von Sachverhalten/Tatsachen auf Beobachtung und Beobachter (*Tatsachen als Fakten – von facere: machen, tun*);

P 3: Relativieren von Wahrheitsbegriffen auf operationalisierbare Kriterien (*Interpersonelle Verifikation*) für Aussagen mit kognitiv-sozial-kultural konstruierten 'Wirklichkeiten' als Referenzrahmen (*Semantischer, wirklichkeitsimmanenter Wahrheitsbegriff*);

P 4: Unterscheiden der Begriffe 'Realität' als außerkognitiver Bereich und 'Wirklichkeit' als Zusammenhang kognitiv-sozial-kultural konstruierter Sachverhalte.

(*'Realität' wird dann bestimmbar als wirklichkeitsimmanentes Konstrukt; Internaler Realismus*);

P 5: Umstellen von einem semantischen Geltungskriterium für Wissen (e.g. 'Realitätskorrespondenz') auf 'Viabilität' als einem operationalen Geltungskriterium (*Umstellen von Wahrheit als Geltungskriterium für Theorien oder Wissen auf Funktionalität oder Richtigkeit*).

Die Radikalität dieser Position liegt allein darin, dass die genannten Theoreme keine Ausnahmen zulassen. Diese Position ist also m.a.W. strikt oder streng konstruktivistisch. In dieser Charakterisierung ist der (Radikale) Konstruktivismus als Versuch anzusehen, die Bedingungen und Möglichkeiten rationalen Handelns für kognitiv autonome Subjekte zu untersuchen und zu explizieren. Dazu macht er Vorschläge für die Interpretation solcher Begriffe wie 'Erkenntnis' (als Problemlösung), 'Wissen' (als Handlungsoption), 'Erfahrung' (als Selbstbeobachtung), 'Wahrheit' (als interpersonelle Verifikation von Aussagen i.S.v. Kamlah/ Lorenzen), 'Empirie' (als systematisch-methodische Selbstbeobachtung und Generierung von Know-How), 'Wirklichkeit' (als kognitiv-soziales-kulturales Konstrukt) und 'Realität' (als Konstrukt und Postulat innerhalb kognitiv-sozial-kultural konstruierter Wirklichkeit) (siehe Abb.1).

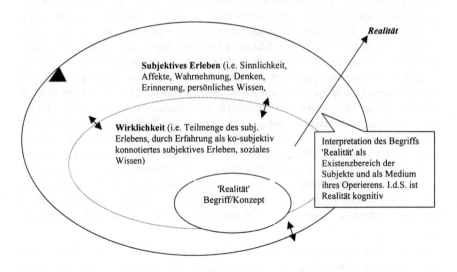

Abbildung 1: Zur Begrifflichkeit von 'Realität' und 'Wirklichkeit'

2. Kognitive Autonomie

Eine konstruktivistische Lerntheorie hat auf Seiten der Lernenden ebenso wie auf Seiten der Lehrenden von den Bedingungen kognitiver Autonomie auszugehen. Zur Klärung und Präzisierung des Konzepts kognitiver Autonomie ist zunächst auf die Begriffe 'operationale Geschlossenheit', 'Selbstreferentialität' und 'strukturelle Kopplung von System und Umwelt' einzugehen. Eines der am meisten missverstandenen Konzepte in der Theorie Autopoietischer Systeme (H.R. Maturana) ist wohl der Begriff der *operationalen Geschlossenheit*. Dabei geht es - wie Maturana immer wieder deutlich zu machen versucht hat - um eine *funktionale* Eigenschaft kognitiver Systeme. Diese Eigenschaft hatte schon W. Ross Ashby (1974) in seiner Kybernetik mit dem Begriff der 'Informationsdichtigkeit' bezeichnet. Es geht darum, dass für das Funktionieren des Systems ausschließlich Informationen über Zustände aus dem System selbst benötigt und zur Verfügung gestellt werden. Diese Informationen dringen nicht nach außen, noch gelangen Informationen von außen in das System hinein, es ist 'informationsdicht'.

Zugleich sind kognitive Systeme *energetisch offen*; sie sind offene Systeme im Sinne der physikalischen Systemtheorie (v.Weizsäcker). Sie stehen in energetischen und stofflichen Austausch- und Wechselwirkungsbeziehungen mit ihrer chemophysikalischen Umwelt. Durch diese Wechselwirkungsbeziehungen sind sie sehr eng an ihre Umwelt gekoppelt, so eng, dass Maturana hier von *struktureller Kopplung* spricht. Energetischer Austausch bedeutet aber nicht auch informationeller Austausch. Ein Absenken der Körpertemperatur infolge eines Sinkens der Umgebungstemperatur wird für einen Organismus nur dann zum Anlass eines Verhaltens, wenn vom Organismus selbst abhängige sensorische oder funktionale Schwellenwerte erreicht werden, für die erbkoordinierte oder gelernte Verhaltensprogramme zur Verfügung stehen. Das Verhalten wird entsprechend nicht durch das Sinken der Körpertemperatur, sondern durch spezifische sensomotorische Schemata des Organismus verursacht. Dem gemäß ist nicht das Sinken der Umgebungstemperatur an sich informativ für den Organismus. Erst mit der Verfügbarkeit sensomotorischer Koordinationsschemata generiert der Organismus abhängig von Zuständen, die als Aktivität sensorischer Systeme präsent sind, Information als Aktivierung neuronaler (und dazu gehören auch motorische) Muster.

Deshalb stehen operationale Geschlossenheit und energetische Offenheit kognitiver Systeme in gar keinem Widerspruch. Der Begriff der strukturellen Kopplung macht das eigentlich klar. (System-) Information entsteht als *Intake* in vorhandene angeborene oder erlernte Verhaltensschemata, nicht aber als bloßer Input von Energie.

Für den Zusammenhang des Lernens und Lehrens sind nun folgende Feststellungen zu treffen:

Alle Kenntnisse und Fertigkeiten eines Subjekts müssen von diesem *selbst* auf der Basis jeweils verfügbarer, bereits entwickelter Kenntnisse und Fertigkeiten *kognitiv* (weiter Kognitionsbegriff i.S.v. H.R. Maturana) *konstruiert* (erzeugt, kreiert, erfunden, etc.) werden, und können nicht als *ready mades* importiert (oder „eingetrichtert": vgl Einf. in diesen Band) werden. Statt dessen geht es nach dem Münchhausen-Prinzip: am eigenen Schopf greifen und aus dem Sumpf ziehen. Eine Sprache lernen, bedeutet daher soviel wie: eine Sprache erfinden (vgl. Brügelmann/ Balhorn 1993, 1995). Alle kognitiven Operationen sind selbstreferentiell, sei es in der *Wahrnehmung* die interne Repräsentation, Abbildung oder Projektion von sensorisch-neuronaler Aktivität durch neuronale Aktivität (Maturana: reine Relationen), sei es in der *Nachahmung* die eigenmotorische Reproduktion auditiver, taktiler oder Körperstellungs-Images, sei es im *Denken* die Bezugnahme auf Vorstellungen, Begriffe oder komplexe Schemata (Frames, Scripts, Plans, etc.), sei es im *Verhalten und Handeln* die Koordination von Körperbewegungen als Kontrolle (Hervorrufen, Vermeiden, Andauern lassen, Beenden, Verändern) von Wahrnehmungen (Richards/ von Glasersfeld 1992).

Kognitives Konstruieren ist kein leerlaufendes Betätigen einer kognitiven Mechanik, sondern ein vielgestaltiger kreativer Prozess, der z.B. folgende Operationen einschließt:

(i) *Bilden* und *Einsetzen* von Begriffen (i.e. Konzepte, Schemata, etc.);

(ii) *Hervorbringen* und *Gebrauchen* von Verarbeitungs- bzw. Denkstilen (z.B. Tiefenwahrnehmung von Bildern, episodisches oder syllogistisches Denken);

(iii) *Ausbilden* und *Verwenden* von Verhaltensweisen und Handlungsstilen, Verhaltens- und Handlungsmustern sowie zielführenden Tätigkeiten (z.B. Handlungen, handwerkliche Techniken, Techniken der Lebensführung (Lebensstile);

(iv) *Wahrnehmen;*

(v) *(Er-)Finden* und *Verwenden* sprachlicher Ausdrücke (Kennzeichnungen, Namen);

(vi) *Hantieren* mit und *Gestalten* von wahrgenommen Entitäten;

(vii) *Interagieren, Kommunizieren, Kooperieren* mit anderen handlungsmächtigen Individuen.

Mit Blick auf die Interaktionen zwischen kognitiv autonomen Subjekten können als *soziale Konstruktionen* z.B. folgende Leistungen bzw. Wissensstrukturen, die jedes einzelne Subjekt auf Basis seiner persönlichen Interaktionserfahrungen ausprägt, betrachtet werden:

(i) Erwartungs-Erwartungen (Konventionen-Schemata);

(ii) Natürlichsprachliche (verbale und skripturale) Kommunikationsmittel, Kommunikations- und Rezeptionsfertigkeiten;

(iii) Schemata zur soziostrukturellen Organisation von Interaktionserfahrungen (bzgl. Gruppenzugehörigkeit, Status, soziale Rollen, Hierarchien, Macht, Geduldetem, Erlaubtem und Verbotenem, etc.);

(iv) Konzepte persönlicher und sozialer Identität (Selbst-Konzepte);

(v) Der Begriff des Wissens (als Menge ko-subjektiv/interpersonell verifizierbarer Aussagen);

(vi) Der Begriff der Wirklichkeit (als Menge ko-subjektiv/interpersonell durch Orientierungsinteraktionen feststellbarer Tatsachen, i.e. verallgemeinerbares bzw. als transsubjektiv unterstellbares persönliches Wissen und Erleben).

Neue kognitive Strukturen (neues Wissen, neue Fertigkeiten) können unter Verwendung der jeweils verfügbarer Strukturen gebildet werden durch Assimilations- und Akkommodationsprozesse (Piaget) z.B. der folgenden Art:

ANALYTISCHE STRATEGIEN	SYNTHETISCHE STRATEGIEN
Differenzierung / Segmentierung	Generalisierung / Integration
Spezialisierung / Konkretion / Exemplifikation	Kombination
Invertierung / Rekursion	Modalisierung (Relativierung / Kontextualisierung)
Negativierung / Positivierung	Analogisierung / Metaphorisierung
Reihung (ordinal, nominal, gradual) / Konjunktion / Summation	Projektion
Repetition / Interaktion	Substantivierung / Adjektivierung / Verbalisierung
Imitation	Simulation
	Abstraktion

Hier haben wir es mit einer nur grob sortierten und noch unvollständigen Liste von Operationen zu tun, die auch als Lernstrategien angesehen werden können.

3. Lernen

Lernen ist im basalen Sinne Ausdruck veränderter Reaktivität eines kognitiven Systems. *Lernen bedeutet daher ganz allgemein: Verhalten ändern.* Die klassischen Lerntheorien (von Skinner über Bandura bis Bruner, vom Respondenten und Operanten Lernen des Behaviorismus über das Nachahmungslernen bis zum kognitiven Lernen) spezifizieren entsprechend Anlässe und Strategien für die Induzierung von Verhaltensänderungen.

Lernen kann aufgrund der Bedingungen kognitiver Autonomie jedoch nur angestoßen, angeregt, nicht im Ergebnis durch solche Anregungen oder Anstöße spezifiziert werden.

Ob gelernt wird und was gelernt wird, ist abhängig vom lernenden Subjekt (von dessen Wissen, Interessen-, Bedürfnis- und Gefühlslage, von der Nachhaltigkeit seiner Motivationen, von Situationsdefinitionen, Einschätzungen der Interaktionspartner, etc.), nicht vom Lernanlass.

Aus dem Scheitern einer Handlung (z.B. der Äußerung einer Bitte) können von Handelnden immer unterschiedliche Konsequenzen (i.S.v. Lerneffekten) gezogen werden (z.B. Bitte wiederholen, Wortlaut modifizieren, Kommunikations-Partner wechseln, selber tätig werden, auf Erfüllung verzichten, etc.). Entsprechend hat der Adressat der Bitte die Freiheit, sie zu erfüllen, nachzufragen, sie nicht zu verstehen, sich zu verweigern, sich nicht angesprochen zu fühlen, etc.

Lernen ist insbesondere dann *möglich*, wenn eigenes Verhalten / Handeln scheitert, also eigene Ziele nicht erreicht werden; solches Scheitern ist geradezu Bedingung der Möglichkeit von Lernen, weil nur (aktiv) verändert werden kann, was als Vermögen vorhanden, durch Wahrnehmung bekannt, als Gegenstand der Verhaltensplanung verfügbar (und Grenzen bewusst) ist bzw. was gekonnt oder beherrscht wird (z.B. die Produktion von Fehlern, der Bau unbrauchbarer Brücken, die Zubereitung ungenießbarer Mahlzeiten). Lernen ist aber nur dann *wahrscheinlich*, wenn zugleich eine Motivation gegebenen ist, das Scheitern zu vermeiden, also die eigenen Ziele zu erreichen. Bekanntermaßen ist intrinsisch motiviertes Lernen erfolgreicher (schneller, nachhaltiger).

Motivationen solcher Art können intrinsisch sein, wenn z.B. (biologische oder akkulturierte) Grundbedürfnisse betroffen sind, oder extrinsisch, wenn z.B. Sanktionen in Aussicht stehen (soziale Nähe/Distanz, Lob und Belohnung/Strafe und Züchtigung, Gratifikationen/Gratifikationsentzüge aller Art). Es ist zu fragen, ob die typischen positiven und negativen Sanktionen der Schule in produktive Motivationen münden. Schulangst, Versagensangst, Alles-richtig-machen-wollen sind bekanntlich kontraproduktive Faktoren.

Ein *kognitives Ökonomieprinzip* beschränkt Lernprozesse auf ein Mindestmaß struktureller Modifikation, d.h. Lernen geht nur so weit, wie es für die Bewältigung der jeweiligen Aufgaben oder die Erreichung von Handlungszielen notwendig ist (Ausnahme: Lust am Lernen; Wunschtraum aller Pädagogen, aber auch als pathologische Variante bekannt). Dieses Prinzip sichert die Stabilität der bereits vorhandenen Fähigkeiten, die von allzu großen struktural-funktionalen Modifikationen in Mitleidenschaft gezogen werden könnten: Lernen verändert den ganzen Menschen.

Neben der enormen Differenzierungsleistung kognitiver Schemata sorgt dieses Prinzip (mit seinen positiven und negativen Effekten) aber auch für ein extremes Maß an *Kontextsensitivität*, weil die kontextabhängige Modifikation (Ergänzung, Modulation oder Kombination) von Schemata (nach dem MiniMax-Prinzip für kognitive Veränderung) im Verhältnis zur Leistung am effektivsten ist. Gelerntes bleibt für seine Aktualisierung entsprechend angewiesen darauf, durch (das Erleben spezifischer) Kontexte (mit exemplarischem Charakter, z.B. entsprechende Hilfestellungen, etc.), getriggert zu werden, bevor es zu einer Komponente des autonomen Verhaltensrepertoires des Subjekts werden kann. Die Abhängigkeit von kognitiven Anlässen (i.e. Wahrnehmungen, Empfindungen, Gedanken) für die Aktivierung (Zugänglichkeit, Verfügbarmachung) neuen Wissens ist zunächst sehr hoch; erst mit der Konsolidierung (dem Einbau in die aktiven Wissensstrukturen: vgl. aktiver vs. passiver Wortschatz, Sprachverständnis vs. Sprachproduktionsvermögen) wird der Gebrauch autonomer.

Dies hat als weitere Folge auf Seiten des Lerners eine zunächst äußerst hohe *Fehler- und Ambiguitätstoleranz*, die erst mit dem – durch das allmähliche Verändern der Strukturen – differenzierteren Erfassen bzw. Erfinden von Anforderungen und der erst dadurch möglich werdenden Beobachtung von Abweichungen (von Zielvorstellungen, Erwartungen, etc.) abgebaut werden kann. Erfolgserlebnisse werden schon mit nur partiell richtigen Lösungen bzw. nur teilweise effizienten Handlungen verbunden. Auch geringe Erfolge sind Erfolge. Geringe Fehlertoleranz bzw. hohe Schwellen für Erfolgserlebnisse wirken bekanntermaßen demotivierend und damit hemmend auf das allmähliche Konstruieren von zielführenden Lösungen. Durch das Zusammenspiel von *trial & error*-Strategien, Nachahmung und Vermeidung sowie begrifflichem und anschaulichem Denken (z.B. mentalem Modellieren) prägt der Lerner selbst nach und nach in Wechselwirkung mit seinem sozialen Umfeld die angemessenen Kriterien zur Bemessung seines Handlungserfolges und zur Modifikation seiner Fähigkeiten aus.

Im sozialen und kommunikativen Alltag, z.B. im Umgang mit Kleinkindern, aber auch bei Touristen im Ausland, die sich verständlich zu machen versuchen, wird Lernenden von den sozialen Partnern gewöhnlich ein hohes Maß an Fehlertoleranz entgegengebracht. Aus der Aufklärungs-Hermeneutik ist hier das – mittlerweile anscheinend vergessene – Prinzip der wohlwollenden Interpretation einschlägig und wirksam. Die sozialen Partner erweisen sich als tolerante Helfer, z.T. indem sie angemessenere Lösungen selbst paradigmatisch anbieten, um so die Konstruktionsanstrengungen der Lernenden zu unterstützen, zu ermutigen und anzuleiten. Es ist zu fragen, ob Schule Teillösungen und ersichtliches Bemühen belohnt oder nur Fehler abstraft. Solange es Mut braucht, Fehler zu machen oder auch nur zuzulassen, sind Lernmöglichkeiten blockiert.

Analog zum Konzept der Analysetiefe in der Textverarbeitung (vgl. Craik / Lockhardt 1972) kann hier von unterschiedlichen *Lerntiefen* bzw. Tiefen kognitiver Veränderung gesprochen werden. Wie tief ein Lernen in die Ökologie kognitiver Strukturen und Funktionen vordringt, zeigt sich z.B. in den Unterschieden zwischen reproduktivem und verstehendem, zwischen respondentem und kognitivem Lernen, zwischen Kontextabhängigkeit und Selbstständigkeit der Kognition.

Bekanntlich ist die Nachhaltigkeit von Lerneffekten auch eine Funktion der Nachhaltigkeit und Intensität der Lernanforderungen. Die Tendenz, Lernen zu vermeiden, macht sich u.a. auch darin geltend, dass Lernanforderungen und Lernsituationen so (um-) definiert werden, dass Lernen reduzierbar oder vermeidbar wird. Immunisierung gegen Lernanforderungen wird außerdem begünstigt durch Selbstzuschreibungen von Verstehen (als Abkopplung von sozialen Sanktionen für eigene Kognition) (vgl. Rusch 1986, 1992). Um Lernbereitschaft zu erzeugen, ist also auch die Verständigung über Situationen und Anforderungen notwendig.

4. Kommunizieren oder *eine Sprache sprechen* ?

Dass das, was wir sprechen, eine Sprache ist, musste uns erst gesagt werden. Wir haben kein Lexikon und auch keine Grammatik auswendig und anzuwenden gelernt, um uns gegenüber unseren Eltern, Freunden und anderen Interaktionspartnern verständlich zu machen. Was wir gelernt haben, ist das Kommunizieren.

Aus konstruktivistischer Sicht stellt sich das Kommunizieren als Handeln in zwei prinzipiell unterscheidbaren Rollen dar: der des Kommunikators und der des Rezipienten. In beiden Rollen geht es darum, sich aktiv strukturell an die wahrgenommene Umwelt zu koppeln. Und in beiden Rollen geht es darum, eigene Handlungs- bzw. Kommunikations- oder Rezeptionsziele zu erreichen. Handlungen, mit denen sich ein Kommunikator aktiv an seine Umwelt koppeln kann, sind Lautäußerungen, Veränderungen der Körperstellung und Position, der Blickrichtung sowie Gesten und Mimik, etc. Ein Kommunikator muss potentielle Rezipienten ansprechen, er muss sie adressieren, er muss den Blickkontakt zu ihnen suchen, ihre Aufmerksamkeit wecken, bevor er seine kommunikativen Intentionen durch die Äußerung von Bitten, Aufforderungen, Feststellungen, Fragen, etc. zu realisieren versucht. Dabei ist sein Handeln in höchsten Maße kontextrelativ: Welche Person wird adressiert, unter Annahme welcher Erwartungen anderer an das eigene Verhalten (Beziehungsaspekt), in welcher Umgebung (soziales und situatives *setting*), zu welcher Zeit (Tageszeit, Zeitpunkt in einer Beziehungsgeschichte, etc.)?

Auch auf Seiten des Rezipienten müssen Entscheidungen für ein aktives Eingehen auf die Kommunikationsofferten eines anderen getroffen werden. Durch Positionierung und Körperstellung, Richten bzw. Schenken (*sic*!) von Aufmerksamkeit, Zulassen von Blickkontakt, Zuhören und Hinschauen werden aktiv strukturelle Kopplungen hergestellt.

Kommunizieren ist – so verstanden – ein in kognitiv-soziale Kontexte eingebettetes, komplexes (und nicht bloß verbales) Handeln, die Herstellung sozialer, kommunikativer und kognitiver Kopplungen (vgl. Rusch 1999).

In diesem Sinne wird der Begriff 'natürliche Sprache' nicht mehr als Saussuresches abstraktes Sprachsystem verständlich, an dem Sprecher / Hörer mit identischen Zeichenrepertoires partizipieren, sondern als ein dynamisches, durch Konventionalisierung in Grenzen stabilisiertes und sozial / interaktiv abgestimmtes Zusammenspiel subjektspezifischer kommunikativer und rezeptiver Handlungen.

5. Kommunizieren lernen – Für die Authentifizierung des Unterrichts

Wenn Schüler kognitiv autonome Subjekte sind, die in diesem Sinne immer selbstsozialisierend agieren, und wenn Lernprozesse auf der Basis kognitiver Kopplungen nur durch Veränderungen der Umgebungen und Handlungsanforderungen induziert werden können, dann können Schule und Unterricht als Lernkontext und Lernsituation Schüler (bei bestem Willen auf Seiten aller Beteiligten) unmittelbar immer nur für die Teilnahme an Schule und Unterricht qualifizieren (i.e. Lernen *für* die Schule) und erst mittelbar für das Handeln in partiell ähnlichen Kontexten bzw. unter partiell vergleichbaren Anforderungen (i.e. Lernen *trotz* Schule). Was Schüler im Unterricht lernen ist zunächst, unter den Bedingungen von Unterricht, d.h. im Klassenverband, bei wechselnden Lehrern, Fächern und Inhalten (subjektiv erfolgreich bis erträglich) zu handeln.

Nicht nur, aber besonders für den Fremdsprachenunterricht bedeutet dies ein Handeln im falschen, d.h. nicht-authentischen, bestenfalls simulierten *Setting*. Schüler sind als kognitive Systeme strukturell an die Schulumwelt, die Klassen- und Unterrichtsumwelt gekoppelt. Die subjektive Wahrnehmung dieser *Settings* aber definiert die Handlungs- und Kommunikationssituation und ist daher handlungs- und lernrelevant. Grundsätzlich wird von Schülern im Fremdsprachenunterricht etwas eigentlich Unmögliches verlangt: Sie sollen, gekoppelt an die Schulumwelt, Wissen und Fertigkeiten für eine schulfremde, außerschulische Umwelt entwickeln.

Wo immer es möglich erscheint, sollte die unterrichtliche Simulation praktischer Handlungsanforderungen ersetzt werden durch authentische, auch unterrichtliche *settings*, wie sie längst z.B. aus bilingualen Schulen bekannt sind (mit z.B. Biologieunterricht oder Erdkunde in einer Fremdsprache). Auf derselben Linie ist der Versuch zur Vermeidung muttersprachlicher 'Inseln' im Fremdsprachenunterricht zu sehen. Intensive Schüler-Austauschprogramme in allen Altersstufen unter den EU-Mitgliedsstaaten sollten eine Selbstverständlichkeit sein; sie stellen nachhaltige Lernanforderungen, denen sich Schüler nicht entziehen können. Zahlreiche Projekte und Versuche, die in den letzten Jahren und Jahrzehnten unternommen worden sind, unterstreichen das: von den Kollegschulen mit berufsbildenden Zweigen über obligatorische Praktika in der gymnasialen Oberstufe bis hin zur Gründung von Unternehmen in den Schulen.

Es müssen Schnittstellen zwischen Schule und Berufsleben einerseits sowie zwischen Schule und den Kulturen unserer Nachbarländer andererseits in noch viel größerem Umfang hergestellt und noch weit intensiver genutzt werden. Damit muss und sollte nicht die Aufgabe allgemeiner Bildung und allgemeiner Bildungsinhalte verbunden sein; jedoch muss Schule den Anspruch, für das Leben auszubilden, entweder deutlich relativieren oder sich in die Gesellschaft, das Berufsleben und die Kulturen unserer Nachbarn hinein öffnen.

Literatur

Ashby, W. Ross (1974): *Einführung in die Kybernetik*. Frankfurt a. M.: Suhrkamp.
Brügelmann, Hans/ Balhorn, Heiko (Hrsg.) (1993): *Bedeutung erfinden*. Konstanz.
Brügelmann, Hans/ Balhorn, Heiko (1995): *Rätsel des Schriftsprachenerwerbs*. Konstanz.
Craik, F.I.M./ Lockhardt, R.S. (1972): Levels of Processing. *Journal of Verbal Learning and Verbal Behavior* 11: 671-684.

Glasersfeld, Ernst von (1987): *Wissen, Sprache und Wirklichkeit*. Arbeiten zum Radikalen Konstruktivismus. Braunschweig / Wiesbaden: Vieweg.

Glasersfeld, Ernst von (1994): Piagets konstruktivistisches Modell: Wissen und Lernen. In: Rusch, Gebhard u. a. (Hrsg.): 16-42.

Glasersfeld, Ernst von (1996): *Radikaler Konstruktivismus*. Ideen, Ergebnisse, Probleme. Frankfurt a. M.: Suhrkamp.

Kamlah, Wilhelm/ Lorenzen, Paul (1973): *Logische Propädeutik*. Vorschule des vernünftigen Redens. Mannheim.

Luhmann, Niklas/ Schorr, Karl Eberhard (Hrsg.) (1986): *Zwischen Intransparenz und Verstehen*. Frankfurt a. M.: Suhrkamp.

Maturana, Humberto R. (1982): *Erkennen: Die Organisation und Verkörperung von Wirklichkeit*. Ausgewählte Arbeiten zur biologischen Epistemologie. Braunschweig / Wiesbaden: Vieweg.

Piaget, Jean (1975). *Der Aufbau der Wirklichkeit beim Kinde*. Gesammelte Werke Bd. 2. Studienausgabe. Stuttgart: Klett.

Piaget, Jean (1976): *Die Äquilibration der kognitiven Strukturen*. Stuttgart: Klett.

Richards, John/ Glasersfeld, Ernst von (1992): Die Kontrolle von Wahrnehmung und die Konstruktion von Realität. In: Schmidt, S.J. (Hrsg.) (1992a): 192-228.

Rusch, Gebhard (1986): Verstehen verstehen. Ein Versuch aus konstruktivistischer Sicht. In: Luhmann, Niklas u.a. (Hrsg.): 40-71.

Rusch, Gebhard (1992): Auffassen, Begreifen und Verstehen. In: Schmidt, Siegfried J. (Hrsg.) (1992b): 214-256.

Rusch, Gebhard/ Schmidt, Siegfried J. (Hrsg.) (1994): *Piaget und der Radikale Konstruktivismus*. DELFIN. Frankfurt a.M.: Suhrkamp.

Rusch, Gebhard (1999): Eine Kommunikationstheorie für kognitive Systeme. In: Rusch, Gebhard u. a. (Hrsg.): 150-184.

Rusch, Gebhard/ Schmidt, Siegfried J. (Hrsg.) (1999): *Konstruktivismus in der Medien- und Kommunikationswissenschaft*. Frankfurt a. M.: Suhrkamp.

Schmidt, Siegfried J. (Hrsg.) (1992a): *Der Diskurs des radikalen Konstruktivismus*. Frankfurt a. M.: Suhrkamp. 5. Aufl.

Schmidt, Siegfried J. (Hrsg.) (1992b): *Kognition und Gesellschaft*. Frankfurt a. M.: Suhrkamp.

Lernersprache und Lernerautonomie

„Kamele schlafen in der Luft":
Selbstorganisationsprozesse in Lernersprachen

Johanna Meixner

Die Beschreibung und Analyse von Lernersprachen stellt eine wichtige Grundlage für die didaktische Planung im fremd- bzw. zweitsprachlichen Unterricht dar. Ziel dieses Beitrags ist es, einige der beobachtbaren und immer wiederkehrenden Erscheinungen in den sog. Lernersprachen vorzustellen und in einem Erklärungsmodell zusammenzufassen. Dabei soll gezeigt werden, dass das jeweiligen lernersprachlichen Phänomene nicht nur Elemente sind, die durch sprachlichen Input, also durch Präsentation und Imitation gelernt werden, sondern dass sie aus spezifischen Prozessen der Selbstorganisation des einzelnen Lerners resultieren. Sie enthalten sowohl Teile der jeweiligen Ausgangssprache als auch zielsprachige Bausteine, und sie sind instabil.

Im ersten Teil werden das Konzept der Lernersprachen dargestellt und relevante Grundannahmen wie die der Dynamik, der Systematizität und Variabilität erörtert, bevor im zweiten Teil anhand konkreter Unterrichtsbeispiele aus dem Unterricht des Deutschen als Zweitsprache selbstorganisatorische Prozesse des Transfers, der Übergeneralisierung und der Strategieanwendung erläutert werden. Die didaktische Konsequenz daraus führt zu einem konstruktivistischen Lehr- und Lernmodell, das Lernen als einen Prozess der Eigenerfahrung und handelnder sozialer Praxis begreift.

The description and analysis from interlanguages is important for the foreign language instructional design. The study offers some of the observable and continually returning phenomenons in interlanguages and compromises them in a coordinated model. According to this model it will be shown that the various interlanguage-utterances are being learned by input, are acquired through absorption but rather are the results of specific individual processes of self-organization. The utterances include both parts of the first language and of the target language and therefore are dynamic and permeable.

The main ideas of the interlanguage-concept will be described in detail, i.e. dynamics, systematicity and variability. According to this model of self-organization some instructional examples of learning environments from German as a second language are presented, i.e. processes of transfer, of overgeneralization and communication-strategies. The results of the study leads to a constructivistic instructional design as for learning is considered as a process of self-experience and treating social practice.

Einleitung

„Kamele schlafen in der Luft". So die Äußerung eines türkischen *Deutsch als Zweitsprache*-Lerners. Kamele schlafen nicht in der Luft, wie wir wissen. Wie kommt es nun aber zu solch einer 'unüblichen' Äußerung? Der Beschreibung von Sprachen, in welchen solche Aussagen vorkommen, gilt im Folgenden unser Augenmerk. Seit nunmehr 20 Jahren unterrichte ich in zweisprachigen türkischen Klassen das Fach Deutsch als Zweitsprache, daneben noch die Fächer Heimat- und Sachkunde und Mathematik. Die anderen Fächer wie Türkisch, Religion, Musik und Sport sowie ein

Teil des Sachkunde- und Mathematikunterrichtes werden von einer muttersprachigen (türkischen) Lehrkraft erteilt. Deutsch als *Zweitsprache* (im Gegensatz zu Deutsch als *Fremdsprache*) wird von ausländischen Gastarbeiterkindern im Land der Zielsprache sowohl ungesteuert (außerschulisch) erworben als auch gesteuert (schulisch) gelernt. Der Deutschkenntnisstand in diesen nationalhomogenen Klassen reicht von Nullkompetenz über mittleres, oft dialektal gefärbtes Niveau bis hin zu annähernd zielsprachenadäquater Kompetenz. Jedes Mal, wenn ich nun zu Beginn eines Schuljahres in meine neue Klasse (in der Regel eine dritte Jahrgangsstufe einer solchen zweisprachigen Klasse) komme, stelle ich üblicherweise die gleiche Frage: „Könnt ihr schon Deutsch?" „Ja!", lautet stereotyp die gleichlautende Antwort der Schüler. Wie ist diese Aussage zu verstehen? Einer linguistischen Betrachtungsweise entspricht, zumindest was den Kompetenzbegriff betrifft, diese Aussage nicht. Ist in der Frage des Kompetenzbegriffes in einer zweiten Sprache eine abstrakte Idealisierung wie in der Muttersprache überhaupt möglich? Um es gleich vorwegzunehmen: Die Antwort lautet: Nein. Denn in der zweiten Sprache ist der Kompetenzbegriff relativistisch und polyphon zu sehen. 'Kompetenz' begreift sich dann als Gradmesser im Sinne eines 'Mehr oder weniger', einer zunehmenden Annäherung an die Zielsprache. Es handelt sich hier um ein mentales sprachliches System, das sowohl aus ausgangs- wie auch aus zielsprachigen Bauelementen besteht und gerade deshalb nicht stabil ist.

Der Beschreibung und den daraus sich ergebenden didaktischen Fördermöglichkeiten eines so verstandenen Kompetenzbegriffes sollen im Folgenden meine Ausführungen gewidmet sein.

1. Das Konzept der Lernersprachen

Das diesem Konzept zu Grunde liegende Zweitsprachenerwerbs-Modell wurde bereits in den 70er Jahren entwickelt. Verschiedene Begriffe wurden verwendet, um ein und dasselbe Erscheinungsbild zu bezeichnen:

- Selinker (1969/1972) spricht von *Interlanguages*

- Nemser (1971) von *Approximative Systems*

- Corder (1971) von *Idiosyncratic Dialects* und *Transitional Competence*

- Raabe (1974) nennt es *Interimsprache*

- Lauerbach (1977) *Lernersprache*.

All diese Begrifflichkeiten beziehen sich auf ein strukturiertes System, das der Lerner an irgendeinem Punkt seiner Sprachentwicklung konstruiert. Dieses System besteht aus einem Netzwerk verschiedener Sub-Systeme, die miteinander verwoben sind und sich entlang eines sog. *built-in-syllabus*-Kontinuums, eines angeborenen Sprachplans, bewegen (vgl. Corder 1967). Wie kommt es nun zur Entstehung von Interimsprachen?

1.1 Die Entstehung von Lernersprachen

Lernersprachen werden nicht von außen „eingetrichtert", sondern sind das Ergebnis selbstorganisatorischer Prozesse (vgl. Maturana / Varela 1980, Roth 1994). Für ihre Entstehung sind die Muttersprache, gegebenenfalls weitere vorgängige Fremdsprachen und die Zielsprache konstitutiv; für den Grad ihrer Ausprägung, ihren Entwicklungsstand sind insbesondere individuelle, soziale, lernsituationsabhängige und methodisch-didaktische Variablen ausschlaggebend.

1.2 Grundannahmen

Die Annahmen, die der Lernersprachenhypothese zu Grunde liegen, sind nach Nemser (1971) folgende:

1. Lernersprachen bilden ein sich allmählich entwickelndes Kontinuum, eine Reihe: Lernersprachen sind *permeabel,* d.h. durchlässig, unvollständig, stets bereit und in der Lage, sich umzugestalten. Sie sind nicht statisch, sondern *dynamisch*.

2. In einer gegebenen Kontaktsituation sind die Lernersprachensysteme von Lernern, die sich auf demselben Niveau befinden, in etwa gleich: Lernersprachen sind *systematisch.*

3. Gleichzeitig ergeben sich individuelle Unterschiede im sprachlichen Entwicklungsstand. Lernersprachen sind *variabel.* Faktoren, die individuelle Lernerunterschiede beeinflussen, können sein: Alter, Geschlecht, der Kompetenzgrad in der Muttersprache, Persönlichkeitsfaktoren (Selbsteinschätzung, Extro- bzw. Introvertiertheit, Ängstlichkeit), Sprachbegabung, Einstellung und Motivation, Intelligenz, soziologische Präferenzen (Lernen in der Gruppe, Lernen mit dem Lehrer, Alleinarbeit), kognitiver Stil (feldabhängig bzw. feldunabhängig), Lernstil (Modalitätspräferenzen), Lernstrategien (vgl. Skehan 1989, Larsen-Freeman / Long 1991, Ellis 1994).

4. Das an einem bestimmten Punkt bestehende approximative System ist sowohl von der Muttersprache als auch von der Zielsprache verschieden, es ist *autonom.* Nemser (1971) spricht von sog. *unexpected blends*, wie das Beispiel im Titel meines Vortrages „Kamele schlafen in der Luft", was eigentlich heißen sollte: „Kamele schlafen unter freiem Himmel."

1.3 Lernersprache und Sprachwissen

Das Konzept des *Hypothesen-Testens* wird in der Lernersprachenforschung als Basis verwendet, um zu erklären, wie Zweitsprachenlerner sich entlang des Interimsprachenkontinuums bewegen und zum Teil Strategien wie beim Muttersprachenerwerb benutzen. Corder (1967) war es, der als erster feststellte, dass sowohl Erst- als auch Zweitsprachenlerner Fehler machen, um bestimmte Hypothesen über die Natur der Sprache, die sie lernen, zu testen. Diese mentalistisch orientierte Ansicht wird in jüngerer Zeit durch empirische Daten erhärtet. Schon früh, so Bialystok (1987, 1988), weisen Kinder Manifestationen von Sprach(lern)wissen auf. *Metalinguistic awareness* als sprachreflektorische Komponente beinhaltet die Fähigkeit zur Analyse von Wissen zur bewussten Kontrolle psycholinguistischer Prozesse. Diese mentalen Operationen sind sprachunabhängig und werden auch bei anderen informationsverarbeitenden Prozessen eingesetzt. Als zentrale Komponenten des Sprachwissens gelten nach dem heutigen Forschungsstand das deklarative (*knowing what*) und das prozedurale (*knowing how*) Wissen. Der erstmals in der kognitiven Psychologie von Norman/ Rumelhart (1978) geprägte Sprachwissensbegriff wird in der Zweitsprachenerwerbsforschung in Anlehnung an Faerch/ Kasper (1983) folgendermaßen definiert: Das *deklarative* Wissen lässt sich verstehen als das Wissen über die Sprache, also das sprachspezifische Wissen (Phonologie, Morphologie, Lexik, Semantik, Text), das *prozedurale* Wissen als das Wissen über die Strategien und Prozesse der Sprachverarbeitung, d. h. über Sprechen, Schreiben, Hörverstehen, Lesen (vgl. Wolff 1995: 219).

Anders als beim Muttersprachenerwerb, wo der Aufbau eines deklarativen Wissenskerns mit der Bildung prozeduraler Automatismen einherzugehen scheint, können sich beim Zweitsprachenerwerb beide Wissensarten relativ unabhängig voneinander entwickeln. Dennoch stehen sie in enger Interaktion zueinander. Das prozedurale Wissen ist das Steuerelement des deklarativen Wissens. Es stellt im systemtheoretischen Sinn die Verbindung her zwischen der Sprachwelt und der wirklichen bzw. fingierten Welt, es lässt durch die Verknüpfung vom Hier und Jetzt zu früher und vorher Strukturiertem aus trägem Regelwissen erst transfer- bzw. anwendungsfähiges Wissen entstehen. Der Systemtheorie verdanken wir im Übrigen die Erkenntnis, dass ein Element nicht durch sich selbst definiert und verstanden werden kann, sondern erst aus der Relation zu anderen Elementen (vgl. Huschke-Rhein 1989: 36).

Somit wird immer deutlicher, dass didaktische Hilfen beim gesteuerten Zweitsprachenerwerb beide Wissensarten zu berücksichtigen haben. Im Kontext des Hypothesentestens ist der prozeduralen Wissenskomponente eine zentrale Funktion zuzuschreiben (vgl. Wolff 1995).

Als *Sprachverarbeitungswissen* steuert, regelt und koordiniert das prozedurale Wissen die produktive und rezeptive Verarbeitung von Sprache. Es sorgt dafür, dass sprachliche Äußerungen verstanden und produziert werden können. Als *Sprachlernwissen* trägt es Sorge dafür, dass neues, deklaratives Wissen hinzugefügt, bereits vorhandenes Wissen restrukturiert werden kann. Als *sprachreflektorisches* Wissen sorgt es dafür, dass durch Input eingehende sprachliche Stimuli analysiert und kontrolliert werden können.

Das prozedurale Wissen ist, davon geht man heute aus, ein *allgemeines* Wissen um kognitive Operationen und Prozesse, das für die Sprachverarbeitung und für das Sprachlernen adaptiert wird. Für den Aufbau kognitiver Problemlösestrategien, für die Konstruktion von Weltwissen und subjektiven Wirklichkeiten ist die Entwicklung prozeduraler Wissenskomponenten deshalb von eminenter Bedeutung.

Wenn der Zweitsprachler mit dem Erwerb der zweiten Sprache beginnt, verfügt er (in der Regel) schon über ein gewisses Repertoire an prozeduralem Wissen. Er ist für die Aufgaben einer Informationsverarbeitung schon voll ausgerüstet. In Abhängigkeit von der zu erlernenden Sprache allerdings muss er nun bestimmte Operationen und Automatismen im Zusammenspiel zwischen biologischer Assimilation und kognitiver

Akkomodation (Schemaänderung) (vgl. Piaget 1969, 1976) dekonstruieren und modifizieren bzw. neu organisieren und konstruieren, um sich den strukturellen Gegebenheiten der Zielsprache anzupassen.

Wie sind nun diese kognitiven Operationen strukturiert? In der Tat lassen sich beim Zweitsprachenerwerb bestimmte Prinzipien erkennen, die eine gewisse Systematizität in der Lernersprache belegen.

2. Selbstorganisationsprozesse in Lernersprachen

2.1 Sprachlicher Transfer

Der Lerner greift auf die Muttersprache als eine Art *heuristisches Werkzeug* zurück, vor allem im frühen Stadium des Zweitsprachenerwerbs. Es kommt zu interlingualen Identifikationen (vgl. Corder 1971). Sind die Prozesse des Inferierens erfolgreich, d. h. decken sich die Strukturen der Erst- und Zweitsprache, kommt es zu einem (positiven) *Transfer*. Nicht alle Züge der Muttersprache lassen sich jedoch auf die Zweitsprache übertragen, dies führt zu sog. *Interferenzerscheinungen* in allen Sprachbereichen.

Hier einige Beispiele im Bereich der Phonem-Graphem-Zuordnung.

Auszüge aus Schülertexten (Bildergeschichten):

- ziwei (zwei)
- Buruda (Bruder)
- Der Affe sipring (Der Affe springt)
- silitsu (Schlittschuh)
- Vogel ist filige (Der Vogel fliegt)
- Ein fis sipilt (Ein Fisch spielt)
- gesihte (Geschichte)
- Muzeum (Museum).

Eine kontrastive deutsch-türkische Sprachanalyse sagt dazu Folgendes aus: Eine Konsonantenhäufung im Anlaut ist in der türkischen Sprache selten anzutreffen. Deshalb wenden die Lerner zunächst ihr in der Muttersprache erworbenes prozedurales Wissen an und fügen zwischen die Konsonanten, gemäß der im Türkischen geltenden Vokalharmonie helle (e, i, ö, ü) bzw. dunkle Vokale (a, i, o, u) ein. Der Rückgriff auf das türkische Lautsystem, das kein *sch* kennt, führt zur Schreibweise des *s* ; das stimmhaft interpretierte 's' im Wort 'Museum' lässt das türkische Äquivalent 'z' entstehen. Gleichzeitig weist die Kleinschreibung mancher Substantive darauf hin, dass es im Türkischen eine generelle Großschreibung von Substantiven nicht gibt.

Beispiele aus dem Syntaxbereich.

Mündliches Erzählen zu einer Pantomime:

- Die kleine buruda Auto spilt
- Er was essen
- Dann Frans kommen

- Er eine Flasche Limonade haben
- Er kommen und die Flasche Limonade trinken.

Die Aussagen deuten nicht nur auf die Unkenntnis der entsprechenden Verbflexion hin. Als agglutinierende Sprache kennt das Türkische nicht die im Deutschen übliche Subjekt-Verb-Stellung, vielmehr steht das Verb stets am Satzende (wie in den Transfer-Beispielen).

Transferleistungen sind nicht nur lernbehindernd wirksam (Interferenzen), sie können auch lernerleichternd wirken, wie etwa bei der Übernahme der Verbkongruenz vom Türkischen ins Deutsche. Die Beispiele belegen, wie vorgängiges Sprachwissen den Prozess des interlingualen Identifizierens unbewusst und unausweichlich - Schachter (1992) spricht von *constraint* (Zwang) - beeinflussen kann.

2.2 Übergeneralisierung

Ein weiterer Beleg für die Systemhaftigkeit von Lernersprachen ist der Prozess der Übergeneralisierung. Lerner haben auf Grund ihrer (Sprach)erfahrungen bestimmte Vorstellungen und Erwartungen, eine Hypothese über ein sprachliches Phänomen gebildet (z.B. Präteritumskonstruktionen mit '-te'). Dieses Wissen wird nun überrepräsentiert.

Beispiele aus Schülertexten zu einer Bildergeschichte:

- Die Maus schlafte
- Die Maus bittete
- Die Maus gehte
- Da kommte der Fisch
- Sie schwimmten im Wasser
- Die Jegern (Jäger) fangten der Löwe.

Diese Schüler haben gelernt, dass im Deutschen beim Erzählen die Vergangenheitsform des Präteritums favorisiert wird und dass diese Form größtenteils mit dem Suffix '-te' gebildet wird. Die Unterscheidung zwischen schwachen und starken Verben wurde bis dahin noch nicht gelernt bzw. im Unterricht thematisiert. Wie kommen nun Lerner zu solchen 'falschen' Hypothesen? An der Informationseingabe, den Inputdaten, jedenfalls kann es nicht liegen. Corder (1981) versuchte, das Dilemma mit der Unterscheidung zwischen *Input* und *Intake* zu beheben. Er hatte festgestellt, dass zwischen dem Input und dem Output in der Interimsprache keine Eins-zu-Eins Relation besteht. Der Lerner übernimmt nur soviel aus der Informationseingabe, wie sein aktuelles Interimwissen es zulässt. Seine kognitiven Fähigkeiten verarbeiten die Inputstrukturen intern rekursiv. Gerade diese Aussage ist es, mit der der radikale Konstruktivismus erkenntnistheoretisch argumentiert. Lernen, so von Foerster (1993), und damit jeder Wissenserwerb, verläuft nicht ab wie in einer trivialen Maschine, in der Input (x) gleich Output (y) ist, sondern vielmehr wie in einer sog. *nicht-trivialen* Maschine, in der der ankommende Input (x) nach internen Zuständen (z) zum Output (y) gelangt. Dabei kommt es gelegentlich zu *Emergenzen*, d. h. zu plötzlichen und unvorhersagbaren Erkenntnisqualitäten, wie z. B. folgende fehlerhafte Sprachproduktionen im Bereich der Perfektbildung zeigen:

- Ich kuran gelest (Ich habe den Koran gelesen.)
- Ich Berlin ke geht (Ich bin nach Berlin gegangen.)
- Ich haben schneman ke macht (Ich habe einen Schneemann gemacht.)
- Ich sule ke fahrt (Ich bin zur Schule gefahren.).

Natürlich werden in diesem Fall auch andere Prinzipien des 'Herumexperimentierens' wirksam.

2.3 Lernerstrategien

Um das Lernen zu erleichtern, wenden Lerner *Strategien* an, meist unbewusst und das gesamte Verhaltensrepertoire (verbal und nonverbal) mit einbeziehend, *to make language learning self-directed and enjoyable* (vgl. Oxford 1989, zit. in Ellis 1994: 531). Welche Strategien gewählt werden, hängt davon ab, in welche Aufgabe der Lerner involviert ist und welche Lernpräferenzen er hat.

Aus der Fülle der in der Forschung genannten Strategien (vgl. Ellis 1985b, 1994) greife ich die Strategien heraus, die allgemein unter dem Begriff *Produktions-, Rezeptions-* und *Kommunikationsstrategien* zusammengefasst sind und die bei der Evaluation sich als auffällig und häufig vorkommend erwiesen haben.

Es handelt sich um kognitive und soziale Komponenten wie

- formelhafter Gebrauch von Gestaltsyntagmen (idiosynkratische Lernerformel)

- Code-switching

- Selbstkorrekturen (self-monitoring) und Fremdkorrekturen

- Neologismusbildungen.

Formelhafter Sprachgebrauch

Ausdrücke, die als nicht analysierte Entitäten (vgl. Lyons 1968) gelernt werden, werden als sog. *chunks* (vgl. Miller 1956) bezeichnet, als *idiosynkratische Lernerformeln* oder auch als *Gestaltsyntagmen*. Krashen / Scarcella (1978) unterscheiden im Zweitsprachenerwerb zwischen *Routinen* und *Patterns,* um auf Äußerungen zu verweisen, die als memorisierte *chunks* gelernt werden, und auf Äußerungen, die nur teilweise nicht analysiert werden und als Muster für ein oder mehr offene, flexibel einsetzbare Elemente dienen. Sie können sowohl beim Erst- als auch beim Zweitsprachenerwerb und da vor allem im Anfangsstadium beobachtet werden. Warum?

Die gestalthafte Sprachproduktion fasst syntagmatische Einheiten oberhalb der Wortebene zu Makrolexemen zusammen. Sie ist somit komplexer und intonatorisch flüssiger relativ zur Interimskompetenz im analytischen Gebrauch. Ellis (1985a) zählt dazu etwa Grußformeln wie z. B. „Hallo, wie geht's!" und andere mehr oder weniger fixierte Äußerungen wie „Ich weiß nicht". Es gibt aber, wie Müller (2000) empirisch nachweisen kann, in mündlichen Dialogsituationen mehr feste Wendungen und

Pattern-Memorisierungsprozesse als man gemeinhin als solche bezeichnet. Sie werden häufig eingesetzt, um bestimmte Inhalte vermitteln zu können. Ich habe nun festgestellt, dass auch beim Schreiben eine Vielzahl solcher Patterns zu Hilfe genommen werden. Dazu gehören auch dialektal gefärbte Wendungen und Wendungen aus der Umgangssprache und der Welt der Medien.

Anhand einiger Beispiele will ich zeigen, welche Syntagmen häufig verwendet und wie sie variiert werden:

Alltagssprachliche Muster

Textarbeit/Bildergeschichte: Die beiden Ziegen:

(Albert Ludwig Grimm)

>Zwei Ziegen begegneten sich
>auf einem schmalen Steg.
>Die eine wollte herüber,
>die andere hinüber.
>„Geh mir aus dem Weg!" sagte die eine.
>„Was fällt dir ein!" rief die andere,
>„ich war zuerst auf der Brücke.
>Geh du zurück und lass mich hinüber!"
>„Das sagst du zu mir?"
>versetzte die erste.
>„Ich bin so viel älter als du
>und sollte dir weichen?
>Nimmermehr!"
>Keine von beiden wollte nachgeben,
>und so kam es vom Zank zum Streit.
>Sie hielten ihre Hörner gegeneinander.
>Von dem heftigen Stoße
>verloren beide das Gleichgewicht.
>Sie stürzten miteinander
>in den reißenden Bach,
>aus dem sie sich nur mit großer Mühe
>ans Ufer retteten.

Freies Schreiben:

- Hattanmaul, du....
  (Halt dein Maul, du ...)
- wenich gehes, danpasiyetvas
  (Wenn du nicht gehst, dann passiert etwas)
- Moment zagih, gevek
  (Moment sag ich, geh weg)
- Hauap, gelbe Schwein
  (Hau' ab, gelbes Schwein)

- komgema
  (Komm' gehen wir)
- ya, kanstugen
  (Ja, du kannst gehen)
- Fraumayksna
  (Frau Meixner)
- Hey, dassis mayne blats
  (Hei, das ist mein Platz!)

Beispiele mit formelhaftem Grundmuster:

Freies Schreiben:

- Antonio sacks: Warum kommst du
- (Antonio sagt)
- Peter sacks: Ich gehe unter
- Antonio sacks: 1. Du ge und ich gehen.

Textarbeit: Meine Weihnachtsferien/freies Schreiben. Murat schreibt:

- Hoca hat gezagt gema Muzeum
- (Der Hoca hat gesagt, wir gehen ins Museum)
- Muzeum habih gesehn Türkische bombe
- (Im Museum habe ich eine türkische Bombe gesehen)
- habih gesehen (habe ich gesehen)
- habih messa gesen (habe ich ein Messer gesehen)
- habih mena gesen (habe ich Männer gesehen)
- habih noh fert gesen (habe ich noch ein Pferd gesehen).

Bildausschnitt vom Rummelplatz. Dazu schreibt Ilknur:

- Der Eisverkäufer gibt die Menschen eis
- Eine Kugel eis kostet 50 Pf
- Zwei Kugel eis kostet 1 DM
- Drei Kugel eis kostet 1,50 DM
- Wier Kugel eis kostet 2,00 DM.

Mein Leben in Deutschland. Metin schreibt:

- 12 Jahre bin ich in Deutschland
- Im ersten Klasse war ich 7 Jahre alt
- Im zweiten Klasse war ich 8 Jahre alt
- Und jetzt in der driten Klasse bin ich neun
  ...
- Unser erste Haus war an der Kirche
- Unser zweite Haus war bei Fabrik
- Unser dritte Haus war bei der Ungernederstraße.

Code-switching

Nicht nur beim Sprechen, sondern auch beim Schreiben greifen Zweitsprachlerner auf ihre Muttersprache zurück, um eine Mitteilung erfolgreich zu Ende führen zu können. Eine solche, sehr häufig verwendete Kompensationsstrategie ist das sog. *Code-switching*, d.h. der Wechsel von einer zur anderen Sprache innerhalb einer Äußerungseinheit, wie folgendes Beispiel zeigt.

Die Schüler beschreiben Szenen zu einem Film, der nur mit Musikuntermalung vorgeführt worden war und in dem ein Wal die Hauptrolle spielte: Von elf Kindern benutzten fünf beim Schreiben die gleiche Strategie:

- Ein Junge schbilt mit ballinna
- Er hat ein balina gesen.

(*Balina* heißt auf Türkisch 'der Wal').

Hypothesentesten durch Selbstkorrekturen bzw. Fremdkorrekturen

Auf dem Weg zur Zielsprachenkompetenz nehmen Lerner eine Unzahl von *Viabilitätsprüfungen* vor, um in der Sprache konstruktivistisch orientierter Wissenspsychologie zu sprechen. Selinker sprach von Hypothesentesten, Krashen (1982) von *self-monitoring*.

Bevor eine sprachliche Struktur zum festen deklarativen Wissensbestandteil wird, muss ihre Verwendung im Netz kontextueller Verbindungen überprüft werden. Dabei spielt auch der Grad des Sprachbewusstseins, das Sprachgefühl, eine besondere Rolle.

Folgende Beispiele aus dem Bereich freien Schreibens zeigen eindrucksvoll den *experimentellen* Charakter der Interimsprachen.

Soner und Zekayi wechseln in ihrer Interimsprache zwischen alternativen Strukturen hin und her:

Soner:
- *Der silange die silange get....*
- *Die Junge* keletert auf dem *Baum*
- *Der Junge* falt dem *bam*.

Zekayi:
- Ein junge hat ein Baum *gesen*
- Er hat ein Affe *gesehen*.

Soner testet die Artikelbildung von 'Junge' und 'Schlange' sowie die Rechtschreibung (Groß- und Kleinschreibung) von 'Baum'. Zekayi experimentiert mit dem Verb 'gesehen'.

Nachfolgender Ausschnitt aus einer mündlichen Erzählung zu einer Fabel belegt den Prozess des *self-monitoring* besonders prägnant:

- Dann hat der Rabe den Käse gestohlen und die hat ins Baum hoch in Baum den Käse geleg, gelog, gelegt.

Bei mündlichen Interaktionen ist häufig die Kompensation durch nonverbale Verhaltenselemente bzw. die unauffällige Hilfe durch den Dialogpartner zu beobachten; nachfolgend ein Beispiel aus einem Unterrichtsgespräch:

Nihan antwortet auf die Frage, was sie beim Anblick einer Katze gefühlt habe:

Nihan: Ich habe Angst gehabt, wenn ich, wenn die Katze mich so mit den (Handbewegung/Krallen)...
Lehrer: Krallen
Nihan: Krallen macht...
Metin antwortet:
Metin: hat ah ah den Geruch von den Käse ah +++/ *gerochen*
(Wortfindungsschwierigkeiten)
Schüler: *gerochen*
(hilft aus der Sprachnot)
Metin: *gerochen*
(greift die Hilfe auf).

Neologismen

Im Rahmen der Überprüfung sprachlicher Wirklichkeiten stellen Lerner zuweilen aus den Input-Daten neue Regeln auf (vgl. Faerch / Kasper 1980, 1983b). Ich habe vorher in diesem Zusammenhang auf emergente unvorhersagbare Erkenntnisqualitäten verwiesen. Durch die von Lernern intern in Gang gesetzten, z.T. nicht konsensfähigen und im Sprachgebrauch gängigen, viablen Sprachsystemverknüpfungen (und Lernstrategien) kommt es zu Äußerungsqualitäten, die man schon im Kontext nativistischer Spracherwerbstheorien mit dem 'logischen Problem des Spracherwerbs' (vgl. Felix 1985) zu erklären suchte. Sie sind kreativ, zuweilen sogar von poetischer Qualität.

Beispiel: Freies Schreiben einer Bildergeschichte:

- Die Kinder kletterten auf den Baum.
- Auf einmal *blüttete* der Baum (Übergeneralisierung).

Im Syntaxbereich kommt es durch nicht passende Syntagmenbildung zu folgendem Satz:

- Der Mann hatte *den Garten mit Mauer obereinander gestellt*.
- Die Kinder blasen die Luftmatratze mit der *Blase* (Blasebalg) auf.

Beispiel aus einem mündlichen Alltagsdialog:

- Wenn du *panikst*, dann *panike* ich mit.

Selbstverständlich könnte die Reihe der Lernerstrategien noch weiter ausgeführt werden. Da wären etwa die Strategien der Paraphrasierung, des Abbruchs und Neubeginns zu nennen. In gebotener Kürze kam es mir aber vor allem darauf an, anhand prägnanter Beispiele die hervorstechendsten Prinzipien von Lernersprachen vorzustellen. Es galt zu zeigen, dass Interimsprachen kein statisches Gebilde darstellen, sondern dass sie ein Kontinuum bilden, dessen einzelne Wegmarken formal nicht korrekte

Äußerungen erbringen, die nicht als Zeichen von Inkompetenz, sondern als Indikatoren einer bestimmten Spracherwerbsstufe zu markieren sind.

Alle Strategien sind unter dem Aspekt der *Simplifizierung* zu betrachten, wobei es zu beachten gilt, dass nicht das Endprodukt, sondern der Prozess, der zu diesem Endprodukt führt, simplifiziert wird ('elaborative Simplifikation', vgl. Meisel 1983). Der Lerner versucht, die Kette der Hypothesen durch solche Bildungen zu kontrollieren, die subjektiv für ihn relativ einfach zu bilden sind. Der prozedurale Wissenserwerb als Operation des Hypothesentestens und der Überprüfung der Wirklichkeit (vgl. Baecker u.a. 1992) ist in diesem Kontext von zentraler und grundlegender Bedeutung. Hypothesenbildungen und Fossilisierungserscheinungen sind lediglich unterschiedliche Stadien ähnlicher Konstruktionsprozesse. Für den Lehrer ist der Fehler ein unerlässlicher Indikator zur Feststellung des Sprachentwicklungsstandes. Gleichwohl muss er wissen, dass nicht er als Instrukteur das Lernprogramm der einzelnen Schüler bestimmt, sondern die Schüler selbst.

3. Didaktische Fördermöglichkeiten

Das prozedurale Wissen im Kontext von Brauchbarkeitsüberprüfungen ist von zentraler Bedeutung für den Erwerb transferfähigen aktiven Wissenserwerbs. Prinzipiell ist jedes Wissen ein Interimwissen. Es ist stets nur vorläufig konsensfähig und niemals statisch. Lernen ist ein Prozess von Eigenerfahrung und handelnder sozialer Praxis. Im wechselseitigen Experimentieren und Hypothetisieren konstruiert der nach Stimmigkeit (Äquilibration) strebende Lerner in teils passiven (assimilativen) und teils aktiven (akkomodierenden) Operationen viable Lösungsstrategien (vgl. Piaget 1976). Die Dialektik von Stabilität und Wandel, die Rückkoppelung von internen (Kognition) auf externe (Partner / Gruppe) Ressourcen hat auch Auswirkungen auf sprachdidaktische Überlegungen.

Der Lerner muss sich sein Sprachverarbeitungswissen selbst erschließen, er muss sich bewusst machen, wie er Sprache lernt, seine Fähigkeit zur Reflexion über Sprache muss gefördert, das Sammeln von Erfahrungen im sozialen Diskurs verstärkt werden. Diese Bewusstmachungsprozesse führen gleichzeitig zu Lernerautonomie, weil sie den Lerner unabhängiger machen bei seinen Bemühungen, den eigenen Lernstil zu finden und diesen als effizient zu erkennen, und weil das subjektiv neu entstehende deklarative Sprachwissen durch die persönlichen Spracherfahrungen individuell kognitiv geordnet werden kann (vgl. Wolff 1995: 222).

Auf seinem Weg zur Lernerautonomie darf der Lerner, vor allem im Grundschulalter, nicht allein gelassen werden, zumal seine kognitiven Fähigkeiten noch nicht voll ausgebildet sind. Er braucht die Unterstützung durch Experten, seien dies Lehrer oder andere kompetentere Sprecher. Wie ist es überhaupt möglich, didaktisch einzugreifen, wenn der autonom mit seinen eigenen persönlichen Voraussetzungen interagierende Lerner stets nur dasjenige an (Sprach-)Wissen verarbeiten kann, das ihm nach Biographie und momentaner kognitiver Kapazität (Aufmerksamkeitsgrad, Wachheit, Interesse, Fokussierung usw.) zugänglich ist?

Grundsätzlich gilt es eingedenk der unterschiedlichsten Stadien der Interimsprachenkompetenz der Lerner, eine Fülle von Lernmöglichkeiten, von Lernsituationen, Lernkontexten und Lernmitteln bereitzustellen, die jedem Lerner einen individuellen Zugriff zu den Ressourcen ermöglichen.

Ziel ist es, den Lerner nicht nur zu informieren, sondern bei ihm Entwicklungsschübe in Gang zu setzen. Der Experte stellt sich zur Verfügung, um an geeigneter Stelle, individuell oder gruppenweise, instruktiv tätig werden zu können.

4. Schlussgedanke

Die vorliegende zugegebenermaßen nur ausschnitthafte Auswahl an lernersprachlichen Prozessen bei türkischen Zweitsprachlernern zeigt, so meine ich, auf anschauliche Weise, dass Sprachlerner gerne auf Entdeckung gehen, dass sie wahrnehmen, erkennen und denken, dass sie das Entdeckte und Erkannte verarbeiten, verknüpfen, bewerten, selektieren und dass sie schließlich ihr Wissen auch nutzen wollen. Lernersprachen stellen ein approximatives System dar, das auf unterschiedlichen Ebenen durch Prozesse des Transfers, der Übergeneralisierung, des Hypothesentestens etc. gekennzeichnet ist. Entscheidend dabei ist, dass diese Prozesse in erster Linie vom Individuum, also vom jeweiligen Lerner selbst konstruiert werden.

Wissensexplosion und Informationsflut in der heutigen Zeit drängen die Menschen immer häufiger dazu, Entscheidungen zu treffen und Informationen auszuwählen, um die Frage beantworten zu können, welches Wissen für wen zu welchem Zeitpunkt in welcher Situation und zu welchem Zweck relevant ist. Nicht die Informationsgesellschaft, sondern eine Gesellschaft, die ihre Lebensgrundlage aus reflektiertem, bewertetem und selbsterarbeitetem Wissen bezieht, sollte daher im Mittelpunkt auch unserer didaktischen Bemühungen stehen (vgl. Mandl / Reinmann-Rothmeier 1997: VI/1).

Literatur

Baecker, Jochen/ Borg-Laufs, Michael/ Duda, Lothar/ Matthies, Ellen (1992): Sozialer Konstruktivismus - eine neue Perspektive in der Psychologie. In: Schmidt, Siegfried J. (Hrsg): 116-145.
Bialystok, Ellen (1987): Influences of bilingualism on metalinguistic development. *Second Language Research* 3: 154-166.
Bialystok, Ellen (1988): Psycholinguistic dimensions of second language proficiency. In: Rutherford, W. u. a. (Hrsg).
Corder, Stephen P. (1967): The significance of learner's errors. *International Review of Applied Linguistic in Language Teaching*: 161-170.
Corder, Stephen P. (1971): Idiosyncratic *dialects* and error analysis. *International Review of Applied Linguistics* 9: 149-159.
Corder, Stephen P. (1981): *Error analysis and interlanguage*. Oxford: Oxford University Press.

Cotton, J. W./ Klatzki, R. (Hrsg.) (1978): *Semantic factors in cognition.* Hillsdale N. J.: Erlbaum.
Ellis, Rod (1985a): *Teacher-pupil interaction in second language development.* In: Gass, S./ Madden, D. (Hrsg.): 131-157.
Ellis, Rod (1985b): *Understanding second language acquisition.* Oxford: Oxford University Press.
Ellis, Rod (1994): *The study of language acquisition.* Oxford: Oxford University Press.
Eppeneder, R. (Hrsg.) (1985): *Lernersprache.* Thesen zum Erwerb einer Fremdsprache. München: Goethe-Institut.
Faerch, Claus/ Kasper, Gabriele (1980): Process in foreign language learning and communication. *Interlanguage Studies Bulletin* 5: 47-118.
Faerch, Claus/ Kasper, Gabriele (Hrsg.) (1983a): *Strategies in interlanguage communication.* Harlow: Longman.
Felix, Sascha (1985): Kognitive Grundlagen des Fremdsprachenlernens. In: Eppeneder, R. (Hrsg.): 107-145.
Foerster, Heinz von (1993): *Wissen und Gewissen.* Frankfurt a. M.: Suhrkamp.
Gass, Susan/ Madden, Donald (Hrsg.) (1985): *Input in Second-Language Acquisition.* Rowley Mass.: Newbury House.
Gass, Susan/ Selinker, Larry (Hrsg.) (1992): *Language transfer in language learning.* Amsterdam: Benjamins.
Gnutzmann, Claus/ Königs, Frank, G. (Hrsg.) (1995): *Perspektiven des Grammatikunterrichts.* Tübingen: Narr.
Huschke-Rhein, Rolf B. (1989): *Systemtheorien für die Pädagogik.* Köln: Rhein-Verlag.
Krashen, Stephen (1982): *Principles and practice in second language acquisition.* Oxford/New York: Pergamon.
Krashen, Stephen/ Scarcella, Robin (1978): On routines and patterns in second language acquisition and performance. *Language Learning* 28: 283-300.
Larsen-Freeman, Diane/ Long, Michael (1991): *An introduction to second language acquisition research.* London/New York: Longman.
Lauerbach, Gerda (1977): Lernersprache. Ein theoretisches Konzept und seine praktische Relevanz. *Neusprachliche Mitteilungen* 30/4: 208-214.
Lyons, John (1968): *Introduction to theoretical linguistics.* Cambridge: Cambridge University Press.
Mandl, Heinz/ Reinmann-Rothmeier Gabriele (1997): Leuchtturm im Meer der ungeahnten Möglichkeiten. *Süddeutsche Zeitung* Nr. 68 vom 22./23. März 1997: V1/1.
Maturana, Humberto/ Varela, Francisco (1980): *Autopoesis and cognition: The realization of the living.* Dordrecht: Steidel.
Miller, George A. (1956): The magical number seven, plus or minus two. *Psychological Review* 63: 81-97.
Müller, Klaus (2000): *Lernen im Dialog.* Gestaltlinguistische Aspekte des Zweitspracherwerbs. Tübingen: Narr.
Nemser, William (1971): Approximative systems of foreign language learners. *IRAL* 9: 115-123.
Norman, Donald A./ Rumelhart, David (1978): Accretion, tuning and restructuring: Three modes of learning. In: Cotton, J. W. u. a. (Hrsg.): 37-53.
Oxford, Rebecca L. (1989): Use of language learning strategies: a synthesis of studies with implications for teacher training. *System* 17: 235-247.
Piaget, Jean (1969): *Nachahmung, Spiel und Traum.* Stuttgart: Klett.
Piaget, Jean (1976): *Die Äquilibration der kognitiven Strukturen.* Stuttgart: Klett.
Raabe, Horst (Hrsg.) (1974): *Trends in kontrastiver Linguistik.* Band I. Tübingen: Narr.
Raabe, Horst (1974a): Interimsprache und kontrastive Analyse In: Raabe, Horst (Hrsg.): 1-50.

Roth, Gerhard (1994): *Das Gehirn und seine Wirklichkeit*. Kognitive Neurobiologie und ihre philosophischen Konsequenzen. Frankfurt a. M.: Suhrkamp.
Schachter, Jacquelyn (1992): A new account of transfer. In: Gass, S. u. a. (Hrsg.): 32-46.
Schmidt, Siegfried J. (Hrsg.) (1992): *Kognition und Gesellschaft*. Der Diskurs des radikalen Konstruktivismus 2. Frankfurt a. M.: Suhrkamp. 2. Aufl.
Selinker, Larry (1972): Interlanguage. *International Review of Applied Linguistics* 10: 209-230.
Selinker, Larry/ Lakshamanan, Usha (1992): Language transfer and fossilization: the multiple effects principle. In: Gass, Susan u. a. (Hrsg.): 197-216.
Skehan, Peter (1989): *Individual differences in second-language learning*. London u.a.: Arnold.
Wolff, Dieter (1994): Der Konstruktivismus: Ein neues Paradigma in der Fremdsprachendidaktik? *Die Neueren Sprachen* 93/5: 407-429.
Wolff, Dieter (1995): Zur Rolle des Sprachwissens beim Spracherwerb. In: Gnutzmann, Claus u. a. (Hrsg.): 201-224.

Fremdsprachenlernen konstruktiv

Werner Bleyhl

Wir verfügen über eine Unmenge impliziten Wissens, das kaum zu explizieren ist. Es ist dieses Wissen, das uns sein läßt, was wir sind.

Dirk Baecker 1994:154.

Wie verhält sich Instruktion zu Konstruktion? Wie erfolgt die „strukturelle Kopplung" (a) zwischen Lerner und Sprache und (b) auch zwischen Bewusstsein und Kommunikation? D.h. wie erfolgt innerhalb des Prozesses der Selbstorganisation im Lerner die Abgleichung zwischen der Wirklichkeitskonstruktion bzw. Bedeutungsunterstellung des einzelnen mit den Konventionen der sozialen, der kulturellen Gruppe? Wie an einzelnen Aspekten skizziert wird, kann dieser schwierige multidimensionale Prozess nur unter zwei Bedingungen gelingen: einmal wenn dem Verstehen - und damit auch Möglichkeiten der Überprüfung von Bedeutung - hinreichend Raum und Zeit gegeben wird und zum andern, wenn dem Lerner eine genügend große „kritische Masse" an Erfahrung von funktionaler 'Sprache in der Welt' zuteil wird.

How does "instruction" relate to "construction" in the field of language learning? How is it that structural coupling (a) between learner and language and (b) also between consciousness and communication accurs? How are the individual's constructions of reality, his or her assumptions of meaning adjusted to the conventions of the social and cultural group? As illustrated by examples this complex, nonlinear process can only be successful under two conditions: first there has to be sufficient (testing) space and time for language comprehension and second the learner also needs a sufficiently ample "critical mass" of experience of language as it is used in the actual world.

1. Einleitung: „Aber *are* ist doch *past revisited*."

Zur Einführung in die Problematik *Instruktion versus Konstruktion* sei die Kurzskizze einer Schulszene erlaubt (vgl. Bleyhl 1985). Ein Schüler der Klasse 10 Realschule, also nach fünf Jahren traditionellem Englischunterricht mit Lehrbuch, Wörterlisten, Vokabeltests, Grammatik usw., legt Widerspruch ein, als am Anfang des neuen Schuljahres der neue Lehrer Sprache situationsangemessen im Klassenzimmer verwendet. Der Schüler: „Jetzt versteh ich gar nichts mehr. *Is* ist *present* und *are* ist doch *past*!" Es stellte sich heraus, der Schüler hatte fünf Jahre traditionelle Instruktion überlebt mit der - offensichtlich seinerzeit spontan überzeugend aus seiner Kenntnis der Muttersprache abgeleiteten - Hypothese, *is* heiße 'ist' und *are* 'war'.

Wie ist dieser - empirische - Sachverhalt zu erklären? Die Instruktion, der Input durch Lehrer, Buch etc. war bei dem betreffenden Schüler einfach nicht angekommen. Er hatte seine Bedeutungsunterstellung vorgenommen und bislang im Umgang mit dem Englischen im Buch und wo auch immer nie eine Falsifizierung der Hypothese erlebt. Eine Horror-Idee für jeden Lehrer! Nicht umsonst werden Untersuchungen über abstruse Vorstellungen dieser Art, wie sie die Schüler - bekannter ist es etwa in Mathematik - entwickeln, in den USA *horror studies* genannt. Die im traditionellen Englischunterricht angebotene Information als Wissenselement war einfach nicht registriert worden, kein *Intake* geworden, wohl weil bei dem betreffenden Schüler keine Sinnlücke aufgetreten war.

Der neue Lehrer bezog nun Sprache handlungsorientiert auf einen Zustand in der Welt des Klassenzimmers, wobei sich der Schüler offenbar involviert fühlte. Plötzlich erkannte der Schüler eine Diskrepanz zwischen seinen Konzepten und ihrer augenblicklichen Verwendung. Er versuchte, sie zu retten - deswegen sein Ausruf.

In der vom neuen Lehrer herbeigeführten Szene hatte sich Kommunikation im Sinne von S.J. Schmidt (vgl. seinen Beitrag in diesem Band) ereignet, es ergab sich eine „Chance der kognitiven Veränderung", nicht zuletzt weil auch der *Körper* des Schülers involviert war. Sprache war nun als Mittel gebraucht worden, mit dem Verhaltensweisen der Beteiligten angestoßen, ausgelöst und beeinflusst worden waren; *Sozialisation* mittels der Fremdsprache war erfolgt, nicht ohne dass der Schüler sich selbst überprüft hatte, sich selbst - deswegen die Rückfrage - sozial abzusichern gesucht hatte. Er hatte offensichtlich zum ersten Mal in seiner Schullaufbahn unter Verwendung des Alltagswörtchens *are* „bedeutungsangemessen kommuniziert".

Erste Folgerung: Sprachenlernen erfolgt offensichtlich nicht durch eine eindimensionale Übermittlung von Wortzeichen-Wortbedeutungs-Kombinationen.

Die skizzierte Szene scheint genau den Punkt der 'strukturellen Koppelung' zwischen (a) Lerner und Sprache und (b) Bewusstsein und Kommunikation zu fokussieren. Es ist der Punkt innerhalb des Prozesses der Selbstorganisation im Lerner, wo die Abgleichung zwischen den eigenen Wirklichkeitskonstruktionen (Bedeutungsunterstellungen) mit den Konstruktionen der sozialen, kulturellen Gruppe stattfindet. Die eigene Bedeutungs-/Wirklichkeitskonstruktion muss sich in der Interaktion mit anderen bestätigen, muss sich als 'viabel' erweisen. Das operational geschlossene kognitive System des Lerners wird - energetisch offen - durch den Impuls der sozialen Gruppe herausgefordert, seine Wirklichkeitskonstruktion zu überprüfen.

Die momentane Handlungskonstellation war für den Lerner jedoch als 'nicht stimmig' erfahren worden. Nun fokussierte sein Bewusstsein den Problempunkt. Eine Reorganisation im kognitiven System des Lerners war möglich geworden. *Nota bene*: Nicht die früheren „Bewusstmachungen" der Lehrer erreichten eine Anpassung, das Bewusstwerden ging vom Schüler aus.

Genau wie die durch die einzelnen Sinnesorgane registrierten Impulse innerhalb unseres (überwiegend unbewusst agierenden) kognitiven Apparats mit den registrierten Impulsen anderer Sinnesorgane in einem laufenden Prozess der Konsistenzüberprüfung abgeglichen werden, so brauchen wir als sich selbst organisierende ('operational geschlossene') kognitive Systeme die Interaktion mit anderen. Wir brauchen die Überprüfung der Stimmigkeit ('Viabilisierung') unserer Wirklichkeitskonstruktionen, sollen diese im Sozialleben taugen und nicht nur in der Klause eines Eremitendaseins.

Auch dieser Prozess der Überprüfung geschieht zum weitaus größten Teil, ohne dass wir uns dessen bewusst sind.

Insgesamt ist Fremdsprachenlernen ein multidimensionales Geschehen. Jede Dimension, ob die sprachliche, die lernpsychologische, die didaktisch-methodische oder die allgemein-pädagogische, ist von Bedeutung. Jede hat einen Einfluss, der im Einzelnen aber nie genau bestimmbar ist. Alles steht mit allem in Wechselwirkung, weshalb der Sprachlernprozess auch nie ein triviales Geschehen sein kann, das nach einem einfachen Ursache-Wirkungs-Prinzip verläuft. Der Fremdsprachenlernprozess ist eben ein nichtlineares bio-psycho-soziales Geschehen, das - wie die Organisation des Gehirns insgesamt - ein Prozess der Selbstorganisation (vgl. Bleyhl 1998a) ist.

Ehe im Folgenden Aspekte der lernpsychologischen und der didaktisch-methodischen Dimension angesprochen werden sollen, sei an das schon von Kant (1960: 16) aufgezeigte Paradox bzw. Dilemma erinnert, an das der Spannung zwischen Zwang und Freiheit: „Eines der größten Probleme der Erziehung ist... Wie kultiviere ich die Freiheit bei dem Zwange?"

2. Ein Streifblick auf die linguistische Dimension

Wenn das Gehirn das komplexeste Stück 'Materie' ist, das es auf der Erde gibt, so ist Sprache das komplexeste Phänomen, das das menschliche Gehirn hervorgebracht hat. Keine Sprache ist bislang ausreichend beschrieben, und Sprache ist von Nonverbalem nicht zufriedenstellend abzugrenzen. Auch zwischen Verbalem und Nonverbalem besteht ein Wechselspiel; jeder Aspekt ist auf andere Aspekte angewiesen.

Sprache besteht in dreierlei Gestalt:

Sprache 1: Sprachliches ist zunächst physikalisch, sinnlich wahrnehmbar: akustisch in Form von Lauten oder auch visuell in Form von optischen Zeichen. Nennen wir sie einmal Sprache der ersten Ebene. Es ist die äußere Sprache. Sie ist direkt beobachtbar. Chomsky spricht von der externen Sprache, der E-Sprache. Sprachzeichen, ob zu hören oder zu sehen, sind - für den Sprachkenner - Symbole für etwas anderes.

Sprache 2: Diese Umsetzung der Symbole in etwas anderes, die Zuweisung von Bedeutung geschieht im Kopf des Hörers oder Lesers. Dort lebt die innere Sprache, die lebendige Sprache, das Werkzeug des Denkens. Ihre Strukturierung ist „ein implizites Wissen, d.h. es ist dem Bewusstsein nicht direkt zugänglich" (Schwarz 1996: 49). Nach Chomsky ist es die interne Sprache, die I-Sprache.

Sprache 3: Sie ist die sprachliche Beschreibung der Sprache 1, ihre Darstellung in einer Metasprache. Sprache 3 umfasst auch die vorgelegten Produkte der Beschreibung der wissenschaftlichen Disziplin Sprachwissenschaft, wie beispielsweise Werke zur Grammatik, ob mit wissenschaftlicher Zielsetzung oder zum vermeintlich praktischen Gebrauch.

Sprache 3-Erzeugnisse, sprich Grammatiken als formale Beschreibungen oder Analysen, sind somit keineswegs identisch mit Beschreibungen von psychischen Prozessen der inneren Sprache. Grammatiken haben keine psychologische Realität. Logik (die Beschreibung, wie ein Auto läuft, ist nicht vergleichbar mit der Erklärung, warum es läuft, auch wenn dies manche Verfechter eines Grammatikunterrichts zu befürworten scheinen), Empirie, wie neuerdings auch Neurolinguistik (z.B. Beobachtungen von Aphasie-Patienten) zwingen uns, von einer liebgewordenen Wunschvorstellung Abschied zu nehmen.

Bei einem Blick auf die zu lernende Sprache können hier nur wenige Punkte[1] betont werden:

(1) Alle Sprachzeichen der konkret erfahrbaren äußeren Sprache sind, einzeln betrachtet, unscharf, *fuzzy*. Um mit Sinn verwendet zu werden, brauchen sie Kotext und Kontext.

(2) Der Sprachlerner muss zunächst aus ihnen allen, d.h. auf jeder Sprachaspektebene (bei Laut, Wort etc.) das Typische herausfiltern, Prototypen bilden, deren Verhaltensweisen und ihnen angemessene Verwendungsmöglichkeiten herausfinden. Dazu genügt eine einmalige Erfahrung der betreffenden Phänomene nicht.

(3) Die Phänomene müssen alle mit ihren Nachbarphänomenen abgeglichen werden. Ein 'i' ist ja nur relevant, weil es in Opposition zu 'e' und anderen Selbstlauten steht.

(4) Nirgendwo gibt es eine 1:1 Zuordnung von Sprachsymbol zu Bedeutung; überall besteht die Möglichkeit, dass Gleiches ungleich und Ungleiches gleich ist. Beispiele: „IO.IO h BIOLOGIE" oder Aussprache von *no* und *know* bzw. „heute" und „Häute" etc.

(5) Überall bedarf es neben des Sprachwissens eines situativen Vorwissens und generellen Weltwissens.

(6) Erst die Simultaneität verschiedener Aspekte, das relativ simultane Präsent-Sein verschiedener Sprachzeichen Laut/Wort/Struktur/Intonation etc. macht die Sprachzeichen für den Benutzer relativ eindeutig. Die Bedeutung muss konstruiert werden, und dies ist eine Leistung des jeweiligen Sprachbenutzers als Sprach- und Weltkenner. Ihm genügen die unscharfen (teilweise sogar fehlerhaften) Sprachzeichen als Auslöser für seine innere Sprache.

(7) Das Sprachsystem - jeder Sprache - ist von einer solchen Komplexität, zugleich mit allen Ebenen so eng verzahnt, dass es nur partiell bewusst zu handhaben ist.

(8) Aber: Die Unvollkommenheit der Sprachzeichen von Sprache 1 als Auslöser für Sprache 2 braucht nicht störend zu sein; denn jeder Sprachbenutzer kann als Sprachproduzent auf das (kulturspezifische?) Prinzip der Kooperation seines Gesprächspartners rechnen, wie es etwa Grice mit seinen Konversationsmaximen skizziert hat.

3. Wie kommt die Sprache in den Kopf des Lerners?

Es kann in diesem Rahmen kein Abriss des sprachlernpsychologischen Forschungsstandes geleistet werden. Es kann auch nicht darum gehen, sich zu einem der Lager zu rechnen, die sich im Bereich der Spracherwerbstheorien gebildet haben, also dem nativistischen-mentalistischen (das allein auf Angeborenheit bzw. Universalgrammatik setzt), dem kognitivistischen (das allein die kognitiven Leistungen des mehr oder weniger steuerbaren Lerners anzuerkennen bereit ist) oder dem interaktionistischen (das allein die soziale Komponente als entscheidend erachtet).

Wie einleitend bemerkt, als vom Fremdsprachenlernprozess als einem „nichtlinearen bio-psycho-sozialen Geschehen" die Rede war, scheint aus verschiedener Sicht, nicht zuletzt aus anthropologischer, ein Zusammenspiel aller dieser Dimensionen stattzufinden. Eine reduktionistische Sichtweise im Stil der Naturwissenschaften des 19. Jahrhunderts wird der Dynamik und Nichtlinearität der Spracherwerbsprozesse (vgl. Bleyhl 1997, 1998b) nicht gerecht. Alle drei Dimensionen, die biologische mit den dem Menschen angeborenen Dispositionen, die psychisch-kognitive sowie die sozialinteraktive, sind in ihrem unentwirrbaren Zusammenspiel von Bedeutung.

3.1 Erstsprachenerwerb, natürlicher Zweitsprachenerwerb, informeller Fremdsprachenerwerb und formaler Fremdsprachenunterricht

Selbstverständlich gibt es zwischen formalem Fremdsprachenunterricht, informalem Fremdsprachenerwerb und natürlichem Zweitsprachenerwerb fließende Übergänge (vgl. Ellis 1985). Versucht man aber zu typisieren - wozu hier die Umstände zwingen -, so zielt formaler Fremdsprachenunterricht auf die Vermittlung deklarativen, bewussten Wissens über die Fremdsprache, das dann bewusst (etwa in Grammatikklassenarbeiten) unter Beweis gestellt werden soll. Ein solcher Unterricht (in der Nachfolge des klassischen Latein- oder Griechischunterrichts) erbringt Lernverhalten und Leistungskurven wie der Physikunterricht (vgl. Nold 1996). Es handelt sich bei formalem Sprachunterricht „wahrscheinlich um andere Lernprozesse" (Ellis 1985: 22), als wenn Sprache im Gebrauch und für den Gebrauch gelernt wird.

Wie unterscheiden sich dagegen Erstsprachenerwerb und natürlicher, informaler Zweit- bzw. Fremdsprachenerwerb, die beide auf prozedurales sprachliches Gebrauchswissen gerichtet sind? Ein solcher Erwerb von Sprache 2, d.h. von Sprachkompetenz, von innerer Sprache, erfolgt vorwiegend unbewusst.[2] Dabei macht der Sprachlerner Gebrauch von allen bislang in seiner individuellen Geschichte gemachten sprachlichen wie nicht-sprachlichen Erfahrungen.

Wenn er sich zu einer Sprachäußerung veranlasst sieht, greift er natürlich wieder auf das Wissen zurück, das ihm zur Verfügung steht. Weiß er nicht, d.h. hat er noch keine abgesicherte Erfahrung, wie man einen bestimmten Sachverhalt in der L2, L3 oder L4 ausdrückt, greift er eben zu dem Wissen, das ihm am plausibelsten erscheint bzw. sich ihm am schnellsten anbietet. Und dieses prozedurale Wissen oder Können ist dann oft genug die Intonation, das Lautsystem, die Lexik, die Syntax der L1. Der sogenannte

Einfluss der L1 ist so notgedrungen um so stärker, je früher der Lerner in seinem Lernprozess zur Sprachproduktion in der Fremdsprache gezwungen wird.[3]

Werden solche Produktionsversuche als kommunikativ erfolgreich erlebt, reduziert sich für die Lernenden die Notwendigkeit, an ihrem L2-System weiterzubauen, selbst wenn der hierzu erforderliche Input als Sprachmodellmaterial verfügbar sein sollte. Damit entsteht die Gefahr der Fossilisierung.[4]

Sprachphänomene, die für den Lerner neu sind, bedürfen einer 'Inkubationszeit', wenn man will, einer Reifungszeit im rezeptiven Sprachvermögen. Sie müssen abgeglichen werden mit dem bisherigen Wissen, müssen als (arbiträre) Symbole in ihrem Beziehungscharakter eingepasst werden ins betreffende sprachliche System, müssen auf ihr morphologisches Verhalten, auf ihre pragmatische Verwendung erkundet werden u.a.m.[5]

Im traditionellen Fremdsprachenunterricht mit seinem Prinzip des Input = Output, des Präsentierens, Übens und Produzierens wird diesem Bedürfnis nach einer Inkubationszeit kaum Rechnung getragen. Die Bedürfnisse der Lerner in neurolinguistischer Sicht (zur Ausbildung der notwendigen Neuronenverbindungen) und kognitiver Sicht (der Wert eines Zeichens, eines Symbols ergibt sich ja ausschließlich aus der Position innerhalb des Zeichensystems) werden unzureichend berücksichtigt. Da statt dessen die Lerner zur Produktion, zu Sprechhandlungen gedrängt werden, zu denen sie sich noch nicht fähig fühlen, entsteht einerseits die notorische Angst, die einsetzen muss, wenn man in der Öffentlichkeit der Klassengemeinschaft Leistungen zeigen soll, von denen man genau weiß, dass man ihrer nicht fähig ist. Andererseits kommt es zur unausweichlichen Frustration des Lehrers, weil trotz dessen methodisch überlegtem Vorgehen die Schüler Fehler machen, obwohl der Lehrer die Phänomene im Einzelnen so klar dargelegt hatte.

3.2 Beispiel: Erwerb des phonologischen Systems und der Lexis

Das Menschenkind ist, wenn es auf die Welt kommt, dank einer angeborenen Fähigkeit in der Lage, die ca. 100 Phoneme aller menschlichen Sprachen zu erkennen (biologische Dimension). Im Laufe des ersten Lebensjahres nimmt diese Fähigkeit weitgehend ab. Nicht aktivierte Neuronen im Gehirn atrophieren (Zusammenspiel Biologie - Umwelt). Mit sechs Monaten ist allerdings das das Kind umgebende muttersprachliche System fest etabliert (kognitive Leistung dank entsprechender Neuronenaktivierung: selektive Stabilisierung). Mit einem halben Jahr senkt sich auch der Kehlkopf; der Säugling hat nicht mehr den einem Primaten vergleichbaren Mundraum: er besitzt jetzt die physiologischen Voraussetzungen, die Laute der natürlichen Sprache zu produzieren („List der Evolution"). Und in der Tat setzt nun die Lallphase ein: zu dem intern fixierten Lautsystem wird ein motorisches Laut-Produktions-Programm entwickelt (kognitive Selbststeuerung über akustische Rückmeldung).

Wie die Forscher am MPI für Bio-Psychologie herausfanden (vgl. Papousek 1989), übt der Säugling die Produktion des neuen Lautes nur für sich allein und unterbricht sein Üben, wenn etwa die Mutter kommt (Verweigerung der Interaktion aus Unsicherheit).

Erst wenn das Kind mit seiner Produktion zufrieden ist, erwidert es den neuen Laut im Dialog mit der Mutter bzw. nimmt ihn wieder auf. Interessant sind die ungeheueren individuellen Unterschiede beim Sprechenlernen der Kinder. Während die einen immer noch kein Wort sagen, sprechen andere schon Hunderte. Während die einen analytisch, Wort für Wort, vorzugehen scheinen, sieht es aus, als ob andere synthetisch, ganzheitlich, vorgingen und gleich in ganzen, meist kaum verständlichen Sätzen sprächen. Interessant ist auch, dass bei den großen individuellen Unterschieden dann wieder insofern Gemeinsamkeit auftritt, als etwa bei einem Einzelwortschatz von ca. 400 Wörtern (als „kritische Masse") die grammatische Entwicklung einsetzt (vgl. Marchman/ Bates 1994). Diese Beobachtung verweist auf die Selbstorganisation der Sprache im Lerner als kognitive Leistung in Abhängigkeit von den Möglichkeiten der sozialen Interaktion und auf die modular funktionale Dissoziierung eines zunächst einfachen Systems im Verlauf des Entwicklungsprozesses, die eintritt, sobald ein kritischer Komplexitätswert erreicht ist.[6]

Eine für mich frappierende Parallele zwischen Erstsprachenerwerb und Fremdsprachenlernen besteht darin, dass sich 10-jährige deutsche Lerner des Englischen (übrigens genau wie erwachsene Lerner der Volkshochschule) just so verhalten wie die von Papousek beobachteten Säuglinge, vorausgesetzt, man erlaubt es ihnen, d.h. man zwingt sie nicht gleich zur Sprachproduktion: Sie verinnerlichen zunächst das fremdsprachliche Phonemsystem während der rezeptiven Spracherfahrungen im Unterricht und üben (nach Aussagen der Eltern) die Produktion zu Hause, wenn sie sich unbeobachtet fühlen. Sie üben die Laute und Wörter mit dem Kanarienvogel, der Puppe, den jüngeren Geschwistern etc. Erst wenn sie sicher sind, sprechen sie die Wörter vor den Eltern und schließlich in der Klasse. Große individuelle Unterschiede in der Selbstkritik und, davon abhängig, in der Sprechbereitschaft sind dabei zu beobachten, genau wie beim Erstsprachenerwerb.

Es sei gestattet, hier nochmals die Henry Kissinger-Anekdote zu wiederholen. Henry ist in den USA für seinen starken deutschen Akzent bekannt. Wie man weiß, musste seine Familie, als er etwa 15 Jahre alt war, Deutschland verlassen. Henrys älterer Bruder spricht mit einem sehr viel weniger starken deutschen Akzent. Henry wurde einmal darauf angesprochen und um eine Erklärung gebeten. Seine Antwort war: *Well, he likes to listen, I like to talk.*

3.3 Sprachverstehen ist Sprachenlernen

Die moderne Wissenspsychologie gewinnt langsam Abstand von der mechanistischen Konzeption des Lernens, wie sie sowohl im Behaviourismus wie in der frühen Kognitionswissenschaft vorgelegen hat, die der Konzeption des menschlichen Gehirns als eines informationsverarbeitenden Computers angehangen hat (vgl. Bleyhl 1998b). Lernen war ja als die Aufnahme von Information, die durch Instruktion transferiert wird, verstanden worden.

Für Piaget und die neue Wissenspsychologie (vgl. Gerstenmaier/ Mandl 1995) entsteht Wissen aber aus der physischen oder mentalen Aktivität eines Individuums, wobei es in die Handlungsschemata des Einzelnen eingegliedert wird. In Bezug auf den Spracherwerb hat Bruner schon 1974 von den drei Phasen gesprochen: 1. der *enaktiven* (Sprache wird zusammen mit Handeln erfahren), 2. der *ikonischen* (Sprache bezieht sich auf eine im Bild schon akstraktere Welt) und 3. der *symbolischen Phase* (wenn die Sprachsymbole stabilisiert, einigermaßen 'geeicht' sind). Auf den Gebrauch der Sprache in der Welt kann nicht verzichtet werden, denn ein zu schnelles Aufspringen auf die symbolische Stufe, wie es der lehrbuchorientierte traditionelle Fremdsprachenunterricht nur zu gerne versucht ist zu tun, birgt die Gefahr, dass dieses Vorgehen wegen der unzureichenden internen Überprüfung und Absicherung der Symbole zur Verunsicherung, ja zur Ablehnung der anderen Sprache führt.

Die Bedeutung, die das Verstehens für den Spracherwerbsprozess hat, wird inzwischen immer deutlicher gesehen (vgl. Bleyhl 1984, Rüschoff/ Wolff 1999: 38). Es gilt, ihm im Fremdsprachenunterricht der Schule Raum zu geben; es gilt, den Lernern Raum und Zeit zu geben, in sich das fremdsprachliche System aufzubauen. Und damit sind wir bei der Didaktik und Methodik der institutionalisierten Fremdsprachenunterweisung.

4. Grundsätzliches zum Spracherwerb - auch in der Schule

Die Säulen des traditionellen Fremdsprachenunterrichts sind dabei zu bersten. Das Sprachenlernen ist nicht so einfach steuerbar. Sprachenlernen funktioniert nicht, indem man - didaktisch ausgeklügelt - Sprache in kleine Stückchen zerhackt, einzeln die Lerner damit füttert, sie intensiv kauen lässt und von ihnen verlangt, dass sie hinterher über Sprachkompetenz verfügen.

Das trifft allenfalls in gewisser Weise auf formalen Unterricht zu, auf deklaratives sprachliches Einzelwissen, etwa dass im Englischen bei der dritten Person Singular in der einfachen Gegenwart ein *-s* angehängt wird. Eine solche Regel kann man lernen, und man kann sie auf Knopfdruck wieder hersagen. Ob man ihr entsprechend das *-s* aber an das Verb anhängt, wenn man einen Sachverhalt schildert, ist eine ganz andere Frage.

Fremdsprachenunterricht kann aus systemtheoretischer Sicht als die Veränderung des Kommunikationssystems betrachtet werden. Wird ein Lerner in ein solches neues Kommunikationssystem einer anderen Kultur hineingenommen, so soll ihn dies veranlassen, die Sozial- bzw. Sprachgewohnheiten dieser anderen Kultur zu lernen, sich ihnen anzupassen. Die Veränderungen gegenüber seinem bisherigen Sozial- bzw. Sprachsystem wird er natürlich wahrnehmen, und je nachdem, ob er sich nun bedroht sieht oder nicht, wird er reagieren. Findet er sich bedroht, wird er versuchen, sich aus dieser Zone der Veränderung zurückzuziehen und in vertraute Gewässer zurückzurudern. Findet er dagegen die Veränderung, die Welt dieser 'anders' gearteten Kommunikation durchschaubar und bewältigbar, wird er abwarten und sich dort, wo er es sich zutraut, beteiligen. Falls ihm ein positiver Zuwachs winkt, wird er sich entsprechend engagieren.

Der sprachliche Code ist in der Fremdsprache neu und weitgehend unbekannt. Das Wissen über das Verhalten der Menschen und der Dinge gilt primär aber weiter. Mit dem Vor- und Weltwissen muss der sprachliche Code geknackt werden, und dies geschieht eben in der Welt, im Agieren in der Welt, einem Agieren, das von adäquater Sprache begleitet wird.

Mit dieser Strategie wurde schließlich auch der Code der Muttersprache geknackt. Die Strategie des Beobachtens und des Alles-miteinander-in-Beziehung-Setzens war erfolgreich. Das ist eine Strategie, die die Stimmigkeit der Vorstellungen/Hypothesen zu überprüfen hilft, indem sie die Übereinstimmung der Dimensionen der Biologie (Körper mit all seinen Sinnen, Anlagen), der Psyche (Kognition, Gefühl) und der sozialen Interaktion kontrolliert. Die Experten, etwa die Lehrer, aber auch die Mit-Lerner fungieren als Modell-Lieferanten (*feed forward*) oder geben Rückmeldung (*feedback*).

Wie sieht konkret ein solcher lern-orientierter Sprachunterricht aus?

Bruners *erste Stufe* der *enaktiven Spracherfahrung* ist leicht nachvollziehbar bei Interaktionen im Klassenzimmer, etwa beim Einsatz des *total physical response* (vgl. Asher 1977, Bleyhl 1982). Sprache - viel Sprache in kürzester Zeit - kann in vertrauter Umwelt erfahren werden. Dabei erhalten die Lerner sofortige Rückmeldungen über ihre Sinnkonstruktionen. Die Entschlüsselung des Codes kann - in Bezug auf die *konkrete Situation im Klassenzimmer* - immer unmittelbar an Ort und Stelle überprüft werden. Kaum je kann die Sinnzuordnung schneller und adäquater getestet, d.h. falsifiziert oder als 'viabel', als brauchbar, erfahren werden, als in solchen Interaktionen.[7]

Die *zweite, ikonische Stufe* - sie entspricht im Erstsprachenerwerb dem Vorlesen von Bilderbüchern - spielt sich im Fremdsprachenunterricht ab, indem der Lehrer (oder auch eine Stimme von der Tonkassette) *außerhalb des Klassenzimmers liegende Gegenstände* anhand von *Bildern* benennt bzw. dargestellte Ereignisse in dadurch leicht zu verstehender Sprache beschreibt. Das Verstehen der Lerner wird durch Hinzeigen oder durch Ankreuzen von entsprechenden Bildern überprüft.

Die *dritte, symbolische Stufe* ist erreicht, wenn Lerner sich selbst ihre Lektüre wählen (wünschenswert am Anfang zusammen mit Bild und Tonkassetten (vgl. Elley 1991, Lightbown 1992). Die Zwischenstufen - etwa über *action songs* oder von viel Mimik, Gestik und ausgeprägter Körpersprache begleitetes Erzählen von Märchen, Geschichten - sind zahlreich.

Aber auch hier liegen die Parallelen zu den Forschungsergebnissen des Erstsprachenerwerbs auf der Hand. Diejenigen Kinder sind in der Schule die erfolgreichsten (was durchweg mit ihrer Kompetenz in der Sprache einhergeht), denen als Vorschulkindern am häufigsten vorgelesen wurde. Sie haben die meiste Spracherfahrung und damit den größten Wortschatz, sie wissen um die Möglichkeiten der schriftlichen Informationsquellen und sie haben Bücher und Sprache auch emotional schätzen gelernt. Dass Lehrer eventuell formorientierte Fragen ihrer Lerner im Unterricht zu beantworten suchen, ist selbstverständlich.[8]

5. Exkurs: Ein Wort zum Lehrbuch im Anfangsunterricht

Ein Lehrbuch im Fremdsprachenunterricht muss sich daran messen lassen, ob es den genannten Anforderungen an das Lernen und den Bedürfnissen der Lerner entspricht. Das alte Lesebuch des muttersprachlichen Unterrichts kam ihnen in vielen Aspekten erfreulich nahe.

Das Lehrbuch hat mit zwei prinzipiellen *Schwächen* zu kämpfen.

1. **Beschränkung auf Schrift.** Das Lehrbuch ist traditionell auf die symbolische Seite der Sprache, ihre schriftliche Form, beschränkt. Wenn es der Lehrer nicht versteht, die sprachlichen Erscheinungen vorher im direkten Kontakt von Sprache und Welt erfahren zu lassen, wird das Lehrbuch allein wenig Bleibendes bewirken. Im Anfangsunterricht ist das Lehrbuch somit in erster Linie das Netz unter dem Hochseil der neuen Sprache. Es ist Leitfaden für einen handlungsorientierten Unterricht, bei dem eben das Lehrbuch nicht zwischen Schüler und Sprache tritt. Hat Lerner jedoch die Alphabetisation in der Fremdsprache geschafft, haben Lehrbuch und Lehrer die Aufgabe, das Lehrbuch möglichst schnell überflüssig werden zu lassen, es sei denn, es erfüllt für eine Weile die o.a. Aufgabe des alten Lesebuchs im muttersprachlichen Unterricht.

2. **Zu geringes Sprachangebot.** Das Lehrbuch bietet im allgemeinen zu wenig Sprache. Der Unterricht hat aber von Anfang an dem Kriterium der 'kritischen Masse' an Spracherfahrung zu entsprechen. Doch hier wird sich jedes Lehrbuch immer schwer tun, weil seine aufwendig gewordene Ausstattung kostenmäßig mit dieser 'Masse' an Texten in Konflikt gerät.

Schriftlicher Text setzt eben Verstehen gesprochener Sprache voraus. Die Aufgabe der Schrift ist, im Kopf des Lesers Sprache entstehen zu lassen, den Leser zu „entsprechender" Konstruktion von Sprache im Kopf zu veranlassen. Deswegen hat Schrift den Kriterien des Lesers zu genügen, nicht denen des Schreibers.[9]

Voraussetzung für erfolgreichen Sprachunterricht ist - hier gibt es gerade für Deutsch bei Ausländerkindern stichhaltige Untersuchungen -, dass das *Verstehen gesprochener Sprache* gegeben ist. Hat es der Unterricht bzw. das Leben nicht geschafft, den Lerner soweit zu bringen, dass er beim Verstehen der gehörten Sprache keine gravierenden Probleme mehr hat, so kann der Lerner im Handhaben geschriebener Sprache beim Rekodieren und Dekodieren zwar durchaus achtbare Ergebnisse in der Handhabung formaler Aufgaben erreichen (bei Grammatikklassenarbeiten z.B.). Ein solcher Lerner erreicht aber kein Leseverstehen. Er wird in der Fremdsprache ein potentieller Analphabet bleiben, genau wie viele türkischen Schüler in Deutschland. Selbstlernmaterial im Fremdsprachenbereich braucht zur Schrift eben die Lautung. Die Schrift muss im Anfangsunterricht der Lautung nach- und untergeordnet bleiben. Sind das phonologische System, ein Grundwortschatz und eine Elementargrammatik stabilisiert und ist das Wissen um Nachschlagemöglichkeiten gegeben, so ist rein inhaltsorientierter Gebrauch der Fremdsprache angesagt.[10] Es wird entsprechend den Bedürfnissen des Lerners weitergelernt.

Das Lehrbuch bleibt somit der Interaktion des Lehrers mit den Schülern nachgeordnet. Wo ein fauler oder sprachlich unsicherer Lehrer (wie es nur zu oft im fachfremd erteilten Unterricht geschieht) eben das Lehrbuch „durchnimmt", die Schriftformen „verinnerlichen" lässt und aus ihrer Wiedergabe seine Noten schöpft, findet kein Sprachlernen statt. Banaliter ist es ja auch so, dass einerseits ein guter Lehrer mit einem schlechten Lehrbuch erfolgreich sein kann, andererseits ein schlechter Lehrer mit einem guten Lehrbuch nicht erfolgreich sein muss.

6. Fazit

Dass man eine lebende Sprache am besten im Gebrauch lernt, ist im Grunde nichts Neues. Schon Kant, der Aufklärer, weist auf diesen Weg hin, wie nach ihm Goethe oder Wittgenstein. Kant zeigt damit für lebende Sprachen den Ausweg aus dem urpädagogischen Dilemma zwischen Zwang und Freiheit (1960: 31): „Man kann sie (Sprachen) entweder durch förmliches Memorieren oder durch den Umgang lernen, und diese letztere ist bei lebenden Sprachen die beste Methode."

7. Nachwort zum Problemkreis der Evaluation und Leistungsmessung im Fremdsprachenunterricht

Das Urproblem der fremdsprachlichen Leistungsmessung in der Schule ist: Man ist versucht zu prüfen, was man messen kann, und man lehrt, was man prüfen kann. Dank des *wash back*-Effekts, der bewirkt, dass man das lernt, was man braucht (etwa für gute Noten), kann die schulische Instruktion - als ein eigenes soziales, sich gleichfalls selbst organisierendes und sich selbst bestätigendes System - zu einem Kreisverkehr geraten, der zwar sehr überschaubar ist, aus dem der traditionelle Fremdsprachenunterricht auch nicht herausfahren muss, weil es immer weitergeht, der aber mit der Verwendung von Sprache in der Welt nicht viel gemein haben muss.

Das *Wachsen* einer sprachlichen Kompetenz festzustellen scheint als ein Geschehen auf zwei Ebenen betrachtet werden zu müssen. Einmal auf der Ebene des Systems 'Lerner' und zum andern auf der Ebene des sozialen Systems der Schulklasse.

Ebene 1: Lerner. Hier ist wichtig, dass die Prozesse des Lernens im Lerner stattfinden. Der Lerner muss eine *Selbstevaluation* vornehmen können, muss selbst die Stimmigkeit seiner einzelnen Sinn-Konstruktionen überprüfen.[11] Er muss sich selbst beobachten - ein meist unbewusster Prozess, der nur im Bedarfsfall (wenn sich nicht spontan eine stimmige Lösung irgendeines Problems ergibt) bewusst wird.

Bei diesem Prozess der Selbstüberprüfung darf der Lehrer durch Lob und Tadel zwar assistieren, nicht aber jedes Handeln des Schülers mit Kommentaren begleiten. Die Folge wäre die Gefahr einer absoluten Abhängigkeit und Unmündigkeit des Lerners. Verwiesen sei auf jene empirischen Untersuchungen zum Bewegungslernen (vgl. Wulf 1994 nach Bleyhl 1998c), nach denen Lerner, die bei jedem Versuch kommentiert wurden, momentan zwar bessere Leistungen zu erbringen schienen, mittel- und langfristig aber signifikant schlechter waren als die Lerner, die maximal bei jedem zweiten Handeln kommentiert wurden. Letztere hatten „innere Kriterien" zur Steuerung ihres Verhaltens entwickelt, die ersteren nicht. Die Erfolgreichen hatten gelernt, sich selbst zu evaluieren. Es kommt darauf an, dass die Lerner ihre Konstruktionen laufend selbst im Gebrauch überprüfen. Die Bedeutung der Sprache ergibt sich schließlich - worauf Wittgenstein (1971) zu Recht hinwies - im Gebrauch. Im Gebrauch von Sprache lernt man Sprache, muss man Bedeutungen konstruieren und diese Bedeutungen viabilisieren.

Ebene 2: Soziale Gruppe. Damit sprachliche Leistungsmessung sich nicht in den sich selbst befriedigenden Karussellbetrieb des Prüfens und Lehrens von positivistisch Messbarem begibt, gilt es, sich des Wesens von Sprache als Mittel zur Steuerung des *Sozialverhaltens* bewusst zu bleiben. Wo sich Sprache in der sozialen Interaktion bewährt, erweist sie sich - und ihren Sprecher/Hörer - als tauglich. Insofern braucht der Lerner, zusätzlich zu dem sozial vermittelten Modellrepertoire an Sprachmöglichkeiten (*feed forward*), das Korrektiv des *feedback* im sozialen Miteinander.

Will man sprachliche Tauglichkeit von Sprecher/Hörer beurteilen, gilt es, den Sprecher/Hörer in eine Situation zu führen, in der Sprache funktional gebraucht wird, Sprache authentisch ist. Und damit sind wir im Bereich des *Beurteilens* von Sprachkompetenz.

Hier gilt es, sich den unterschiedlichen Voraussetzungen von Sprachrezeption und Sprachproduktion bewusst zu werden. Wer über kein Hörverstehen verfügt, wird kein Leseverstehen erreichen; wer kein Sprachverstehen aufweist, wird nie eine adäquate Sprachproduktion erreichen. Da erst das Sprachverstehen aufgebaut werden muss, wird hier dafür plädiert, in den ersten zwei Lernjahren nur das Sprachverstehen zu überprüfen.[12]

In Bezug auf Sprachproduktion müssen Stichworte auch hier genügen: Sprachliche Leistungsmessung wird authentisch, wo eine 'Authentifizierung' (Rusch in diesem Band) der Sprache geschieht, d.h. wo sich der Sprecher/Hörer in einer sprachlich bestimmten Situation bewähren muss. In diesem Zusammenhang wären Simulationen und nicht zuletzt Dolmetsch-Aufgaben als integrative Aufgaben zu nennen, die eine Klassenfahrt ins zielsprachige Ausland vor- und nachbereiten helfen. Notwendig wäre ein praktikables Set von Aufgaben, die den Prüflingen vorgelegt würden, wobei man dann aus der Anzahl der erfüllten Aufgaben ersehen könnte, auf welchem Stand sich der Lerner im Augenblick gerade befindet.[13]

Die Konsequenzen für den Unterricht liegen auf der Hand: Der Unterricht verlangt selbst die Schaffung einer reichhaltigen Lernumgebung. Er erfordert eine Atmosphäre der Risikobereitschaft, die wiederum eine große Fehlertoleranz voraussetzt. Nur wo Hypothesen getestet werden, werden sie falsifiziert (Popper 1934) bzw. viabilisiert (von Glasersfeld 1992). Nur in der sozialen Interaktion (bzw. in neuen Texten) kann der Lerner neue Sprachmodelle kennenlernen, nur in der sozialen Interaktion kann er sie in ihrer Reichweite und Tauglichkeit überprüfen.

Für die Leistungsmessung bedeutet dies, dass eine große sprachliche Leistung nicht da erreicht ist, wo keine Fehler gefunden werden, sondern da, wo ein der Situation angemessenes sprachliches Verhalten gezeigt wird. Dort mögen bei einem Nicht-Muttersprachler durchaus „Fehler" vorkommen, aber Verständlichkeit, Einfühlungsvermögen, Gewandtheit, Stilempfinden u.a. mögen auch Qualitäten darstellen, die andere „Fehler" wieder kompensieren.

Summa: Zwei fundamentale Veränderungen im Bereich der fremdsprachlichen Leistungsmessung sind geboten:

1. Im Unterricht muss eine deutliche *Priorität dem Sprachverstehen* eingeräumt werden. In den ersten Lernjahren ist nur dieses zu überprüfen.

2. Die Qualitätsmerkmale sprachlicher Äußerungen von Lernern sind nicht am Negativen, an den formalen „Fehlern" zu messen, sondern am *Positiven*, am Grad der Angemessenheit des sprachlichen Verhaltens. Bedingung ist jedoch die sprachliche Kompetenz des Beurteilers. Gerade wenn formale Korrektheit etwa eines geschriebenen Wortes auch leichter zu beurteilen ist als die inhaltliche, situative, stilistische Angemessenheit, so verlangt es die Professionalität des Lehrers, dass er mehr kann als ein Computer-Rechtschreibprogramm.

Anmerkungen

[1] Präzisere Erörterungen dieser sprachlichen Aspekte finden sich in Bleyhl (2000).
[2] Das schließt nicht aus, dass man bestimmte Phänomene oder Wörter bewusst wahrnimmt oder sich bewusst merkt, etwa „Ach, 'Klatschmohn' heißt im Französischen *coquelicot!*"
[3] Kinder entziehen sich diesem Zwang zur Produktion viel unbekümmerter als Erwachsene.
[4] Dies ist eine Gefahr, die Enthusiasten der derzeit vielfach gepriesenen Freiarbeit, der Projektarbeit, des Selbstexplorierens zu übersehen scheinen, der die Lerner aber selbst instinktsicher zu entgehen suchen, indem sie bei solchen Aufgaben sich wieder der L1 bedienen.
[5] In Bezug auf Wortschatz sprach man früher vom 'passiven' Wortschatz. Zur Erinnerung: Im Durchschnitt verstehen Kinder ihre ersten 10 Wörter im Alter von 10,5 Monaten, sie sprechen ihre ersten 10 Wörter im Alter von 15,1 Monaten; die ersten 50 Wörter verstehen sie im Alter von 13,2 Monaten, die ersten 50 Wörter sprechen sie im Alter von 19,6 Monaten.
[6] Interessant ist auch die parallele Erkenntnis der entscheidenen Bedeutung der Lexik sowohl für die Syntax in den jüngsten Versionen der Generativen Grammatik als auch für die Entwicklung der Syntax in der Spracherwerbsforschung. Beide Erkenntnisse stehen im Widerspruch zum traditionellen Fremdsprachenunterricht, der stets die Syntax favorisierte, die Lexik aber vernachlässigte und damit auch das Sprachenlernen erschwerte.
[7] *Total Physical Response* hat zunächst nur die begrenzte Reichweite der konkreten Situation des Klassenzimmers. Doch können hier u.a. das phonologische System, ein Grundwortschatz und Elementarstrukturen gefestigt werden, worauf anschließend etwa mittels geschriebener Texte aufgebaut werden kann.
[8] Vgl. auch Weskamp (1995) zu Fragen des Übens.
[9] Dies nicht gesehen zu haben, war ein irriger Grundansatz mancher Rechtschreibreformer.
[10] Im Fremdsprachenunterricht entspricht dies bilingualem Sachfachunterricht oder dem einbezogenen Auslandsaufenthalt.

[11] Erinnert sei an den Realschüler, von dem eingangs die Rede war. Zur Selbstevaluation vgl. auch nachfolgenden Beitrag von U. Rampillon.
[12] Argumente etwa zum Bereich des Schriftlichen vgl. Bleyhl (1999); Möglichkeiten der Stufung vgl. Macht (1998).
[13] Vgl. Aufgabenvorschläge des Europarats für einen *Cadre Européen commun de référence / European Framework*.

Literatur

Asher, James J. (1977): *Learning Another Language Through Actions*. The complete teacher's guidebook. Los Gatos, Ca: Sky Oaks.

Baecker, Dirk (1994): *Postheroisches Management*. Berlin: Merve.

Bleyhl, Werner (1982): Variationen über das Thema: Fremdsprachenmethoden. *Praxis des neusprachlichen Unterrichts* 29/1: 3-14.

Bleyhl, Werner (1984): Haupthindernisse für einen erfolgreichen Fremdsprachenerwerb in der Schule. *Praxis des neusprachlichen Unterrichts* 31/2: 176-186.

Bleyhl, Werner (1985): 'Aber *are* ist doch *past!*' Welche Wege gehen unsere Schüler beim Erwerb der Fremdsprache? Fossile und ihre Verlebendigung. *Englisch* 20/3: 83-88.

Bleyhl, Werner (1997): Fremdsprachenlernen als dynamischer und nichtlinearer Prozess. *Fremdsprachen Lehren und Lernen* 26: 219-238.

Bleyhl, Werner (1998a): Selbstorganisation des Lernens - Phasen des Lehrens. In: Timm, Johannes-Peter (Hrsg.): 60-69.

Bleyhl, Werner (1998b): Fremdsprachendidaktik zwischen mechanistischem und quantenphysikalischem Weltbild. In: Hermann-Brennecke, Gisela u.a. (Hrsg.): 35-53.

Bleyhl, Werner (1998c): Knackpunkte des Fremdsprachenunterrichts. Zehn intuitive Annahmen. *Praxis des neusprachlichen Unterrichts* 45/3: 126-138.

Bleyhl, Werner (1999): Empfehlungen zur Verwendung des Schriftlichen im Fremdsprachenerwerb in der Grundschule. *PRIMAR - Zeitschrift für Deutsch als Fremdsprache und Zweitsprache im Primarschulbereich* 8/22: 45-52.

Bleyhl, Werner (2000): Grundsätzliches zu einem konstruktiven Fremdsprachenlernen und Anmerkungen zur Frage: Englisch-Anfangsunterricht ohne Lehrbuch? In: Fery, Renate u. a. (Hrsg.): 20-34.

Bruner, Jerome S. (1974): The ontogenesis of speech acts. *Journal of Child Language* 2: 1-19.

Couchêne, Robert u. a. (Hrsg.) (1992): *Comprehension-Based Language Teaching*: Current Trends. Ottawa: University of Ottawa Press.

Elley, Warwick. B. (1991): Acquiring literacy in a second language: The effect of book-based programs. *Language Learning* 41/3: 375-411.

Ellis, Rod (1985): The L1 = L2 hypothesis: A reconsideration. *System* 13/1: 9-24.

Fery, Renate/ Raddatz, Volker (Hrsg.) (2000): *Lehrwerke und ihre Alternativen*. Frankfurt a. M. u.v.a.: Lang. (Kolloquium Fremdsprachenunterricht 3.)

Gerstenmaier, Jochen/ Mandl, Heinz (1995): Wissenserwerb unter konstruktivistischer Perspektive. *Zeitschrift für Pädagogik* 41/6: 867-888.

Glasersfeld, Ernst von (1992): Siegener Gespräche über Radikalen Konstruktivismus. In: Schmidt, Siegfried J. (Hrsg.): *Der Diskurs des Radikalen Konstruktivismus*. Frankfurt/M.: Suhrkamp: 401-440. 5. Aufl.

Hermann-Brennecke, Gisela/ Geisler, Wilhelm (Hrsg.) (1998): *Zur Theorie der Praxis und Praxis der Theorie des Fremdsprachenerwerbs*. Münster: Lit.

Kant, Immanuel (1960): *Über Pädagogik*. Bad Heilbrunn: Klinkhardt.

Keller, Heidi (Hrsg.) (1989): *Handbuch für Kleinkindforschung*. Berlin: Springer.

Lightbown, Patsy M. (1992): Can they do it themselves? A comprehension-based ESL-course for young children. In: Couchêne, Robert u. a. (Hrsg.): 353-370.

Macht, Konrad (1998): Aufgaben als Bewertungsinstrumente. In: Timm, Johannes-Peter (Hrsg.): 366-377.

Marchman, Virginia A./ Bates, Elizabeth (1994): Continuity in lexical and morphological development: a test of the critical mass hypothesis. *Journal of Child Language* 21: 339-366.

Nold, Günter (1996): Die Analyse kognitiver Verstehensstrukturen in verschiedenen Tätigkeitsbereichen des Fremdsprachenunterrichts. In: Schnaitmann, Gerhard W. (Hrsg.): 167-182.

Papousek, Mechthild (1989): Stimmliche Kommunikation im frühen Säuglingsalter als Wegbereiter der Sprachentwicklung. In: Keller, Heidi (Hrsg.): 465-489.

Popper, Karl R. (1934): *Logik der Forschung*. Tübingen: Mohr.

Rüschoff, Bernd/ Wolff, Dieter (1999): *Fremdsprachenlernen in der Wissensgesellschaft*. Ismaning: Hueber.

Schnaitmann, Gerhard W. (Hrsg.) (1996): *Theorie und Praxis der Unterrichtsforschung*. Donauwörth: Auer.

Schwarz, Monika (1996): *Einführung in die kognitive Linguistik*. Tübingen: Francke. 2. Aufl.

Timm, Johannes-Peter (Hrsg.) (1998): *Englisch lehren und lernen*. Didaktik des Englischunterrichts. Berlin: Cornelsen.

Weskamp, Ralf (1995): Üben und Übungen. Zur Notwendigkeit eines Paradigmawechsels im Fremdsprachenunterricht. *Praxis des neusprachlichen Unterrichts* 42/2: 121-126.

Wittgenstein, Ludwig (1971): *Philosophische Untersuchungen*. Frankfurt/M.: Suhrkamp.

Selbstevaluation als Auslöser konstruktiver Lernprozesse

Ute Rampillon

> *Wanderer, es gibt keinen Weg!*
> *Du machst den Weg, indem du ihn*
> *gehst.*
> (Machado)

Es gibt viele gute Gründe, die Art der Lernerfolgskontrollen vor dem Hintergrund des 'neuen Lernens' zu reflektieren. Neben die Fremdbewertung durch die Lehrkraft tritt nun verstärkt die Selbstevaluation durch die Lernenden, die eine Schlüsselfunktion im gesamten Lernprozess übernimmt. Beide haben unterschiedliche Ziele, ergänzen einander jedoch.

Wie die Selbstevaluation durch die Lernenden im Unterrichtsalltag durchgeführt werden kann, will ich in meinem Beitrag erläutern.

There are many good reasons to consider the different types of learning assessment on the background of our insights in constructive learning processes and in what we call 'new learning'. Traditional learning assessment by the teacher is nowadays more and more often enriched by the learners' self-assessment which takes up a key position in the whole learning process. Both have different goals but are complementary to each other.

The following article will show possibilities of how self-assessment can take place in every day teaching in the foreign language classroom.

1. Prämissen für das 'neue Lernen'

Fragt man heute jemanden, was er sich unter Schule und Unterricht vorstellt, so erhält man - neben anderen Informationen - oft ein Bild, in dem Lernende in Reih' und Glied in einem Klassenzimmer sitzen, die Lehrerin oder der Lehrer den Takt bestimmt und angibt, was es zu lernen gibt, die Lernmaterialien, das Lerntempo, die Arbeitsformen etc. festlegt und danach die Schülerleistungen misst und benotet. Gelehrt wird ein Wissen, dessen Beherrschung durch solche Aufgaben überprüft wird, die Auskunft darüber geben, ob die Antworten falsch oder richtig sind, und zwar nach Kriterien, die der Lehrer oder die Lehrerin bestimmt hat.

Dies waren auch ungefähr die Erwartungen, die Svenja (7 Jahre) mitbrachte, als sie eingeschult wurde. Sie hat sie so dargestellt:

Reinhold Miller (1998: 29) bestätigt dieses Bild, indem er seine Beobachtungen von Unterricht in deutschen Schulen treffend mit dem Begriff der „didaktischen Monokultur" zusammenfasst und ihn wie folgt aufschlüsselt:

- *eine* Lehrkraft für 25 bis 30 verschiedene Lernende
- *ein* Thema für 25 bis 30 unterschiedlich Interessierte
- *ein* Lernziel für 25 bis 30 verschiedene Gehirne
- *eine* Methode für 25 bis 30 verschiedene Lerntypen
- *eine* Zeitvorgabe für Schnelle und Langsame zugleich
- *ein* Ergebnis für 25 bis 30 „Lernwelten" und Wirklichkeiten.

Glücklicherweise zeichnen sich in unseren Klassenzimmern jedoch zunehmend veränderte Lern-/Lehrsituationen ab, denn wir haben neue pädagogische Einsichten gewonnen und uns Vergessenes wieder bewusst gemacht. Der 'neue' Unterricht geht von Prämissen aus, die mit folgenden Stichworten angedeutet werden können: Lernerautonomie, Selbststeuerung und Selbstverantwortung, unterschiedliche Lernertypen und Lernmuster, Lernstrategien und Lerntechniken, Lernen als konstruktiver Prozess.

Stellen wir uns auf den Standpunkt des Konstruktivismus, dann verstehen wir Lernende als „nicht-triviale Organismen" (Werning 1998: 40), die nicht immer in gleicher Weise reagieren, wie es etwa eine Schreibmaschine als triviales System gewährleistet. Hier weiß ich, welchen Effekt ich erhalte, wenn ich eine bestimmte Taste drücke; dort muss ich davon ausgehen, dass unterschiedliche lernbiografische Gegebenheiten von Lernenden zu unterschiedlichen Lernergebnissen führen. Dazu gehören z.B.:

- das eigene Vorwissen und die Verwendungssicherheit,
- die eigene Motivation, sich auf den Lerngegenstand einzulassen, etwa auf Grund der Relevanz des Themas für den Lernenden, oder eben auch das persönliche Desinteresse,
- die voraufgegangenen Lernerfahrungen, der persönliche Lernstil, die Lernkultur

- die eingesetzten Lerntechniken und Lernstrategien,
- die aktuelle Befindlichkeit.

Diese und vielleicht noch weitere Gegebenheiten sind entscheidend dafür, ob das gewünschte Ergebnis, d.h. erfolgreiches Lernen, zu Stande kommt oder nicht. Die je individuelle Lernerbiografie und die aktuelle Lernsituation bestimmen, ob die Anstrengungen, die wir als Lehrer oder als Lehrerin unternehmen, überhaupt angenommen werden und zum Erfolg führen. Unsere Interventionen, z.B. ein Lob, können abhängig von der situativen Strukturdeterminierung eines Schülers oder einer Schülerin Anstrengungsbereitschaft oder - besonders bei Kritik oder Tadel - auch Widerstände gegenüber den Lernanforderungen hervorrufen (Werning 1998: 40). Auch die Selbsteinschätzung des Lernenden und seine Prüfung, ob der Lerngegenstand für ihn überhaupt von Bedeutung ist oder ob er durch ihn nichts Wissenswertes, Interessantes hinzugewinnt, veranlassen ihn, sich für den Lernprozess zu öffnen - oder eben nicht.

Wenn intern kein Lernbedarf verspürt wird, dann nützt auch die beste Instruktion nichts. Die individuelle Interpretation der Situation durch die Lernenden entscheidet also über ihr Verhalten. Ein Unterricht, wie ihn Svenja in ihrem Bild darstellt oder wie Reinhold Miller ihn skizziert, ist eher der Versuch, Menschen zu trivialisieren. Wir wissen jedoch, dass jeder einzelne Lernende in seiner Individualität fähig ist, kreativ, überraschend und unvorhersagbar zu handeln und als autonomes Lernsubjekt die Lernsituation auf seine Weise zu meistern und daraus weiteres Lernen zu initiieren. Daher sind reiche Lernumgebungen vorzuziehen, die Lernanreize bieten, die für den Lernenden relevant sind und mit denen er sein Wissen individuell entwickeln kann.

Vom erkenntnistheoretischen Standpunkt des Konstruktivismus aus bedeutet Lernen nicht die lineare Belehrung und die darauf folgende Aufnahme von „objektivem Wissen", sondern die Entwicklung von konstruktivem Wissen, das Lernende individuell aufbauen. Ihre Wahrnehmungen, ihre Deutungen, ihr Verständnis von Realitäten sind nicht unabhängig von ihnen, sondern sind eng verbunden mit ihrer Individualität. Sie konstruieren ihr Wissen, indem sie erfinden, vergleichen, verbinden, entdecken, kommunizieren, erproben, evaluieren, verwerfen oder bestätigen, anstatt passiv zu rezipieren und zu konsumieren. Sie sind somit aktiv am Prozess ihrer Wissenskonstruktion beteiligt und übernehmen bei der Aufnahme und Verarbeitung ihres Wissens und bei der Auswertung ihrer Lernergebnisse eine mindestens so wichtige Rolle wie eine Lehrerin oder ein Lehrer. Ihre individuellen Konstruktionen von Wirklichkeit bleiben somit subjektive Produkte, die sich von Lernendem zu Lernendem unterscheiden (können).

Die genannten Prämissen für das 'neue Lernen' (unterschiedliche Lernertypen, „nichttriviale" Lernsubjekte, individuelle Wissenskonstruktionen) erfordern ein Umdenken der Lehrerinnen und Lehrer wie auch der Lernenden selber. In allen Phasen des Lernens, angefangen von der Aneignung der Lerninhalte bis hin zur Evaluation, d.h. der Kontrolle und Bewertung der Lernergebnisse und der Lernprozesse, übernehmen die Lernenden eine aktive, selbststeuernde Rolle. Lehrerinnen und Lehrer sind nun nicht mehr die Instrukteure, sondern die Lernenden sind die Konstrukteure ihres Wissens. Das Menschenbild, das wir dabei von den Lernenden haben, ist nicht ein defizitäres, sondern wir gehen von den individuellen Stärken, Neigungen und Potentialen aus, die jede Schülerin bzw. jeder Schüler mit sich bringt. Im 'neuen' Unterricht finden sie möglichst oft Gelegenheit, alleine oder/und mit anderen ihr Wissen und Können selbstständig und gemäß ihren individuellen Einsichten, Erfahrungen, Theorien aufzubauen.

Die Lehrkräfte übernehmen es dabei, Lernanlässe bereitzustellen und 'reizvolle' Lernumgebungen zu schaffen und darüber hinaus wiederholt die Wirklichkeitskonstruktionen der Lernenden mit Unerwartetem, Unterschiedlichem, Neuem zu konfrontieren und angemessen zu „irritieren". Widersprüche, Ausnahmen zu einer Regel, Konflikte, Ambivalenzen u.ä. werden herbeigeführt und offengelegt. Damit erreichen wir, dass die Lernenden ihr bisheriges Wissen hinterfragen, es dekonstruieren, um danach veränderte Wissenskonstruktionen aufzubauen (vgl. Balgo 1998: 61).

Eine solche Verlagerung der Aktivitäten auf die Lernenden bei der Aufnahme und der Verarbeitung von Wissen fordert zwingend zu einer Reflexion über die Art des Unterrichts und auch der Lernerfolgskontrollen auf. Erhalten wir weiter das Prinzip aufrecht, dass sich diese aus den vorausgegangenen Lernsituationen ergeben sollen, so muss auch die Feststellung und Bewertung der Leistungen verstärkt in die Hand der Lernenden selber gelegt werden.

2. Kritische Fragen zur Umsetzung konstruktivistischer Konzepte im Unterricht

Manchen Leserinnen und Lesern mögen bei der Lektüre des ersten Kapitels kritische Gedanken gekommen sein. Einige der Kritikpunkte, die ich in Gesprächen mit Lehrerinnen und Lehrern kennengelernt habe, möchte ich im Folgenden aufgreifen.

„Wenn der gesamte Lernprozess so offen ist, dann ist ja letztlich jede Schülerantwort richtig! Falsches gibt es ja dann nicht mehr!"
Zwar wurde oben behauptet, dass es kein objektiv richtiges oder falsches Wissen gibt. Nun gibt es aber unter allen Lerninhalten Axiome, Vereinbarungen und Setzungen, die nicht individuell bestimmt werden können, solange Menschen in einer Gemeinschaft miteinander leben, lernen und arbeiten wollen. So wird auf den ersten Blick z.B. kaum jemand bestreiten wollen, dass die Summe von 1 und 1 gleich 2 ist. Dennoch tun Lehrerinnen und Lehrer gut daran, bei abweichenden Schülerantworten nach ihren Begründungen und Erklärungen zu fragen. Denn selbst bei diesem Beispiel für vermeintlich objektives Wissen kann es ein anderes Ergebnis geben, wenn man die Aufgabe mit anderen Augen betrachtet. Jemand könnte nämlich auch behaupten: „1 und 1 gleich 11". Auch seine Aussage wäre richtig, vorausgesetzt, man denkt an das Schriftbild *11* und nicht an die mathematische Addition. Jemand, der diese Antwort gibt, hat sein Wissen und seinen Verstehensprozess anders konstruiert als jener, der mathematisch

korrekt geantwortet und die vom Lehrer erwartete Reaktion gezeigt hat. Und keine der beiden Lösungen ist „falsch".

Das bedeutet, dass wir bei der Feststellung von Leistungen die Ergebnisse der Lernenden häufiger hinterfragen sollten, ehe wir sie be-/verurteilen. Darüber hinaus zeigt das Beispiel, dass selbst in scheinbar eindeutigen Fällen keine Objektivität gegeben ist, sondern dass es allenfalls darum gehen kann, Intersubjektivität herzustellen, d.h. Verständigung und Konsens mit anderen (vgl. Balgo 1998: 61). So müsste es im Falle unseres Beispiels für alle Beteiligten geklärt sein, dass es um die mathematische Lösung geht.

„Gibt es nicht immer wieder Unterrichtssituationen, in denen wir als Lehrerin oder als Lehrer die Lernenden doch 'trivialisieren' müssen? Ist das nicht schon deshalb der Fall, weil dreißig oder mehr Schülerinnen und Schüler in einer Klasse sitzen? Gibt es außerdem nicht auch Lerninhalte, die einfach gepaukt werden müssen?"

Hier und da mag es Unterrichtsinhalte geben, die möglicherweise so vermittelt werden, dass durch wiederholte Übung das Verhalten der Lernenden trivialisiert wird, z.B. beim Erlernen des Einmaleins oder bei der Rechtschreibung (Werning 1998, S.40). Doch schon beim Lernen von Vokabeln ist das Herstellen einer kausalen Beziehung von Input und Output kaum möglich, da z.B. die semantische Füllung eines Wortes sehr unterschiedlich sein kann. Wenn ich als Lehrerin von meinen Schülerinnen und Schülern die englische Vokabel zum Begriff 'Frühstück' erfrage, mag es zwar sein, dass ich von verschiedenen Schülern *breakfast* zur Antwort bekomme. Was sie jedoch konkret mit diesem Wort verbinden, kann - je nach ihrer internen Wissenskonstruktion - sehr verschieden sein. Das zeigt, dass wir selbst in Lern-/Lehrsituationen, in denen wir etwas „einschleifen" wollen, die Individualität der Lernenden nicht ausklammern können. Daher ist es sinnvoll, sie von vornherein verstärkt zum Selbstlernen anzuregen, damit sie ihre subjektiven Erfahrungen zum Ausgangs- und Bezugspunkt nehmen können, um ihre interne Wirklichkeit aufzubauen, um diese aber selber immer wieder zu hinterfragen, zu verwerfen, zu korrigieren oder zu bestätigen. So sollten die Lernenden außerdem auch Gelegenheit erhalten, sich gemeinsam zu besprechen, um das bestmögliche Ergebnis herauszufinden. Im gemeinsamen Austausch kann es bei jedem Einzelnen zu neuen Erkenntnissen, zu einem erweiterten Verständnis, zu Lernen kommen. Dabei mögen manche unserer Lernenden zunächst auf einer Interimsstufe stehenbleiben, die sie aber nach weiterem möglichst selbstständigen Prüfen, Vergleichen, Nachforschen, Ergänzen etc. überwinden (können).

„Wenn man dem konstruktivistischen Ansatz Glauben schenken will, dann darf ein Lehrer seine Schüler also nicht mehr 'instruieren'!"

Gewiss ist dies weiterhin möglich und vielleicht auch dort erfolgreich, wo Lernende von sich aus (!) eine direkte Belehrung verlangen. Lehrerinnen und Lehrer sollten sich dann jedoch bewusst machen, dass die Lernenden auf eine je individuelle Weise mit diesen Instruktionen umgehen und aus ihrer ganz persönlichen Perspektive verarbeiten. Welche diese und die damit zusammenhängenden Lernergebnisse sind, können wir als Lehrerin oder Lehrer nur vermuten. Klassenarbeiten im herkömmlichen Sinne (und andere Formen der Fremdbewertung) sind kein sicherer Indikator dafür, *dass* und *was* jeweils gelernt wurde.

3. Die Selbstevaluation als Schlüsselfunktion beim selbstständigen Lernen

Gegen die Fremdbewertung in der traditionellen Form von Klassenarbeiten und anderen Überprüfungen durch die Lehrerin bzw. den Lehrer spricht aus konstruktivistischer Sicht z.B. das Folgende:

Wenn Lernende auf eine vom Lehrer vorausgeplante Weise in einer Klassenarbeit die „richtigen" (d.h. die von ihm erwarteten) Antworten geben, dann drücken sie damit möglicherweise etwas ganz Unterschiedliches aus. Diese Interpretationen sind denkbar:

Entweder:
> Der Lerngegenstand wurde verstanden, mit vorhandenem Wissen vernetzt, internalisiert und behalten und sich so zu eigen gemacht, dass die Lernenden das Gelernte jederzeit in verschiedenen situativen Kontexten anwenden können. Das wäre das wünschenswerte Ergebnis.

Oder:
> Das „reguläre" Wissen, das Mitteilungswissen, steht zwar vordergründig zur Verfügung, erlaubt jedoch keinen Transfer, keine selbstständige Anwendung. Es ist kein authentisches Wissen und erlaubt nicht das Durchdringen der Komplexität des Lerngegenstandes (Ruf / Gallin 1997: 170).

Oder:
> Der Lerngegenstand wird als mechanisch Auswendiggelerntes reproduziert, es wird aus dem Gedächtnis heraus die erwartete Antwort gegeben.

Oder:
> Der Lehrererwartung wird durch eine geeignete Antwort entsprochen, denn Schülerinnen und Schüler wissen, was der Lehrer oder die Lehrerin hören bzw. lesen will und dass es opportun ist, die Lehrererwartungen zu erfüllen. Damit wenden sie eher Vermeidungsstrategien anstatt Lernstrategien an.

Oder:
> Die Informationen wurden nicht verarbeitet und Lernen hat nicht stattgefunden. Die „richtige" Antwort wurde erraten, beim Nachbarn abgeschrieben oder ist ein sonstiges Zufallsprodukt.

Das äußere Verhalten der Lernenden bei der Fremdevaluation gibt uns also kaum Aufschluss darüber, welcher Art die Vorgänge in ihren Köpfen waren und ob bzw. wie die Verarbeitung realisiert wurde (vgl. Brügelmann 1997: 183). Tests testen somit bestenfalls die Tests, nicht die Lernenden und ihr Wissen und Können.

Im Kontext der Selbststeuerung und Selbstorganisation der Lernenden, vor dem Hintergrund der Lernerautonomie und aus der Sicht konstruktivistisch verstandener Lern- und Erkenntnisprozesse nützen die traditionellen Formen der Fremdbewertung wie z.B. Klassenarbeiten lediglich der Vergabe von Noten und Zeugnissen. Die Frage, ob wir uns zum Zweck der formalen Einstufung und der Vergabe von Berechtigungen im Rahmen unseres Bildungssystems weiterhin auf diesem unsicheren Boden bewegen wollen, soll hier nicht weiter thematisiert werden.

Die Selbstevaluation durch die Lernenden selber geht stattdessen viel tiefer, da sie alleine es sind, die die Möglichkeit haben, ihr individuelles Erkennen, Verarbeiten, Lernen, Wissen und Können zu kontrollieren und zu bewerten, und zwar bezogen auf sich selbst und ihren persönlichen Lernstand, auf die Gruppe der Mitlernenden und auf den Lerngegenstand und seine Komplexität und Bedeutung.

Darüber hinaus ist die Selbstevaluation umfassender angelegt. Sie gibt nicht nur Auskunft über das faktische fremdsprachliche Wissen und Können eines Schülers oder einer Schülerin. Sie ist vor allem für die Verstärkung und Weiterführung der Lernprozesse wichtig. Die Selbstevaluation erfasst, was vom Lernenden selber geplant war, was zu lernen war, wie gelernt wurde, welches die Ergebnisse sind und welche Konsequenzen für sein persönliches Weiterlernen aus ihnen gezogen werden können.

Die Selbstevaluation fördert die Lernerreflexion über
- die Auswahl und Festlegung des gewünschten Lernziels bzw. die Akzeptanz oder Ablehnung des Lehrziels des Lehrers/der Lehrerin. Dieses kann sich auf das sprachliche wie auch auf das lernstrategische Wissen und Können beziehen. Der Lernende fragt sich selbstkritisch, ob er sein Lernziel richtig gewählt oder ob er es zu niedrig oder zu hoch angesetzt hat.
- die Auswahl von Lerntechniken und Lernstrategien. Die Lernerfragen lauten: *Wie bin ich vorgegangen? Wie war der Erfolg? Wie werde ich künftig verfahren?*
- die Planung und Realisierung der Lernorganisation. Der Lernende entscheidet über Zeitpunkt und Zeitdauer des Lernens, über Sozialformen, über Lernpartner, über den Lernort.
- die Auswahl und den Einsatz von Lernhilfen und Arbeitsmitteln. Der Lernende fragt sich, welche Hilfsmittel ihm faktisch zur Verfügung stehen und wie er sie lernfördernd einsetzen kann.
- die Feststellung und Auswertung der eigenen Lernergebnisse. Bei erfolgreicher Problemlösung finden Erkennen und Lernen statt und erfahren dabei eine besondere Qualität. Bei Misserfolgen versucht der Lernende, durch andere Problemlösungsversuche die eingetretene Störung zu kompensieren (Müller 1996: 39ff.).
- die Entwicklung von Perspektiven für das weitere Lernen. Hier ist dann der Ausgangspunkt für Selbststeuerung und Lernerautonomie.

Aus diesen Einsichten zu den verschiedenen Aspekten ihres Lernprozesses leiten Lernende dann Konsequenzen für ihr künftiges Lernen ab. Die Selbstevaluation nimmt somit eine Schlüsselposition im Lernprozess ein.

Sie will die Fremdbewertung durch den Lehrer oder die Lehrerin nicht ersetzen, da diese im Rahmen des bestehenden Schulsystems wohl bis auf Weiteres unumgänglich sein wird und ganz andere Ziele verfolgt. Durch die Selbstevaluation der Schülerinnen und Schüler wird jedoch die bisherige Bezugsnorm erweitert. Neben die Klassennorm tritt nun in verstärktem Maße die Individualnorm. Sie gibt den Lernenden Auskunft über ihren individuellen Wissensstand, über die Fortschritte, die sie persönlich bisher gemacht haben, wie auch über die Hürden, die noch zu nehmen sind. Das Erkennen der eigenen Fehler - das bereits ein wichtiger Schritt hin zur Lernerautonomie ist und durch ausschließliche Fremdbewertung nicht trainiert, sondern eher verlernt wird - gibt Anstöße zur Reflexion über die eigenen Lernziele und -inhalte sowie über die Lernwege und kann die Lernenden zum selbstständigen remedialen Lernen veranlassen. Das Erkennen der eigenen Fehler und Unsicherheiten kann außerdem dazu anregen, bestehende Wissenskonstruktionen über eine Sache zu überprüfen und ggf. zu verändern. Hierbei ist dann der Einsatz von Lernstrategien notwendig, die zur Weiterentwicklung individueller Wissenskonstruktionen von der Stufe des Interimwissens hin zur Zielnorm beitragen können.

Darüber hinaus birgt die Selbstevaluation die Chance, den Lernenden die Angst und den Druck zu nehmen, die sie in der Regel bei der Fremdbewertung erfahren. Stattdessen schafft sie Zuversicht, stärkt den Glauben an die persönliche Selbstwirksamkeit und trägt insgesamt zu einem positiv getönten Selbstkonzept eigener Fähigkeiten und Fertigkeiten bei (vgl. Weinert 1995: 113).

Die Selbstevaluation der Lernenden übernimmt somit insgesamt recht weitreichende Funktionen im Lernprozess:

- Sie ist Ausgangspunkt für die Feststellung persönlicher Lernergebnisse und Lernfortschritte im Sprachlernprozess (Sprachkompetenz).

- Sie ist Ausgangspunkt zur Wahrnehmung persönlicher Lernerfolge auf Grund gewählter Lernstrategien (Lernkompetenz).

- Sie ist Ausgangspunkt zum selbstständigen, individuellen (Weiter-)Lernen bzw. zum remedialen Lernen.

- Sie ist Ausgangspunkt zur Entwicklung von Lernerfolgszuversicht und Lernfreude.

- Sie ist Ausgangspunkt für die Entwicklung von Lernerautonomie und Selbstständigkeit.

Der didaktische Ort der Selbstevaluation ist besonders das Ende einer Lernphase, aber genau so gut auch der Anfang einer solchen, denn sie ist Ausgangspunkt für remediales Lernen oder auch für neues, weiteres Lernen.

Anders als Klassenarbeiten findet die Selbstevaluation nicht nur sporadisch statt. Sie kann zu jedem beliebigen Zeitpunkt des Lernprozesses vom Lernenden durchgeführt werden, etwa nach dem Lernen von Vokabeln, nach der Erledigung einer schriftlichen Aufgabe, am Ende einer Schulbuchlektion, im Anschluss an eine schulbuchunabhängige Lerneinheit, nach der Projektarbeit, nach den Hausaufgaben, nach dem Üben und Wiederholen.

4. Voraussetzungen für die Selbstevaluation

Ehe die Lernenden überhaupt eine Selbstevaluation durchführen können, müssen verschiedene Voraussetzungen gewährleistet sein, damit daraus Lernen resultieren kann.

1. Die Lernenden müssen grundsätzlich bereit und offen dafür sein, die eigenen Leistungen selbstständig zu erfassen. Vorbereitende Gespräche mit den Lernenden sind dafür unumgänglich. Dabei müssen Einsichten über die Funktionen und Chancen von Selbstevaluation herbeigeführt werden. Es muss außerdem Klarheit bestehen über veränderte Rollen des Lernenden selber wie auch die des Lehrers bzw. der Lehrerin. Schließlich müssen die Lernenden auch erkennen, dass Selbstevaluation und Fremdevaluation durch den Lehrer zwar unterschiedliche Funktionen haben, sich jedoch gegenseitig stützen können.

2. Die Lernenden müssen in der Lage sein, Fehler, eigene Lernprobleme und Unsicherheiten überhaupt wahrzunehmen und sich bewusst zu machen. Das setzt bereits die Fähigkeit zur Metakognition voraus, aber auch ein Wissen um geeignete Lerntechniken. Sie sollten darüber hinaus wissen, dass diesbezüglich im gemeinsamen Lernen und Kontrollieren mit anderen Lernenden, in der gemeinsamen Interaktion Erkenntnisse, Verstehen und Lernen stattfinden können. Differenzwahrnehmungen im Vergleich mit den Lernergebnissen anderer können darüber hinaus auch die innere Bereitschaft und Motivation fördern, eigene Leistungen kritisch zu prüfen, Misserfolge zu kompensieren, sie durch Lernen auszugleichen.

3. Die Lernenden müssen die Schwere eines Fehlers in Bezug zu ihrem aktuellen Sprachwissen setzen und sein Gewicht für ihren Lernerfolg einschätzen können. Daraus können sie ableiten, wie revisionsbedürftig ihr Wissen und Können ist. Sie müssen auch verstehen, dass es keine „Schande" ist, Fehler zu machen, sondern dass diese natürliche Erscheinungen in einem Lernprozess sind und die Chance in sich tragen, das eigene Lernen zu verbessern.

4. Die Lernenden müssen die „korrekte" Form bzw. den „richtigen" Gebrauch der Sprache kennen. Dazu benötigen sie Kompetenzen im Einholen von Informationen, im Nachschlagen oder in sonstiger Informationsbeschaffung. Lerntechniken und Lernstrategien sind dazu eine Voraussetzung.

5. Die Lernenden müssen Konsequenzen für das Weiterlernen erkennen können, und zwar bezogen auf die Speicherung des zu Lernenden, auf die Übung des zu Lernenden und auf die Anwendung desselben. Dazu wird die Kenntnis unterschiedlichster Strategien vorausgesetzt: Gedächtnisstrategien (z.B. die Benutzung von Karteien, von Mnemotechniken), Sprachverarbeitungsstrategien (z.B. das Anfertigen von Notizen, von Gliederungen oder das Formulieren von Regeln), Strategien zur Selbstregulierung (z.B. das persönliche Zeitmanagement, das Bestimmen von Lernzielen), affektive Strategien (z.B. das Führen eines Tagebuches, das Sich-Selber-Belohnen), soziale Lernstrategien (z.B. anderen Fragen stellen, andere um Korrektur bitten).

Fazit:

Die Selbstevaluation leistet im Vergleich zur Fremdevaluation mehr. Sie geht stärker in die Tiefe und ist breiter angelegt. Seitens der Lernenden und der Lehrenden sind dazu jedoch eine Fülle von Einsichten notwendig, die ein Umdenken ermöglichen. Schülerinnen und Schüler müssen schrittweise befähigt werden, diesen neuen Weg selbstständig zu gehen.

5. Die ersten Schritte auf dem Wege zur Selbstevaluation

Schritte zur Selbstevaluation

SchülerIn
- Lernberichte erstellen
- Funktionen der Selbstevaluation kennen
- eigene Unsicherheiten erkennen
- das eigene Lernen überwachen
- Fehler einschätzen
- im Prozess evaluieren
- Selbstreflexion betreiben
- eigene Lernmuster erkennen
- mit anderen über das Lernen sprechen
- die Lernumgebung nutzen
- offene Themenangebote nutzen

Lern-/Lehrtraditionen und die mit ihnen zusammenhängenden Rollenzuschreibungen von Lehrenden und Lernenden stehen oft noch im Widerspruch zu den Überlegungen, die bezüglich der Selbstevaluation von Lernenden oben durchgespielt wurden.

Einige der Schwierigkeiten, die sich damit für Schülerinnen und Schüler, aber auch für Lehrerinnen und Lehrer ergeben, werden im Folgenden aufgegriffen, und es sollen konkrete Vorschläge zu deren Vermeidung bzw. Reduzierung gemacht werden.

Alle Aspekte unseres Schaubildes stehen in engem Zusammenhang zueinander. Sie sind hier lediglich der Übersichtlichkeit halber nebeneinander gestellt. Ihre sternförmige Anordnung um die im Zentrum stehende Schülerin bzw. den im Zentrum stehenden Schüler soll verdeutlichen, dass sie/er der Ausgangspunkt für alle genannten Maßnahmen ist. Lehrerinnen und Lehrer haben die Aufgabe, diese zu ermöglichen und zu fördern. Dies kann geschehen durch erstes Anleiten, durch die Bereitstellung von notwendigen Arbeitsmaterialien und Hilfsmitteln (z.B. Checklisten) und vor allem dadurch, dass im Unterricht der notwendige Raum für die Selbstevaluation gegeben wird.

Da die genannten Schritte nicht in einer zwingenden Reihenfolge stehen, sondern sich, miteinander vernetzt, synergetisch ergänzen, wurde an Stelle einer Liste die kreisförmige Anordnung gewählt.

• *Funktionen der Selbstevaluation erkennen*

Dazu ist als Erstes ein Gespräch mit den Lernenden notwendig, in dem geklärt wird, wieso es nun nicht mehr ausschließlich die Lehrerin oder der Lehrer ist, die/der die Leistungen misst. Dabei wird auch geklärt, dass es neben der Selbstevaluation weiterhin die Leistungsmessung und -benotung geben wird, wobei jedoch die unterschiedlichen Funktionen verdeutlicht werden sollten. Während die Fremdbeurteilung dazu dient, die Klassennorm zum Vergleich hinzuzuziehen, um vor deren Hintergrund den relativen Leistungsstand eines Schülers oder einer Schülerin in Form von Punkten und Noten auszudrücken, liegt die Aufgabe der Selbstevaluation vor allem in der Feststellung des individuellen Lernfortschrittes (gemessen an der Individualnorm) und in der Lernförderung. Beide Formen schließen einander nicht aus, sondern ergänzen sich gegenseitig.

• *Eigene Unsicherheiten erkennen*

Zu den ersten Schritten auf dem Wege zur Selbstevaluation gehört es, mit den Lernenden wiederholt zu trainieren, die eigenen Fehler überhaupt zu erkennen und eigene Lernunsicherheiten festzustellen. Dazu kann es nützlich sein, das Korrekturlesen oder auch „Fehlerlesen" zu üben und die Lernenden zu befähigen, potentielle Fehlerquellen zu erkennen (vgl. Rampillon 3. Aufl. 1996: 108f., Rampillon 1985: 113).

Ebenso nützlich ist es, den Lernenden zu erklären, wie man eine Fehlerstatistik führt, aus der man sehr rasch ablesen kann, wo weiterer Lern-, Übungs- und Wiederholungsbedarf besteht (vgl. Rampillon 3. Aufl. 1996: 109f., Rampillon 1985:115).

Eine andere, für Schülerinnen und Schüler recht überraschende Aufgabe kann es sein, vor einer Klassenarbeit einen persönlichen „Spickzettel" anzufertigen. Sein Format sollte nicht größer als etwa die Hälfte einer Postkarte sein. Hier notieren die Lernenden alles, von dem sie annehmen, dass es zum Inhalt der Klassenarbeit oder einer anderen Überprüfung durch den Lehrer gehört und von dem sie wissen, dass sie damit Schwierigkeiten haben. Das können z.B. grammatische Formeln, ausgewählte Vokabeln oder die Stichworte aus einer Checkliste zum Lernenlernen, etwa zum Anfertigen eines Berichtes, sein. Was auch immer die Lernenden auswählen, setzt voraus, dass sie didaktische Überlegungen darüber anstellen, welcher Lernstoff überhaupt ansteht und wo sie Lernprobleme haben.

In der darauffolgenden Stunde werden alle Spickzettel ausgewertet. Das kann z.B. geschehen, indem die Notizen aller Lernenden unter ordnenden Gesichtspunkten zusammengetragen werden, sei es an der Tafel, sei es auf vielen separaten Zetteln mitten auf dem Boden im Kreis der Lernenden. Die Gruppierungen, die beim Ordnen entstehen, geben Auskunft darüber, wo weiterer Übungs- und Wiederholungsbedarf für die gesamte Lernergruppe besteht. Dieser ist dann Gegenstand der Folgestunde und/oder des häuslichen Wiederholens.

• *Mit anderen über das Lernen sprechen*

Nachdem die Lernenden einen neuen Lernstoff einmal selbstständig erarbeitet oder alle den Auftrag übernommen haben, (selbst-)bestimmte Themen zu wiederholen, bietet es sich an, sie zu veranlassen, ihre Einsichten und Erkenntnisse, ihre Lerntipps und Eselsbrücken einander mitzuteilen. Dies kann in kleinen Gruppen geschehen, indem sie untereinander besprechen, was sie verstanden haben. Ein solches gegenseitiges Vortragen des Erlernten zwingt sie dazu, ihr Wissen zu ordnen, zu strukturieren, zu formulieren, zu begründen etc., und es geschieht nicht selten, dass sich während des Darstellens und Beschreibens erst das wirkliche Verstehen einstellt ('Lernen durch Lehren'). Dabei ist natürlich nicht ausgeschlossen, dass die Schülertheorien in sachlicher und fachlicher Hinsicht nicht korrekt sind. Solange ihre Interimshypothesen jedoch ihr eigenes Lernen - und vielleicht auch das der Gruppenmitglieder - fördern, ist dem nichts entgegenzuhalten.

• *Das eigene Lernen überwachen*

Ebenso wie die Lernenden Hypothesen über das Funktionieren der Fremdsprache, die sie gerade lernen, aufstellen, entwickeln sie auch metakognitive Einsichten über den eigenen Lernprozess. So legt eine Schülerin z.B. großen Wert darauf, ihre Hausaufgaben stets mit musikalischer Untermalung zu machen; ein anderer lernt am liebsten zusammen mit einem Lernpartner, ein dritter benötigt zum Lernen seinen PC etc. Ihr Bewusstsein für eine effektive Planung, Steuerung und Auswertung wächst, je mehr sie durch die Lehrerin oder den Lehrer zu reflektierenden Aktivitäten angehalten werden.

Beispiel:

Die Lernenden erhalten oder machen sich am Ende einer Unterrichtsstunde, einer Lerneinheit oder im Anschluss an eine Schulbuchlektion einen Zettel mit folgenden drei Fragen, die sie sich selber beantworten:

- In der Stunde/ Lektion/Lerneinheit habe ich Folgendes gelernt/verstanden/mir gemerkt: ....
....
....

- Bei meinem Lernen waren vor allem folgende Lerntechniken hilfreich: ......
....
....

- Folgendes muss ich demnächst noch einmal wiederholen und üben: ....
....
....

Was anfangs durch einen solchen Zettel instrumentalisiert wird, lässt sich später, nachdem derartige Metareflexionen zur Selbstverständlichkeit geworden sind, auch nur mental durchführen. Wichtig ist jedoch, dass von der Lehrerin oder vom Lehrer immer wieder Aufforderungen zur Metakognition ausgesprochen werden.

• *Eigene Lernmuster erkennen*

Wie eingangs besprochen, spielt die Bedeutung von Lernertypen eine große Rolle im Lernprozess. Dabei kann es nicht darum gehen, dass eine Lehrerin oder ein Lehrer die Lernenden bestimmten Lernertypen zuordnet, sondern dass diese es selber sind, die herausfinden, zu welchen Lernmustern sie am meisten neigen. Auch hierbei sind Instrumentarien wie Fragebögen oder Selbsttests eine nützliche Sache, bieten sie doch einerseits Anlass zur Selbstreflexion und andererseits zur Diskussion in der ganzen Lernergruppe. Beispiele dafür findet man zunehmend in der einschlägigen Literatur (vgl. Vester 9. Aufl. 1982, Finkbeiner 1995, Bimmel / Rampillon 1999).

• *Selbstreflexion betreiben*

Metakognitive Aktivitäten finden bei den Lernenden ganz besonders vor und nach Klassenarbeiten großes Interesse. In diesem Zusammenhang können in der Anfangsphase auf dem Wege zur Selbstevaluation kleine Aufgaben zur Selbstreflexion angeboten werden, die die Lernenden individuell bearbeiten und als Grundlage zum häuslichen Weiterlernen nutzen können. Diese Aufgaben werden nicht vom Lehrer oder von der Lehrerin eingesammelt und auch nicht im Klassenplenum offen besprochen - so interessant die sich daraus ergebenden Informationen für Lehrkräfte auch sein mögen.

Auswertung meiner Klassenarbeit Nr. ....

Welche Unsicherheiten habe ich vor / während / nach der Klassenarbeit bei mir festgestellt?

Grammatik ( ) ....

Wortschatz ( ) ....

Hörverstehen ( ) ....

Leseverstehen ( ) ....

schriftlicher Ausdruck ( ) ....

Landeskunde ( ) ....

Lernstrategien ( ) ....

Präsentation der Ergebnisse ( ) ....

Zusammenarbeit mit
Lernpartner ( ) ....

Bearbeitung der
Hausaufgaben ( ) ....

Sonstiges ( ) ....

Damit das Weiterlernen den Schülerinnen und Schülern auch gelingt, kann ein Planungsbogen für sie eine große Hilfe sein, dessen einzelne Rubriken zuvor in ihren Funktionen besprochen und indem Hinweise zu möglichen Antworten gegeben werden.

WAS ich WANN und WIE lernen / wiederholen / bearbeiten möchte

Rangfolge der wichtigsten Lernbereiche in thematischen Stichworten	*Bis wann zu erledigen?*	*Wie zu lernen / zu wiederholen / zu bearbeiten?*
1.		
2.		

3.

4.

5.

• *Die Lernumgebung nutzen*

Wie bereits erwähnt, findet die Selbstevaluation nicht primär im Zusammenhang mit Klassenarbeiten statt. In schülergesteuerten Übungsphasen, sei es während des Unterrichts oder auch beim häuslichen Lernen, wählen die Lernenden selbstständig Aufgaben aus, bearbeiten sie, kontrollieren ihre Ergebnisse und bewerten ihren Lernerfolg. Macht (1998a,b) schlägt vor, die Lernenden zu befähigen, selbstständig eigene Aufgaben zu entwerfen, die sie später bearbeiten können. Dazu müssen sie in der Lage sein, Folgendes zu leisten:

- den Lern-/Übungsgegenstand identifizieren und benennen

- vorhandene Aufgaben analysieren

- eigene (ähnliche) Aufgaben herstellen oder andere adaptieren.

Macht verspricht sich dadurch u.a. den Vorteil, dass die Lernenden beginnen, den Schwierigkeitsgrad einer Aufgabe einzuschätzen. Darüber hinaus sieht er die Möglichkeit für Lehrkräfte, auch für Klassenarbeiten Aufgaben aus dem Pool der Schüleraufgaben auszuwählen und ggf. leicht zu verändern. Langfristig entwickeln die Lernenden dadurch die Fähigkeit, eigene Aufgaben zur Übung und zur Kontrolle zu entwerfen und immer autonomer zu lernen.

Solange diese Kompetenz der Lernenden jedoch noch nicht hinreichend aufgebaut ist, bietet es sich an, Aufgaben zur selbstständigen Übung, Wiederholung und Kontrolle in der Lernecke des Klassenraumes oder in der Lernwerkstatt bereitzustellen. Die Materialien sind nach Lerninhalten und Themen geordnet und enthalten Lösungen zu den gestellten Fragen. Auch ansonsten orientieren sie sich an Kriterien, die für die Gestaltung von Selbstlernmaterialien Gültigkeit haben (vgl. Rampillon 1991). Die Lernenden haben auf diese Weise die Möglichkeit, z.B. in offenen Lernphasen selbstständig ihr Wissen zu überprüfen, zu bewerten und weiter zu lernen.

In solchen Phasen des Selbstlernens und der Selbstkontrolle sollte es nicht nur erlaubt, sondern sogar gefördert werden, dass die Schülerinnen und Schüler Lernhilfen hinzuziehen, die ihnen nützlich erscheinen. Es sollten also Wörterbücher, grammatische Nachschlagewerke etc. zur Verfügung stehen, und es sollte der lernstrategische Umgang mit ihnen trainiert werden; auch Checklisten, Lernposter u.ä., die zuvor erarbeitet wurden und noch im Klassenzimmer aushängen, sollten weiter benutzt werden können. Schließlich sollen die Lernenden in offenen Lernphasen ja versuchen, mit allen Mitteln gute Lernergebnisse zu erzielen. Eine entsprechende Lernumgebung kann dieses fördern.

• *Fehler einschätzen können*

Für die Bewertung ihrer eigenen Leistungen müssen die Lernenden Kriterien kennen, die sie als Messlatte an ihre Lernergebnisse anlegen wollen. Erste Informationen darüber erhalten sie, wenn die Lehrerin oder der Lehrer ihre/seine Beurteilungen abgibt und dabei die Kriterien offenlegt.

Die Relativität von Fehlern sollte den Lernenden vor allem vor konstruktivistischem Hintergrund dargestellt werden. Es kann demnach vorkommen, dass verschiedene SchülerInnen bei ein und derselben Aufgabe zu unterschiedlichen Lernergebnissen gelangen und dennoch gleiche Wertschätzung erfahren. Die Vielfalt möglicher Antworten und Lösungen sollte den Lernenden daher frühzeitig bewusst gemacht und seitens der Lehrerin oder des Lehrers auch zugelassen werden.

Auch aus diesem Grunde ist eine Rückmeldung zu Schülerleistungen, die ausschließlich per Note geschieht, eine unzulässige Trivialisierung. Was den Lernprozess der Schülerinnen und Schüler dagegen fördern kann, sind mündliche und/oder schriftliche Verbalisierungen bezüglich ihres Lernerfolgs und bereits vorhandener Qualifikationen, bezüglich sachlicher und lernstrategischer Lernprobleme, bezüglich Anregungen zum remedialen Lernen etc.

Neben dem persönlichen Lernplan oder neben dem eigenen Lerntagebuch kann eine Aufgabe wie die Folgende könnte dabei nützlich sein:

What I've learnt

At the end of unit [.........] I've learnt many things.

This is

what I can say	what I can understand	what I know
○ be allowed to do something	○ a telephone conversation	○ things about the Lake District
○ when I'm ill	○ a spoken text from a cassette	
○ describe hobbies & activities I like	○ brochures about England	○ how to phone from a callbox in England
○ sentences in the past progressive		○ how to use a dictionary
		○ how to update my grammar file

Fill in these symbols ☺ ☻ ☹
                      (+)   (+ / -)   (-)

(nach Schneider 1996: 20)

Als recht ergiebig erweisen sich Suchraster, die den Lernenden wichtige Kriterien an die Hand geben. Sie sind besonders in jenen Fällen nützlich, in denen sich die Selbstbewertung von der Bewertung durch andere (z.B. durch LehrerInnen, Eltern, Lernpartner oder Lösungsschlüssel) unterscheidet. Lernende können mit ihrer Hilfe ihre Selbstwahrnehmung kritisch hinterfragen, indem sie sich Rechenschaft zu folgenden Fragen ablegen:

⇒ Warum ist mein Lernergebnis anders als andere es einschätzen / als ich selber erwartet habe?
- Habe ich mir falsche Ziele gesetzt?
- Bin ich von ungeeigneten Hypothesen ausgegangen?
- Ist das Ziel für mich noch wichtig oder gebe ich auf und suche mir andere Ziele?
- Habe ich geeignete Lernhilfen eingesetzt?
- War die Zusammenarbeit mit meinem Lernpartner /mit der Lerngruppe förderlich?
- Habe ich zuviel anderen überlassen anstatt selber aktiv mitzuwirken?
- Habe ich mein Lernen sinnvoll organisiert?
- Habe ich geeignete Lernstrategien eingesetzt?
- Habe ich meinen Lerntyp richtig eingeschätzt?
⇒ Was will ich machen, um mein Wissen, Können und Lernen zu verbessern und weiterzuentwickeln?

....
....
....

Mit Hilfe dieser und ähnlicher Suchkriterien wird der Lernende seine Wirklichkeitskonstruktionen über seine persönlichen Leistungen, über sein Wissen und Können wie auch über die Sprache selber prüfen und ggf. verändern, insofern sie sich als nicht viabel erwiesen haben.

• *Im Prozess evaluieren*

Bei herkömmlichen Leistungsmessungen gibt es immer noch eine Reihe von Tabus. So ist es verboten, während einer Klassenarbeit etwas nachzuschlagen, die Lösungen des Tischnachbarn anzuschauen, mit einem oder mehreren MitschülerInnen zu sprechen etc. Für die Selbstevaluation sollten wir über diese und ähnliche Verbote neu nachdenken. Ist es nicht vielmehr wünschenswert, dass die Schülerinnen und Schüler lernen, erst alle Möglichkeiten auszuschöpfen, um eine gute Leistung zu erbringen, ehe sie diese jemandem vorlegen? Dazu gehört es dann eben auch, etwas in einem Wörterbuch nachzuprüfen, die eigenen Ergebnisse mit denen anderer zu vergleichen, um danach die Aufgabe erneut zu überdenken. Für die Selbstevaluation sollte daher genügend Gelegenheit geboten werden, die eigenen Ergebnisse im Prozess zu überprüfen. Da das für die meisten Lernenden wohl ein ungewöhnlicher Schritt ist, bedarf es der Erklärung wie auch unterstützender Arbeitsanregungen (vgl. hierzu auch Rampillon 1999).

Hier ein Beispiel für eine Aufgabe, die im Team und im Prozess zu bearbeiten ist:

Christmas customs in different countries of the world

A Report by .... and ....
(your name)   (your partner's name)

a) *First work on your own and start by making a memory map for your report. Write down as many notes as possible Then get together with your partner. Compare your memory maps and complete yours - if necessary.*

b) *Work on your own again: Sort your ideas by making a plan for your report. Give your text a title, make the first paragraph the beginning and the last paragraph the end. The middle can be more than just one paragraph.*

c) *Now write down your report. Remember your personal checklist for writing good texts.*
   Also watch out for mistakes you often make. Check the difficult words in the text and use a dictionary.

d) *Get together with your partner again. Discuss your texts, correct mistakes, change details.*

e) *Make notes about what you want to repeat or learn after this test.*

Mit diesem Verständnis von Selbstevaluation lassen sich auch „Probearbeiten" durchführen. Ähnlich wie bei einer herkömmlichen Klassenarbeit bearbeiten die Lernenden Aufgaben, die der Lehrer oder die Lehrerin zum Zwecke der Lernerfolgskontrolle zusammengestellt hat. Nach der Bearbeitung der Aufgaben setzen sich die Lernenden zu zweit zusammen, vergleichen ihre Ergebnisse, erklären und begründen sie einander und verwerfen, korrigieren oder bestätigen sie. Auch Hilfsmittel dürfen dabei zu Rate gezogen werden. Die Lehrerin oder der Lehrer nimmt nur dann in Stichproben einzelne dieser „Probearbeiten" mit, wenn die Lernenden ihr/ihm dieses von sich aus antragen und sie ihren Text abschließend bearbeitet haben. Auf eine Note wird dabei verzichtet, um die Selbstevaluation ohne den Druck der Notengebung in einem Schonraum stattfinden zu lassen.

• *Offenes Themenangebot*

Im Unterricht mit Schülerinnen und Schülern, die es bereits gewöhnt sind, selbstständig zu lernen, sind offene Lernphasen an der Tagesordnung. Das hat zur Folge, dass selbst bei der traditionellen Leistungsmessung im Sinne der Fremdbewertung mehr Offenheit geboten ist. So haben die Lernenden die Möglichkeit, bei einer Klassenarbeit/Klausur, die im Zusammenhang mit vorangegangener Projektarbeit steht, eines von mehreren angebotenen Themen auszuwählen und zu bearbeiten.

Außerdem fertigen die Lernenden zu bestimmten Zeiten im Schuljahr einen „Arbeitsprozessbericht" oder „Lernbericht" an. Die Lehrerin bzw. der Lehrer liest diesen Bericht durch, kommentiert ihn ausführlich und gibt ihn dem Lernenden, evtl. mit einer Note, zurück.

Hier ist ein Auszug aus einem Lernbericht eines Schülers der gymnasialen Oberstufe zu seiner Arbeit an einem Unterrichtsprojekt im Französischunterricht:

Bewertung des Lernprozesses
Während des Projektunterrichts habe ich mich sichtlich verbessert in der Fähigkeit mich vor einer Gruppe auszudrücken und überhaupt mit den Leuten auf Französisch zu reden. Dabei habe ich mich aber sicherlich nicht sprachlich verbessert, ich mache noch genauso viele Fehler wie vorher auch. Dies müßte ich aber selber verbessern durch lernen der Grammatik und Vokabeln. Hierbei ist es völlig egal, ob ich Projektunterricht habe oder normalen Unterricht. Ich denke einfach, daß ich jetzt mehr Mut besitze vor einer Gruppe zu sprechen. Zudem habe ich noch gelernt wie man in einer Gruppe arbeitet, was sicherlich im Berufsleben eine große Rolle spielen wird. Ich bin der Meinung, daß es sich im Berufsleben genauso verhält, wie wir es in unserer Gruppe getan haben. Man bekommt einen Arbeitsauftrag als Gruppe, dann unterteilt man diese Arbeit und bespricht die Zusammenhänge und das Endprodukt. wen jeder mit seinem Teil fertig ist trägt man es zusammen und paßt aufeinander ab. Es kommt dann zum Vortrag. Dies wird mir bestimmt später weiterhelfen.
Von den Vorträgen der anderen habe ich auch etwas gelernt, doch sind dies nur Bruchstücke, was auch die Wichtigkeit des Mitschreibens oder des Leaflet am Ende des Vortrages erklärt nur so hat man auch etwas längere Zeit. Sonst kennt sich jeder nur mit seinem Thema gut aus.
Meine Bewertung des Lernprozesses fällt eher negativ aus, denn das Problem dieser Projektarbeit ist, daß Selbstständigkeit gefragt ist und, da ich weiß, daß ich nicht in der Lage bin oder nur unter starker Selbstüberwindung ohne Druck des Lehrers selbständig zu lernen muß ich sagen, daß ich vielleicht im normalen Unterricht mehr gelernt hätte. Ich weiß zwar, daß dies schlecht ist und ich selbstständig lernen muß, aber es ist so. Ein weiteres Problem ist die Arbeit im Unterricht, der Lehrer wird praktisch überflüssig. Man muß selber arbeiten und dies in einem Raum mit 10 anderen Schülern. Da hat man eben an manchen Tagen keine Lust alles auszuarbeiten und sich anzustrengen, zumindest ging es mir so. Wenn man eine Arbeit davor geschrieben hat oder schreibt noch eine oder man ist vielleicht zu spät ins Bett gegangen und ist müde, dann hat man keinen Lehrer der einen dann wach macht. Aber das ist eben das Problem der Selbstständigkeit, die ich leider noch nicht vollends besitze. So muß ich leider sagen, daß ich die meiste Arbeit doch zu Hause gemacht habe. Und dies bedeutet, das ich im Unterricht nicht so viel gelernt habe.

(Wilkening 1999)

Der Lehrerkommentar zu diesem Teil des insgesamt dreieinhalbseitigen Lernberichtes war der Folgende:

*Lieber Boris,
in Ihrem Arbeitsprozeßbericht erläutern Sie chronologisch Ihren Arbeitsvorgang und den Ihrer Gruppe, mit der Sie wohl sehr harmonisch zusammengearbeitet haben. Sie erklären, warum Sie Ihr Thema interessiert (Geschichte sehr belebt; Thema 'minorités' allgemeingültig; spontane Wahl, trotzdem zufrieden damit), wie Sie sich für Ihr Thema entscheiden und wie Sie in der Gruppe alle Themen 'les minorités' vereinen. Ihr Interesse am gewählten Thema bekunden Sie weiterhin darin, auch*

selber Material zu suchen. Zu Arbeitsbeginn entscheiden Sie sich mit Begründung für die Hauptquelle Ihres Referates.
Als Erfolg sehen Sie Ihren Wissenszuwachs und werden sich bemühen, in Ihrem Leben noch mehr über Ihr Thema zu erfahren, z.B. durch Reisen, wo Sie v.a. Ihre Kenntnisse über Kultur erweitern wollen. Des weiteren haben Sie gelernt, sich in einer Gruppe auf Französisch auszudrücken; Sie haben jetzt Mut, sich vor anderen auszudrücken, denn genauso wie im Projekt ist der Prozeß im Berufsleben.
Kritisch stellen Sie fest, daß sich Ihr Französisch nur durch Lernen von Vokabeln und Grammatik verbessern wird.
Sie meinen, mit Ihrem Lernprozeß v.a. negative Erfahrungen gemacht zu haben, weil Sie Schwierigkeiten registriert haben, selbständig zu arbeiten und weil Sie Ihren Lehrer brauchen, um Sie 'wach' zu machen. Ist es nicht eine wichtige Erkenntnis für Sie, daß Sie noch an Ihrem Selbstständigwerden arbeiten müssen, damit Sie nicht immer den Druck des Lehrers brauchen? Sie glauben, in der jeweiligen Unterrichtsstunde vielleicht nicht viel gelernt zu haben. Es waren sicherlich andere Lernziele als die, die Sie bisher als 'Unterricht' kennen: z.B. sagen Sie, daß Sie gelernt haben, in einer Gruppe zu arbeiten und sich gar noch in dieser mutig auf Französisch ausdrücken. Sind das nicht Lernerfolge für Ihr ganzes Leben?
Ich gratuliere Ihnen, daß Sie so offen, so selbstkritisch sind und auch, daß Sie so viel Verschiedenes gelernt haben! Zu Haus hätten Sie das alles - wie Sie vorschlagen - nie gelernt.
Ihren Beitrag zur Gruppenarbeit schildern Sie sehr einleuchtend; Ihre Rolle im Gesamten und im Einzelnen wird - mit der Präsentation zusammen gesehen - deutlich. Sie gehen beim Vergleich zum Regelunterricht nochmals auf die Anfangsstunden ein, in denen 'Projektarbeit' definiert und besprochen wurde und auf das Endergebnis (Probleme vieler mit selbständigem Arbeiten, Gruppenarbeit, Beteiligung auch Schwächerer, Französischsprechen in den Gruppen, freies Sprechen in weitaus höherem Anteil, intensivere Beschäftigung mit einem Thema).
Dieser Vergleich hätte besser geordnet sein können; die zahlreichen Rechtschreibe- und Tippfehler sind überflüssig.
Ihren Bericht beurteile ich mit II Punkten.

(Wilkening 1999)

Weitere Ausführungen der Lehrerin zu anderen Aspekten dieses Lernberichtes schließen sich an.

6. Zusammenfassung

In der Folge eines veränderten Fremdsprachenunterrichts, in dem die Lernenden zunehmend mehr Selbstorganisation und Selbstverantwortung zeigen, nimmt ihre Selbstevaluation eine Schlüsselfunktion für die Weiterentwicklung ihres prozeduralen wie auch deklarativen Wissens und Könnens ein. Die Fähigkeit, die eigenen Leistungen zu bewerten, muss jedoch schrittweise aufgebaut werden. Danach kann und muss die Selbstevaluation von Lernergebnissen und Lernprozessen ergänzend neben die Fremdevaluation treten und im Fremdsprachenunterricht einen gesicherten Platz erhalten.

Literatur

Balgo, Rolf (1998): Lehren und Lernen. Der Versuch einer (Re-)Konstruktion. *Pädagogik* 7-8: 58-62.

Baur, Rupprecht S. (1995): Die Berücksichtigung verschiedener Lerntypen im Fremdsprachenunterricht. In: Ehlers, Swantje (Hrsg.) (1951-1973).

Bimmel, Peter/ Rampillon, Ute (1999): *Lernerautonomie und Lernstrategien.* München: Goethe-Institut / Verlag Langenscheidt.

Bimmel, Peter/ Westhoff, Gerard (1995): Lesestrategien: Training im Muttersprachenunterricht - Transfer zum Fremdsprachenunterricht. In: Ehlers, Swantje (Hrsg.): 135-150.

Brügelmann, Hans (1997): Rose 1 ist Rose 2 ist Rose 3 ist ... Offene Bedeutungen durch geschlossene Gehirne. In: Voß, Reinhard (Hrsg.): 179-184.

Ehlers, Swantje (Hrsg.) (1995): *Lerntheorie, Tätigkeitstheorie, Fremdsprachenunterricht.* München: Goethe-Institut.

Finkbeiner, Claudia (1995): *Englischunterricht in europäischer Dimension.* Zwischen Qualifikationserwartungen der Gesellschaft und Schülereinstellungen und Schülerinteressen. Bochum: Universitätsverlag Dr.N.Brockmeyer.

Ganser, Bern (1998): Präventive Fehleranalyse. Ein pädagogisch orientierter Ansatz. *Lernchancen* 3: 21-22.

Krüssel, Hermann (1997): Unterricht als Konstruktion. In: Voß, Reinhard (Hrsg.): 92-104.

Landesinstitut für Schule und Weiterbildung (Hrsg.) (1995): *Lehren und Lernen als konstruktive Tätigkeit.* Bönen: Verlag für Schule und Weiterbildung.

Legenhausen, Lienhard (1998): Wege zur Lernerautonomie. In: Timm, Johannes-P. (Hrsg.): 78-85.

Macht, Konrad (1998a): Vom Umgang mit Fehlern. In: Timm, Johannes-P.(Hrsg.): 353-365.

Macht, Konrad (1998b): Aufgaben als Bewertungsinstrumente. In: Timm, Johannes-P. (Hrsg.): 366-378.

Meixner, Johanna (1997): *Konstruktivismus und die Vermittlung produktiven Wissens.* Neuwied/ Kriftel / Berlin: Luchterhand.

Müller, Klaus (Hrsg.) (1996): *Konstruktivismus. Lehren - Lernen - Ästhetische Prozesse.* Neuwied/ Kriftel/ Berlin: Luchterhand.

Multhaup, Uwe (1995): *Psycholinguistik und fremdsprachliches Lernen.* Ismaning: Max Hueber Verlag.

Rampillon, Ute (1985): *Englisch lernen.* Mit Tips und Tricks zu besseren Noten. Ismaning: Max Hueber Verlag.

Rampillon, Ute (1991): Zur Gestaltung von Selbstlerngrammatiken und ihre Bedeutung für das Fremdsprachenlernen in der Sekundarstufe I. *Fremdsprachen Lehren und Lernen 20*: 224-230.

Rampillon, Ute (1996): *Lerntechniken im Fremdsprachenunterricht.* Ismaning: Max Hueber Verlag. 3. Aufl.

Rampillon, Ute (1999): Englischlernen neu denken - und neu bewerten. Überlegungen zu veränderten Lernerfolgskontrollen im Fremdsprachenunterricht. *Der Fremdsprachliche Unterricht Englisch* 37: 26-39.

Reich, Kersten (1998): Thesen zur konstruktivistischen Didaktik. *Pädagogik* 7-8: 43-46.

Ruf, Urs/ Gallin, Peter (1997): Sich einlassen und eine Sprache finden. Merkmale einer interaktiven und fächerübergreifenden Didaktik. In: Voß, Reinhard (Hrsg.): 154-178.

Schneider, Günther (1996): Selbstevaluation lernen lassen. *Fremdsprache Deutsch. Zeitschrift für die Praxis des Deutschunterrichts,* Sondernummer: *Autonomes Lernen.* München: Goethe-Institut.

Siebert, Horst (1997): *Über die Nutzlosigkeit von Belehrungen und Bekehrungen.* Bönen: Verlag für Schule und Weiterbildung. 2. Aufl.

Timm, Johannes-P. (Hrsg.) (1998): *Englisch lernen und lehren.* Berlin: Cornelsen Verlag.

Vester, Frederic (1982): *Denken, lernen, vergessen.* Was geht in unserem Kopf vor, wie lernt das Gehirn, und wann läßt es uns im Stich? München: dtv. 9. Aufl.

Voß, Reinhard (Hrsg.) (1997): *Schule neu erfinden.* Systemisch-konstruktivistische Annäherungen an Schule und Pädagogik. Neuwied/ Kriftel/ Berlin: Luchterhand.

Weinert, Franz E. (1995): Das Verhältnis von metakognitiven Kompetenzen und kognitiven Automatismen beim Zweitsprachenerwerb. In: Ehlers, Swantje (Hrsg.): 103-118.

Wendt, Michael (1998): Fremdsprachenlernen ist konstruktiv. *Der Fremdsprachliche Unterricht Französisch* 32/32: 4-11.

Werning, Rolf (1998): Konstruktivismus. Eine Anregung für die Pädagogik!? *Pädagogik* 7-8: 39-41.

Wilkening, Monika (1999): Projektunterricht zum 'American Dream'. *Unterricht Englisch* 40: 44-46.

Wilkening, Monika (1998): *Arbeitsprozessberichte zum Projekt „ ... ".* (unveröffentlichtes Manuskript).

Zydatiß, Wolfgang (1998): Englischunterricht heute: Perspektiven für morgen. In: Timm, Johannes-P. (Hrsg.): 15-21.

Bedeutung und Verstehen

Kommunikation und Verstehen

Siegfried J. Schmidt

Kommunikation wird als zentrales Instrument sozialer Wirklichkeitskonstruktion beschrieben. Verstehen erscheint auf diesem Hintergrund als Beobachterfaktor und als soziale Leistung, die erbracht ist, wenn der Rezipient den Erwartungen des Sprechers oder anderer Leser entspricht. Damit erlaubt Sprache Verhaltenskoordination. Bedeutung resultiert aus der Interaktion parallel sozialisierter Kommunikationspartner, ist also keine Eigenschaft von Texten.

Communication is described as a central instrument in the construction of social reality. Against this background understanding is seen as a factor induced by the observer and as a social achievement, which is fulfilled when the receiver complies with the expectations of the speaker or other receivers. Hence language permits the coordination of behaviour. Meaning is the result of interaction between communication partners with parallel socialisations, and thus it is not an inherent part of texts.

Einleitung[1]

Als Menschen können wir miteinander kommunizieren, gerade weil wir *nicht* wie durch Röhren und Kanäle Gedanken und Informationen austauschen, sondern diese auf Grund bestimmter Kognitionsanlässe (wie Texte und Bilder) je selbst konstruieren, wobei die Anlässe gerade nicht immer in voraussagbarer Weise die Ereignisse erzwingen, die wir als Sprecher beabsichtigen. Kommunikation heißt nicht: Geben und Nehmen oder Austauschen; es heißt vielmehr, sich gegenseitig Chancen der kognitiven Veränderung, der Auswahl und Konstruktion von uns selbst abhängiger Informationen einräumen, eben weil jeder Kommunikationspartner für sich ein selbstständiges, autonomisiertes und operational geschlossenes System ist.

Gerade die Unwahrscheinlichkeit von Kommunikation erweist sich als deren Ermöglichung und auch als deren Erträglichkeit; denn wäre Kommunikation Informationsaustausch, dann wäre sie auch ein Kontrollinstrument *par excellence* und würde in kürzester Zeit zu einer Nivellierung aller Menschen führen. Es wäre dann unmöglich, sich gegen Kommunikation zu wehren; sie würde uns überwältigen.

Kommunikation ist erfolgreich, wenn Kommunikationspartner beim Produzieren wie Rezipieren von Kommunikationsangeboten hinreichend *parallelen* Gebrauch von ihren kognitiven Möglichkeiten machen können und wollen. Denn kommunizieren heißt nicht nur etwas mitteilen, sondern auch den Anspruch erheben, dass das Mitgeteilte für andere mitteilenswert ist und man Anspruch auf die Aufmerksamkeit und Verstehenstätigkeit eines anderen erheben kann. Kommunikation kann scheitern, indem Partner die Mitteilung des anderen für irrelevant, das Mitgeteilte für falsch und den Anspruch auf Aufmerksamkeit für unverschämt halten.

Kommunikation ist ein zentrales Instrument sozialer Wirklichkeitskonstruktion im und durch das Individuum. Kommunikation vermittelt die engen gegenseitigen Beziehungen zwischen

- Kognition als dem psychischen Prozess der Konstruktion von Wirklichkeit und
- Interaktion als dem Prozess des Abgleichens eigener Wirklichkeitskonstruktionen mit den Konstruktionen anderer und
- Institutionen als sozialen Netzwerken, die Interaktionen organisieren.[2]

Die Beziehungen zwischen diesen drei Dimensionen sind offenkundig: Ohne die anderen ist subjektgebundene Wirklichkeitskonstruktion nicht möglich. Meine Wirklichkeitsmodelle müssen sich in der Interaktion bestätigen, um als gemeinsame Wirklichkeit zum Bezugspunkt von Erleben und Handeln werden zu können. Dieser Prozess braucht einerseits Kommunikation und bestimmt andererseits Themen und Formen der Kommunikation wie der Metakommunikation. Um die prinzipiell unendliche Menge möglicher Kognitionen und Interaktionen auf ein gesellschaftlich handhabbares Maß zu reduzieren, müssen Stabilisierungseinrichtungen qua Institutionen entstehen, die Interaktionen organisieren. Aber auch deren Entstehung und Wirkung ist ohne Kommunikation undenkbar und wirkt gleichzeitig wieder zurück auf Formen und Themen gesellschaftlicher Kommunikation.

1. Mediensysteme

Im Unterschied zur Luhmannschen Mediensoziologie, die nicht nur Sprache, sondern auch Liebe, Macht, Glauben usw. als Medien behandelt, verwende ich im Folgenden bewusst einen engeren Medienbegriff.

Bei der Rede von 'Medien' unterscheide ich zwischen konventionalisierten materialen *Kommunikationsinstrumenten* (zum Beispiel natürliche Sprache), *Kommunikationstechniken* (Telefon, Video, Film), dem *sozialen System,* in dem Kommunikationstechniken ökonomisch, sozial, technisch, juristisch und politisch organisiert sind (zum Beispiel eine Rundfunkanstalt oder ein Verlagshaus) sowie den resultierenden Medienangeboten. Die Gesamtheit der Medienteilsysteme einer Gesellschaft bildet deren globales Mediensystem. Die Interaktion zwischen Medienteilsystemen im Gesamtmediensystem determiniert die Funktionsmöglichkeiten der Teilsysteme. Medienteilsysteme produzieren unter systeminternen Operationsbedingungen *Medienangebote* (Texte, Audiovisionen, Hörspiele usw.), die in aller Regel erwarteten Gattungen zugehören und sich auf bekannte Diskurse beziehen.

Mediensysteme üben in modernen Massenmediengesellschaften zunehmend Einfluss auf die konstruktive Eigentätigkeit von Individuen aus, gerade weil sie nicht einfach Kommunikationen übertragen:

- Mediensysteme selegieren, was als Medienangebot überhaupt verfügbar ist, und stecken damit 'Themenräume' ab.

- Mediensysteme suggerieren durch Schwerpunktbildung und Emphase (Bewertung), welche Themen in der gesellschaftlichen Kommunikation „angesagt sind"; sie leisten damit *agenda setting.*
- Mediensysteme stellen Öffentlichkeiten her.
- Mediensysteme liefern Medienangebote, die der Rezipient nur noch in seltenen Fällen an eigenen Erfahrungen überprüfen kann; sie inszenieren zunehmend 'Realität' wie 'Fiktion' und machen Gattungsunterscheidungen fließend.
- Mediensysteme beeinflussen durch Selektion, Emphase und Inszenierung von Medienangeboten die Art und Weise, wie in einer Gesellschaft Wahrnehmungs- und Erlebnismuster elaboriert werden; sie liefern 'Anlässe' zur sozialen wie individuellen Wirklichkeitskonstruktion, bieten Lebensentwürfe an und vermitteln Befindlichkeiten und Stimmungen.

Medienangebote dienen dazu, Kommunikationsprozesse in Gang zu setzen, wenn kognitive Systeme bereit sind, darauf zu reagieren, also ihrerseits kognitive Prozesse in Gang zu setzen. Das bedeutet: Medienangebote leisten die *strukturelle Kopplung von Bewusstsein und Kommunikation.* 'Strukturelle Kopplung' heißt,

daß zwei Systeme, die operational geschlossen sind und demnach auch keine operationale Kopplung aneinander vornehmen können und kein Supersystem bilden können, dennoch in ihrem Strukturaufbau und dann in der Konditionierung der Aktualisierung ihrer Sinnstrukturen voneinander abhängig werden können. ... Strukturelle Kopplung heißt dann, daß die Operationen des einen Systems, insofern sie vom anderen System beobachtet werden, mitbeeinflussen, welche Strukturen das System aktualisiert, konkret: mit welchen Erwartungen es auf beobachtete Vorstellungsgehalte reagiert oder umgekehrt, mit welchen Vorstellungen es beobachtete Erwartungslagen begleitet. (Baecker 1992: 217f.)

In einer eher metaphorischen Redeweise hat Luhmann strukturelle Kopplung wie folgt beschrieben:

Bewußtseinssysteme und Kommunikationssysteme bestehen mithin völlig überschneidungsfrei nebeneinander. Sie bilden aber zugleich ein Verhältnis struktureller Komplementarität. Sie können ihre eigenen Strukturen jeweils nur selbst aktualisieren und spezifizieren, daher auch jeweils nur selbst ändern. Sie benutzen einander aber zugleich zu einer gegenseitigen Auslösung solcher Strukturänderungen. Kommunikationssysteme können sich überhaupt nur durch Bewußtseinssysteme reizen lassen; Bewußtseinssysteme achten in hohem Maße präferentiell auf das, was in der extrem auffälligen Weise von Sprache kommuniziert wird. (1988a: 893f.)

Medienangebote koppeln Kognition und Kommunikation gerade dadurch, dass sie weder Kognition noch Kommunikation sind, aber in beiden Systemen operational aufgelöst und zur Eigenwertbildung (i.S.v. von Foerster) entsprechend den Bedeutsamkeitskriterien der jeweiligen Systeme genutzt werden können (vgl. Ziemke 1990: 151).

Wenn Sinn (i.S.v. vgl. Luhmann 1988: 42) als Einheit der Differenz von Aktualität und Possibilität verhandelt werden soll, dann muss er über Medienangebote in Kommunikationen an Kognitionen zurückgebunden werden.

2. Sprachverstehen

> *Ich kann Verstehen nicht unterbrechen,*
> *ich kann nicht damit aufhören.*
> *Es geschieht mir, ich tue es nicht.*
>
> (J. Heringer 1984)

Wenn man nun - Luhmann folgend - Kommunikation als Einheit dreier Selektionen, nämlich Information, Mitteilung und Verstehen konzipiert (1985: 196ff.), dann markiert Verstehen sozusagen das Interface zwischen Kommunikation und Bewusstsein. Um diesen Gedanken zu verdeutlichen, führe ich die Unterscheidung zwischen 'Kommunikatbildungsprozess' und 'Verstehen' ein (vgl. Schmidt 1980, Viehoff / Schmidt 1985, Hauptmeier u. a. 1989).

Der Kommunikatbildungsprozess wird konzipiert als der komplexe kognitive Prozess, der abläuft, wenn ein sprachlich sozialisiertes Individuum mit einem Text als Medienangebot konfrontiert wird, ihn *als* Text in einer natürlichen Sprache wahrnimmt und aus Anlass dieser Wahrnehmung kognitive Prozesse in Gang setzt. Wegen der Ereignisförmigkeit von Bewusstseinsprozessen sind Kommunikatbildungsprozesse „flüchtig" und in ihrer jeweiligen Form nicht wiederholbar, auch wenn derselbe Text erneut „verarbeitet" wird. Kommunikatbildungsprozesse laufen normalerweise ohne begleitende innere Beobachtungen ab - solange man weiter weiß und keine Probleme auftreten, die das Bewusstsein dazu veranlassen, den Prozess in Operation und Beobachtung auseinanderzuziehen, also als innerer Beobachter zu fungieren.

Kommunikatbildungsprozesse sind als Prozesse nicht kommunikationsfähig, da beide Systeme - Bewusstsein und Kommunikation - operational geschlossen sind. Wenn nun in einer Kommunikationssituation Kommunikationspartner A den Eindruck gewinnt, Kommunikationspartner B habe einen Text „verstanden", dann geschieht dies auf der Grundlage von Anschlusshandlungen bzw. Anschlusskommunikationen, die A als in der jeweiligen Situation angemessen ansieht, um bei B zureichendes Textverständnis zu unterstellen - ohne natürlich die Bewusstseinsprozesse von B beobachten oder einschätzen zu können. Mit anderen Worten: „Es gibt für die Kommunikation kein Verstehen, das nicht Kommunikation wäre" (vgl. Baecker 1990: 24). Ob „verstanden" wird oder nicht, ist mithin nur auf der Ebene von Kommunikation zu unterscheiden, nämlich durch Zurechnen zu entscheiden. 'Verstehen' kann somit sinnvoll nur als Beobachterkategorie betrachtet werden. Der Verstehende kann nicht sinnvoll sagen „ich verstehe", es sei denn, er simuliert eine Kommunikationssituation, in der er als innerer Beobachter die Differenz zwischen Prozess und Beobachtung zum Gegenstand von Kommunikation macht.

Sowohl im Falle der Kommunikatbildung als auch im Falle der kommunikativen Verwendung des Beobachterbegriffs 'Verstehen' geht es also nicht darum, so etwas wie semantische Objektivität in der Auseinandersetzung mit Texten zu erreichen. Nicht die Ermittlung der „richtigen Textbedeutung" steht je zur Debatte. Vielmehr geht es auf der Ebene der Kommunikatbildungsprozesse (dazu s. u.) darum, zu einem befriedigenden, als sinnvoll, kohärent und angemessen empfundenen kognitiven Resultat zu kommen, während es auf der sozialen Ebene darum geht, dass der Zuhörer den Erwartungen des Sprechers (bzw. der Leser den Erwartungen anderer Kommunikationspartner) entspricht. In diesem beobachterbezogenen Sinne ist Verstehen eine soziale Leistung oder, wie K. J. Gergen formuliert (1988: 47, 46): *Understanding is not contained within me or within you, but is that which we generate together in our form of relatedness. ... understanding...is a social achievement.*

Fassen wir zusammen: Verstehen kann nach dieser Argumentation theoretisch konzipiert werden als das, was Kommunikation dem Bewusstsein anlässlich des Prozessierens von Medienangeboten zuschreibt bzw. abverlangt, sowie das, was das Bewusstsein in der Kommunikation als *modus operandi* bei anderen voraussetzt. In beiden Fällen ist das „Verstehen"Genannte *als solches* unzugänglich und unüberprüfbar; aber Bewusstsein wie Kommunikation kommen nicht ohne diese Unterstellungen aus. Verstehen ist in diesem Sinne die Voraussetzung dafür, dass es Sinn macht, zu kommunizieren, weil unterstellt wird, dass mitgedacht wird.

3. Kommunikatbildungsprozesse

Im Folgenden will ich versuchen, den Kommunikatbildungsprozess, der in der Kommunikation als „Verstehen" sozial thematisiert wird, genauer zu modellieren. Dabei beginne ich mit einer Zusammenfassung der bisherigen Argumentation. Metaphorisch ausgedrückt – und beim gegenwärtigen Wissensstand sind Metaphern unvermeidlich: Beim Lesen etwa „ist das Bewusstsein ganz beim Text", es „ist" ganz konzentriert auf sein eigenes Weitermachen-Können. Texte sind auf dieser Ebene nicht zum „Verstehen" da, sondern um dem Bewusstsein Fortsetzen zu ermöglichen. Texte haben für das kognitive System auch keine Bedeutung im Sinne semantischer Eigenwerte der Textelemente, sondern sie erhalten im System subjektabhängige Bedeutsamkeit durch die kognitiven Orientierungen, die das System während des Kommunikatbildungsprozesses vollzieht.

Dabei sind folgende Aspekte zu berücksichtigen: Kommunikatbildungsprozesse sind immer lebenspraktisch integriert in den Prozess der Autopoiese des lebenden Systems. An diesem Prozess können analytisch drei Aspekte unterschieden werden: ein rationaler Bereich der informationellen Selbstorientierung, ein emotionaler Bereich der Lust-Unlust-Äquilibrierung und ein empraktischer Bereich der evaluativen Abschätzung der lebenspraktischen Relevanz kognitiver Prozesse (vgl. Spiro 1981, Dörner 1983, Hörmann 1983, Kluve 1979, Schmidt 1986, Viehoff / Schmidt 1985).

Alle drei Aspekte sind selbstreferentiell aufeinander bezogen. Aus ihrem Zusammenwirken emergiert[3] das, was - im günstigen Falle - als Informationsproduktion aus 'Anlass' der Wahrnehmung eines Textes bewusst wird.

Damit Kommunikation Bewusstseine perturbieren oder 'affizieren', das heißt zu systemspezifischen Operationen anreizen kann, müssen Medienangebote verwendet werden, auf die Bewusstseine reagieren (können) bzw. zu reagieren gelernt haben. Natürliche Sprache bietet dabei den Vorteil, dass sie fast allen anderen Umweltereignissen gegenüber auffällt und ein formbares Medium ist, das fast endlose „Verdichtungen" durch subjektive Handhabung (zum Beispiel Text-Bildung) erlaubt. Sprachliche Texte koppeln - wie oben erläutert - Bewusstsein und Kommunikation strukturell aneinander. Was aber Bewusstseine mit Texten „machen", ist - von Ausnahmen abgesehen - unprognostizierbar, da Texte nicht „ins Bewußtsein dringen", sondern lediglich 'Anlässe' für selbstorganisierende kognitive Operationen bieten.

Der intuitive Anschein direkter textueller Einwirkung auf ein Bewusstsein oder gar einer intentionalen Steuerung von Bewusstseinsprozessen resultiert aus den interindividuellen Parallelitäten der (Selbst-)Sozialisation. Eine wichtige Rolle spielt dabei der Gebrauch von Regeln, Mustern und Stereotypen (aufgrund paralleler sprachlicher Sozialisation). Dadurch werden gewissermaßen Stabilisierungsmuster aus der Kommunikation in die instabilen Bewusstseine eingebaut, um der Gefahr exzessiver Kontingenzproduktion durch instabile subjektive Kognitionsprozesse zu begegnen. Selbst maßvolle Willkür im Umgang mit literarischen Texten wird noch per Polyvalenzkonvention (vgl. Schmidt 1980) gesellschaftlich geregelt und durch 'Verstehensdirektiven' wie Diskurs und Gattung stilistisch, thematisch und referentiell vorgeordnet (vgl. Schmidt 1987).

Demgemäß sind Texte anzusehen als hochgradig konventionalisierte Anstöße zur Durchführung kognitiver Operationen (vgl. Meutsch 1987), deren Resultate (Kommunikate) nicht allein vom Text, sondern vom jeweiligen Gesamtzustand des kognitiven Systems abhängen (vgl. Herrmann 1985). Dabei ist zu berücksichtigen, dass Kommunikatbildungsprozesse das Bewusstsein normalerweise nicht voll okkupieren (das heißt, es „tut" daneben auch noch anderes).

4. Noch einmal: Welche Rolle spielt der Text im Sprachverstehen?

Die oben gestellte Frage nach dem Verhältnis von Text und Disposition kann jetzt ein Stück weiter erläutert werden. Dabei muss zunächst unterschieden werden zwischen einem Text als materialer Gegebenheit (Buch, Brief, akustische Lautfolge) und dem bewusst wahrgenommenen Text. Diese Unterscheidung markiere ich terminologisch als die Unterscheidung zwischen 'Text' vs. 'Kommunikatbasis'.

Der Textwahrnehmungsvorgang ist keine bloße Abbildung, sondern der Leser oder Hörer „stülpt von sich aus dem einlaufenden Lautstrom aktiv eine Struktur über und akzeptiert dann diese Struktur als richtig, wenn sie einigermaßen mit Kennzeichen des weiterfolgenden Input und eventuell mit dem Kontext übereinstimmt" (Hörmann

1980: 22). Da kein kognitives System hinter seine kognitiven Leistungen zurückzugehen vermag, kann es unmöglich die Kommunikatbasis zugleich als Entscheidungsbasis für „korrekte" bzw. „unkorrekte" Wahrnehmungen und Verarbeitungen heranziehen. In der Kognition können nur Kommunikatbasen eine Rolle spielen. Dieser kognitionstheoretischen Darstellung widerspricht keineswegs die tägliche Erfahrung, dass in Kommunikationen über Texte meist unwidersprochen so gehandelt wird, als wären Textbedeutungen weitgehend subjektunabhängig. Dazu ist ein kurzer Blick auf *sprachliche Sozialisation* erforderlich.

Kognitionstheoretisch gesehen bekommen Kommunikatbasen erst in kognitiven Prozessen Eigenschaften attribuiert. Diese Attribution verläuft jedoch keineswegs willkürlich; denn in der sprachlichen (Selbst-)Sozialisation wird sowohl die Strukturierung (Segmentierung) eines Textobjekts als auch die Erwartung an die kognitive Orientierungsfunktion von Textsegmenten (Wörter, Phrasen usw.) so hochgradig konventionalisiert, dass für den Rezipienten der Eindruck entsteht, „der Text selbst" instruiere seine „Hermeneutik" (vgl. Scherner 1989).

Und dieser Eindruck entsteht zwangsläufig im Verlauf erfolgreicher sprachlicher (Selbst-)Sozialisation; denn der Erwerb einer Muttersprache geschieht in einem langen und durch Gebote und Verbote streng reglementierten Prozess. Mit der Muttersprache erwirbt das Kind nicht bloß ein Zeichensystem plus Grammatik, sondern ein höchst sensibles Instrument der Kopplung kognitiver, semiotischer und sozialer Handlungen.[4] Das Kind lernt im Lebenszusammenhang sprechen, und es lernt spracherwerbend einen Lebenszusammenhang. Die Vermittlung von Sprache und Tätigkeit bildet für soziale Wesen wie Menschen geradezu die Lebenspraxis. Mit der Sprache entstehen die Unterscheidungen (und die Beziehungen zwischen den Unterscheidungen), die uns Beobachtungen und Beschreibungen erlauben. Mit der Sprache entsteht der Beobachter, mit ihm entstehen Bewusstsein, Selbstbewusstsein und Ich. Das System der Sprache bildet das überindividuell gehandhabte System von Unterscheidungen, das Verhaltenskoordination erlaubt - und daraus hervorgeht. „In der Sprache zu operieren bedeutet also, in einem Bereich kongruenter, ko-ontogenetischer Strukturkopplung zu operieren" (Maturana / Varela 1987: 227).

Beim Sprechenlernen lernt das Kind also nicht Bezeichnungen für Objekte, sondern es lernt Verhaltensweisen, die Verhaltensweisen auslösen bzw. beeinflussen. Lehrende und Lernende agieren als beobachtete Beobachter, deren Verhaltenssynthese sich allmählich einander angleicht, wenn die Sozialisation „gelingt". Durch den Rückkopplungsmechanismus von Wahrnehmung, Sensomotorik und Kommunikatbildung entsteht beim Lernenden im Laufe der Zeit die intuitive Gewissheit, dass - normalerweise - Textkomponenten und Textstrukturen mit bestimmten „Bedeutungen" fest verbunden sind und sich in Texten und Sätzen zu „Bedeutungskomplexen" verbinden (lassen). Diese Gewissheit findet sich - wissenschaftlich verdichtet - schließlich in semiotischen Sprachtheorien, die Sprachen als Zeichensysteme modellieren und dabei die Tätigkeitszusammenhänge ausblenden. Die soziale Einbettung von Textproduktion wie Textrezeption sowie die sozialisationsbedingte Parallelisierung kognitiver

Kommunikatbildungsprozesse macht Texte zu ausgezeichneten Kopplungsinstrumenten für Bewusstsein und Kommunikation, gerade weil der Text weder zum Bewusstsein noch zur Kommunikation „gehört", aber sowohl zur Synthetisierung von Kognition wie von Kommunikation benutzt werden kann.

Zur Verdeutlichung dieses Arguments muss schließlich eine weitere Unterscheidung eingeführt werden, nämlich die zwischen Kommunikat und Bedeutung. Kommunikate als Resultate kognitiver Operationen sind notwendig subjektdependent. Bedeutungen dagegen können aufgefasst werden als die Kommunikationen, die Kommunikationspartner einem Wort, einem Textteil oder einem ganzen Text konsensuell zuordnen (können). Mit anderen Worten, Bedeutungen resultieren aus der Interaktion von Kommunikationspartnern, die sich gegenseitig verstehen sowie Anspruch auf Aufmerksamkeit und Relevanzerwartung unterstellen. 'Verstehen' heißt - mit dieser Unterscheidung beobachtet - 'bedeutungsgerecht kommunizieren'.

Ob subjektive Kommunikate sozialen Bedeutungen äquivalent sind, ist dabei wieder eine unbeantwortbare und daher zu vernachlässigende Frage, da beide Bereiche autonom sind. In beiden Bereichen ist die entscheidende Frage also nicht die, ob ein Text (kognitiv) „richtig verstanden" worden ist; sondern entscheidend ist, dass er zum 'Anlass' genommen wird, Bewusstseins- oder Kommunikationsprozesse so fortzusetzen, dass die Aktanten ihre Sinnerwartungen erfüllt sehen.

Bezeichnenderweise tritt ja die Differenz 'Verstehen vs. Missverstehen' nicht auf der kognitiven Ebene auf (Bewusstsein kann nicht missverstehen), sondern allein auf der Ebene von Kommunikation, mithin auf einer externen Beobachterebene. Konsens über Kommunikate ist allein auf der kommunikativen Ebene herstellbar; dieser Konsens stellt Kompatibilitäten und empathisch geglückte Beziehungsaspekte von Kommunikationen fest, nicht etwa „objektiv richtiges Textverständnis".[5]

Damit ergibt sich folgende Begriffs-Struktur als Angebot für verstehenstheoretische Diskurse:

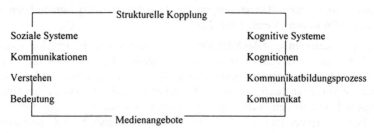

Anmerkungen

[1] Der Beitrag ist eine von seinem Autor für den Dortmunder Kongress erstellte Kurzfassung seines Aufsatzes „Über die Rolle von Selbstorganisation beim Spachverstehen", erschienen in: Krohn, Wolfgang/ Küppers, Günter (Hrsg.) (1992): 293-333.

[2] Zum Thema Kommunikation aus konstruktivistischer Perspektive vgl. Krippendorff 1989/90.
[3] Zu 'Emergenz' und 'Selbstorganisation' vgl. Varela 1990.
[4] Kloepfer (1988: 76) spricht in diesem Zusammenhang vom kindlichen Erwerb einer 'Polysemiosis': „Wahrnehmungs- und Zeichenvermögen entwickeln sich gemeinsam. Was nun die Polysemiosis betrifft, so ist sie der Grund für alle späteren Vereinzelungen. Es gibt also nicht erst einzelne Kodes, die man addieren kann, sondern umgekehrt eine polysemiotische Einheit, die künstlich differenziert und zu scheinbar autonomen Kodes raffiniert wird. Weil wir in einem 'sprechenden' Kontext kommunizieren...,weil wir die Gesten und Mimik sehen, die begleitenden Handlungen wie die Intonation etc. verstehen, deshalb haben die Worte in Texten eine relativ genaue Bedeutung".
[5] Zu den Konsequenzen einer konstruktivistischen 'Verstehenstheorie' für Literatur- und Kunstwissenschaften vgl. Hauptmeier / Schmidt 1985 sowie ausführlich Schmidt 1992.

Literatur

Baecker, Dirk (Hrsg.) (1990a): *Im Netz der Systeme*. Berlin: Merve.
Baecker, Dirk (1990b): Die Kunst der Unterscheidungen. In: Baecker, Dirk (Hrsg.): 7-39.
Baecker, Dirk (1992): Die Unterscheidung zwischen Kommunikation und Bewußtsein. In: Krohn, Wolfgang u. a. (Hrsg.): 217-268.
Bohn, Rainer u. a. (Hrsg.) (1988): *Ansichten einer künftigen Medienwissenschaft*. Berlin: Ed. Sigma Bohn.
Dörner, Dietrich (1983): Kognitive Prozesse und die Organisation des Handelns. In: Hacker, Winfried u. a. (Hrsg.): 26-37.
Eschbach, Achim (Hrsg.) (1986): *Perspektiven des Verstehens*. Bochum: Brockmeyer.
Gergen, Kenneth J. (1988): If persons are texts. In: Messer, Stanley B. u. a. (Hrsg.): 28-52.
Gumbrecht, Hans U./ Pfeiffer, Karl L. (Hrsg.) (1988): *Materialität der Kommunikation*. Frankfurt a. M.: Suhrkamp.
Hacker, Winfried/ Volpert, W./ Cranach, M. v. (Hrsg.) (1983): *Kognitive und motivationale Aspekte der Handlung*. Bern: Huber.
Hauptmeier, Helmut/ Meutsch, Dietrich/ Viehoff, Reinhold (1989): Empirical Research on Understanding Literature. *Poetics Today* 10/3 (Fall 1989): 563-604.
Hauptmeier, Helmut/ Schmidt, Siegfried J. (1985): *Einführung in die Empirische Literaturwissenschaft*. Braunschweig/Wiesbaden: Vieweg.
Heringer, Hans-Jürgen (1984): Textverständlichkeit. In: Klein, Wolfgang (Hrsg.): 57-70.
Herrmann, Theo (1985): *Allgemeine Sprachpsychologie*. München/Wien/Baltimore: Urban & Schwarzenberg.
Hörmann, Hans (1983): On the difficulties of using the concept of a dictionary - and the impossibility of not using it. In: Rickheit, Gert u. a. (Hrsg.): 3-16.
Klein, Wolfgang (Hrsg.) (1984): *Textverständlichkeit - Textverstehen*. LiLi 55.
Kloepfer, Rolf (1988): Medienästhetik. In: Bohn, Rainer u. a. (Hg.), *Ansichten einer künftigen Medienwissenschaft*. Berlin: Ed. Sigma Bohn.
Kluwe, Rainer (1979): *Metakognition*. Universität München: Psychologisches Institut.
Krippendorff, Klaus (1989/90): Eine häretische Kommunikation über Kommunikation über Realität. In: *DELFIN* XIII: 52-67.
Krohn, Wolfgang/ Küppers, Günter (Hrsg.) (1992): *Emergenz: Die Entstehung von Ordnung, Organisation und Bedeutung*. Frankfurt a. M.: Suhrkamp.
Luhmann, Niklas (1985): *Soziale Systeme*. Frankfurt/M.: Suhrkamp. 2. Aufl.
Luhmann, Niklas (1988a): *Erkenntnis als Konstruktion*. Bern: Benteli.

Luhmann, Niklas (1988b). Wie ist Bewußtsein an Kommunikation beteiligt? In: Gumbrecht, Hans U. u. a. (Hrsg.): 884-905.

Maturana, Humberto R./ Varela, Francisco J. (1987): *Der Baum der Erkenntnis*. München/ Bern/Wien: Scherz.

Messer, Stanley B./ Sass, L. A./ Woolfolk, R. L. (Hrsg.) (1988): *Hermeneutics and Psychological Theory*: Interpretative Perspectives on Personality, Psychotherapy, and Psychopathology. New Brunswick: Rutgers University Press.

Meutsch, Dietrich (1987): *Literatur verstehen*. Eine empirische Studie. Braunschweig/ Wiesbaden: Vieweg.

Rickheit, Gert/ Bock, Michael (Hrsg.) (1983): *Psycholinguistic Studies in Language Processing*. Berlin/New York: De Gruyter.

Scherner, Maximilian (1989): Wörter im Text. Überlegungen zur Verstehenssteuerung durch Sprache. *Poetica* 29/30: 187-213.

Schmidt, Siegfried J. (1980): *Grundriß der Empirischen Literaturwissenschaft*. Bd. 1: Der gesellschaftliche Handlungsbereich Literatur. Braunschweig/Wiesbaden: Vieweg.

Schmidt, Siegfried J. (1986): Texte verstehen - Texte interpretieren. In: Eschbach, Achim (Hrsg.): 75-103.

Schmidt, Siegfried J. (Hrsg.) (1987a): Media Genre. *POETICS* 16/5.

Schmidt, Siegfried J. (1987b): Towards a constructivist theory of media genre. In: Schmidt, Siegfried J. (Hrsg.): 371- 395.

Schmidt, Siegfried J. (1992): *Der Kopf, die Welt, die Kunst*. Konstruktivismus als Theorie und Praxis. Wien: Böhlau.

Spiro, Rand J. (1982): Long-term comprehension: schema-based versus experimental and evaluative understanding. *POETICS* 11: 72-86.

Varela, Francisco J. (1990): *Kognitionswissenschaft – Kognitionstechnik*. Frankfurt a. M.: Suhrkamp.

Viehoff, Reinhoold/ Schmidt, Siegfried J. (1985): *Kommunikatbildungsprozeß*. Empirische Untersuchungen zur deklarativen und prozeduralen Funktion literarischen Wissens. Genehmigter Antrag auf Forschungsförderung bei der DFG 10/1986.

Ziemke, Axel (1990): *System und Subjekt*. Unpublizierte Habilitationsschrift, Universität Halle-Wittenberg.

Die Funktion der Emotionen in der Konstruktion von Bedeutung zu englischen literarischen Texten

Jürgen Donnerstag

Petra Bosenius

Der folgende Beitrag untersucht die Funktion der Emotionen bei der konstruktiven Rezeption englischsprachiger literarischer Texte. Er diskutiert die Rolle der Emotionen auf der Grundlage der sogenannten funktionalen Emotionstheorie, die eine enge Verbindung von Kognition und Emotion postuliert. Dabei stehen folgende vier Fragen im Vordergrund: 1.Sind Emotionen, die durch Fiktionen ausgelöst werden, genuine Emotionen? 2. Worauf richtet sich die fiktionale Emotion? 3. Welche Rolle spielen Sympathie und Empathie in der Konstruktion fiktionaler Charaktere? 4. Welche Rolle spielt die formale Textgestaltung für die Emotion des Rezipienten?

Die vorgetragenen Überlegungen legen die Schlussfolgerung nahe, dass Emotionen im Leseprozess eine unabdingbare Voraussetzung für die Verbindung eigener Erfahrungswelten mit literarischen Erfahrungswelten bilden. Sie lenken die Aufmerksamkeit und die Inferenzprozesse des Lesers und aktivieren sein Gedächtnis. Diese Funktionen emotional engagierten Lesens entsprechen einer Form des Sprachgebrauchs, die dem der natürlichen Sprachaneignung sehr nahe kommt.

The article traces the function of emotions in the construction of literary readings. The discussion of the role of emotions is based on the so-called functional theory of emotion which argues for a close interconnection of cognition and emotion. The following four questions will be discussed: 1. Are fictional emotions genuine emotions? 2. What is the object of fictional emotions? 3. What is the role of sympathy and empathy in the construction of fictional characters? 4. What is the role of formal aspects of the text in evoking emotions?

We come to the conclusion that readers employ emotions in connecting their own world with that created in the literary text. Emotions guide the reader's attention and his cognitive inferencing and stimulate his memory. Thus an emotional reading process uses the foreign language in such a way that it equals language acquisition.

1. Vorbemerkung

Emotionen sind verstärkt Gegenstand der Forschung in Psychologie, Philosophie, Kulturwissenschaften und Linguistik. Vor allem die Entwicklungen in den psychologisch und neurobiologisch orientierten Kognitionswissenschaften geben den Emotionen einen neuen Stellenwert als inhärente Elemente der Kognition und heben damit den traditionellen Gegensatz von Emotionalität und Rationalität auf, den man als Erbe der europäischen Romantik verstehen kann (vgl. Pinker 1997: 369). Die folgenden Überlegungen zur Bedeutungskonstruktion anhand literarischer Texte kontrastieren folglich nicht eine emotionale mit einer rationalen oder kognitiven Rezeption, sondern sehen die Emotionen als steuernde Elemente im Gesamtprozess des Textverstehens, da die Emotionen die Aufmerksamkeit des Rezipienten beeinflussen, die Wahrnehmung selektierend gestalten und eine entscheidende Rolle für das Erinnern von fiktionalen Situationen spielen.

Es wird hier im Rahmen konstruktivistischer Grundannahmen (vgl. Müller in diesem Band; Knuth/Cunningham 1993: 163ff.) argumentiert, d.h. es wird postuliert, dass alle Interpreten dem Text auf der Basis ihrer individuellen Sozialisations- und Sprachlerngeschichte Bedeutung zuweisen. Interpretationen lassen sich somit nicht in wahr oder falsch aufteilen, sondern sie entsprechen gemäß einer multivalenten Logik Kategorien unterhalb eines objektiven Wahrheitsanspruchs. Sie können danach plausibel, angemessen, bedeutungsreich u.ä., auch falsch - aber nicht wahr - sein (vgl. Margolis 1990). Falsch wäre z.B. eine mangelnde Berücksichtigung der nicht hintergehbaren denotativen Bedeutung der fremdsprachlichen Wörter und ihrer Monosemierung durch den Kontext (vgl. Wendt 1996: 70).

Die folgende Darstellung wird zunächst grundsätzliche Fragen zur Rolle der Emotionen in der Textrezeption diskutieren. Auf der Basis der funktionalen Emotionstheorie wird u.a. zu fragen sein nach dem Wirklichkeitsgehalt fiktional ausgelöster Emotionen, nach ihrem Bezugsobjekt, nach der Rolle von Sympathie und Empathie mit den fiktionalen Figuren und nach der emotionalen Wirkung stilistischer Verfahren.

Auf dieser Grundlage wird in einem abschließenden Punkt die Einordnung der emotionalen Komponente in ein konstruktivistisches fremdsprachliches Lernen beschrieben werden. Wir gehen davon aus, dass im Unterricht mit literarischen Texten die individuellen Interpretationen miteinander verhandelt werden und auf ihre Funktionstüchtigkeit in der Lerngruppe überprüft werden (vgl. Wendt 1998: 9). Es ist nach unterrichtlichen Wegen zu suchen, die sich eignen, sowohl die Abhängigkeit aller Bedeutungskonstruktionen von bestimmten Wahrnehmungsschemata zu zeigen, als auch Kriterien zu entwickeln, nach denen Interpretationen miteinander verglichen werden können.

2. Emotionen und Literaturwissenschaft

Es ist der kulturelle Gesamtkontext, der die Bewertung der Emotionen und die Modalitäten ihres Ausdrucks regelt. Für die westliche Kultur ist unschwer eine durchgängige binäre Polarität zwischen Ratio und Emotion erkennbar mit einer klaren Dominantsetzung der aufklärerischen Vernunft. Emotionen sind zwar als wirkmächtig anerkannt, erscheinen aber meist als eine Bedrohung des rationalen Verhaltens. Emotionen konstituieren Subjektivität im Gegensatz zur Objektivität der Ratio. Die kulturelle Entwicklung des Westens weist den Emotionen zwar unterschiedlichen Stellenwert zu - das 19. Jahrhundert gab den Emotionen und ihrem Ausdruck deutlich einen größeren Raum als beispielsweise unsere jetzige Epoche - doch bleibt die Dominanz der Ratio unangefochten.

Zwar ist Literatur - hier vor allem der Roman - der kulturelle Bereich, in dem die Wirkmächtigkeit der Emotionen anerkannt ist und in dem Emotionen auf ihre gesellschaftlichen Konsequenzen hin befragt werden, doch findet sich die

Wissenschaft von der Literatur eindeutig im Lager der Ratio - dies schon, um im Feld der Wissenschaften allgemein anerkannt zu sein. Folglich erscheinen emotionale Reaktionen auf Literatur in der Wissenschaft als *affective fallacy*; Literatur und Kunst dienen der kognitiven Erkenntnis (vgl. Oxenhandler 1988).Diese deutliche Dichotomie von Gefühl und Verstand, von Subjektivität und Objektivität in der Wahrnehmung der Welt wird von den Kognitions- und Neurowissenschaften zunehmend in Frage gestellt. Die Emotionen erscheinen jetzt als integrale Elemente der Kognition, nicht als ihr Gegensatz. Im Folgenden soll der Kern der sog. funktionalen Theorie der Emotion skizziert werden, und zwar als Grundlage zur Beschreibung der Emotionen im Rahmen der Bedeutungskonstruktion.

3. Die funktionale Theorie der Emotion

Die Psychologie unterscheidet in der Regel zwischen *emotions, moods* und *dispositions* (vgl. Jenkins u. a. 1998: 1f.). Das Kriterium der Unterscheidung liegt in der zeitlichen Dauer der jeweiligen Zustände. Die Emotion tritt plötzlich auf, ist in der Regel von sehr begrenzter Dauer und hat eine deutliche Ursache. Eine Stimmung ist demgegenüber von längerer Dauer und hat meist keine klare Verursachung. Es gibt aber wohl vier emotionale Zustände, und zwar Glücksgefühl, Traurigkeit, Angst und Ärger, die sowohl als *emotion* als auch als *mood* auftreten können. Neben diesen vier Emotionen nennen Oatley / Johnson-Laird (1998: 85ff.) die folgenden vier als weitere 'elementare' Emotionen: Zuneigung, Liebe, Ablehnung und Ekel.

Die Klassifizierung von Emotionen als elementar oder grundlegend wirft die Frage nach der kulturellen Bedingtheit von Emotionen auf. Entgegen dem vorherrschenden kulturellen Relativismus scheint mir vieles aufgrund anthropologischer Forschungen für die Annahme von emotionalen Universalien zu sprechen (vgl. Pinker 1997: 364ff.). Die kulturellen Differenzierungen setzen eher bei den Regelungen für den emotionalen Ausdruck ein. Hier bestehen erhebliche Differenzen zwischen den Kulturen, die sich natürlich auch hinsichtlich der emotionalen Wertigkeit von Situationen unterscheiden. Ein zusätzliches Problem liegt in der sprachlichen Bezeichnung von Emotionen und der Frage ihrer Übersetzbarkeit in andere Sprachen (vgl. Niemeier / Dirven 1997).

Die dritte Kategorie - *dispositions* - schließlich bezeichnet langfristige emotionale Prägungen, die im Allgemeinen als Persönlichkeitsmerkmale verstanden werden. Hier ist deutlich eine Parallele zur traditionellen Lehre von den Temperamenten erkennbar.

Was ist eine Emotion? Die Grundaussage der funktionalen Theorie der Emotion sieht in Emotionen die Verknüpfung von Objekten und Ereignissen der Außenwelt mit den Interessen und Belangen (*concerns*) des Subjektes. Somit ist die Hauptfunktion der Emotion, die Aufmerksamkeit auf die Vorgänge zu lenken, die für die Belange des Individuums wichtig sind. Eine Emotion verweist somit immer auf ein subjektives Interesse, das übrigens nicht immer dem Individuum bewusst sein muss. Die Emotion als solche hängt entscheidend an der Einschätzung und Bewertung des Ereignisses, das die Emotion auslöst.

Emotions are at the center of human mental and social life. They integrate subjective experience, bodily changes, planned action, and social relating. ... We propose that emotions are communicative: they are based on signals within the brain that set it into distinct modes that reflect priorities of goals and that predispose toward appropriate classes of action. (Oatley / Johnson-Laird 1998: 85).

Die Einschätzung - *appraisal* - eines Ereignisses geschieht im Kontext von vier Kriterien: *relevance* - Bezugsnahe zur eigenen Person; *valence* - Stellenwert des Ereignisses im Hinblick auf das eigene Interesse; *reality* - Prüfung des Ereignisses auf seinen Wirklichkeitsgehalt und *difficulty* - der Grad der Schwierigkeit, das Ereignis im eigenen Interesse zu beherrschen (vgl. Frijda 1986: 204-221). Die aus der Einschätzung der Situation hervorgehende Emotion führt im Individuum zu einer Handlungsbereitschaft. Zwischen Individuen bestehen erhebliche Unterschiede in der Bereitschaft und auch in der Fähigkeit, die Emotionen mit anderen Faktoren, die das Handeln steuern, zu verbinden.

Die hier angedeuteten Leitlinien der funktionalen Emotionstheorie betonen die enge Verbindung zwischen Kognition und Emotion. Eine Emotion entsteht nur auf der Basis einer kognitiven Situations- und Personeneinschätzung.

Es ist darauf zu verweisen, dass sich hier das Interesse auf den bewussten kognitiv-emotionalen Rezeptionsprozess literarischer Texte richtet. Daneben lässt sich ein unbewusster, emotionaler und weitgehend irrationaler Prozess der Textassimilierung postulieren. Keitel (1997: 353) versucht, diesen unbewussten emotionalen Prozess mit Rückgriff auf die Freudsche Psychoanalyse zu beschreiben. Ihr Interesse richtet sich auf die Lektüre postmoderner Fiktionen, die auf Grund ihrer nicht-mimetischen Natur eine bewusste, identifikatorische, emotionale Reaktion verstellen. Postulate der Psychoanalyse spielen hier bei der Konzentration auf die bewusste emotionale Reaktion keine Rolle.

4. Emotion und Textrezeption

> *Is it not monstrous that this player here,*
> *But in a fiction, in a dream of passion,*
> *Could force his soul so to his own conceit*
> *That from her working all the visage wann'd*
> *Tears in his eyes, distraction in his aspect,*
> *A broken voice, an' his whole function suiting*
> *With forms to his conceit? And all for nothing,*
> *For Hecuba!*
> *What's Hecuba to him, or he to Hecuba,*
> *That he should weep for her?* (Hamlet, II,ii)

Die folgenden vier Unterpunkte markieren knapp kontroverse Fragen, die im Umfeld der durch Fiktionen ausgelösten Emotionen zu diskutieren sind. Da diese Fragen zum Teil generelle Probleme des Verhältnisses von Literatur und Wirklichkeit berühren, soll in den jeweiligen Unterpunkten nur auf grundlegende Alternativen verwiesen werden.

4.1. Sind die Emotionen, die durch Fiktionen ausgelöst sind, echte Emotionen?

Wenn Emotionen in der Lebenswelt von der Bewertung von Personen und Ereignissen im Hinblick auf individuelle Interessen und Ziele abhängen, wie können dann fiktionale Ereignisse, die diesen Bezug gar nicht haben können, zu Emotionen führen? Da aber Rezipienten emotionale Reaktionen zeigen, stellt sich die Frage, ob diese Emotionen identisch sind mit den entsprechenden Emotionen in der Lebenswirklichkeit. Hier gibt es unterschiedliche Sichtweisen, die eingehend bei Dadlez (1997: 9ff.) diskutiert werden. Besonders hervorzuheben ist die einflussreiche Studie von Kendall Walton (1990), der vorschlägt, im Fall der Fiktionen von *quasi emotions* zu sprechen. Er begründet dies mit dem Hinweis, dass Rezipienten keine existentiellen Verpflichtungen gegenüber den Personen und Ereignissen haben, auf die sich die Emotionen richten, und dass folglich die fiktional ausgelösten Emotionen keine auslösende Handlungskraft haben. Handlungsbereitschaft ist auch in der obigen Darstellung der funktionalen Emotionstheorie als Teil des emotionalen Zustandes beschrieben worden, so dass Waltons Meinung sich hier mit der der kognitiven Psychologen trifft.

Die fehlende Wirkmächtigkeit der Fiktionen in der Lebenswelt ist oft beklagt worden. Die Schriftsteller selber haben oft ihrer Enttäuschung Ausdruck gegeben, dass ihre engagierten Texte nicht mit einem entsprechenden Engagement der Rezipienten belohnt worden sind. Diese Klage verkennt jedoch den spezifischen Status der ästhetischen Fiktion. Es ist gerade die entscheidende Eigenschaft von Kunst und Literatur, von den Handlungszwängen der Wirklichkeit frei zu sein. Leser und Zuschauer lassen sich daher auch auf Personen und Ereignisse ein, auf die sie sich in der Wirklichkeit kaum einlassen würden, und sie „genießen" im emotionalen Bereich negative Emotionen, denen sie in der Wirklichkeit auszuweichen suchen. Die ästhetische Kommunikation handelt zwar von der Welt, tut dies aber in einer hypothetischen und imaginierten Weise. Die Emotionen, die entstehen, sind vielleicht 'Stellvertreter-Emotionen', aber sie sind echte Emotionen, auch wenn der Rezipient nicht auf ihrer Basis handeln muss.

Es ist an dieser Stelle darauf zu verweisen, dass die Entstehung von Emotionen trotz des Wissens, dass die auslösende 'Wirklichkeit' eine fiktionale ist, in bestimmten Graden auch ein Element der Lebenswelt ist. Emotionen können auch neben und gegen die Kognition bestehen, z.B. bei Ängsten, von denen man weiß, dass die auslösende Situation durchaus keinen kognitiv begründbaren Anlass gibt. Erst wenn die Kluft zwischen Kognition und Emotion wächst, gerät die Emotion in den pathologischen Bereich (vgl. Gerrig 1993: 179ff.).

4.2. Worauf richtet sich die fiktionale Emotion?

Neben der Diskussion über den Status der fiktional ausgelösten Emotionen gibt es auch unterschiedliche Vorstellungen über die Objekte, auf die sich die Emotionen richten. Was bedeutet es beispielsweise, einen fiktionalen Charakter zu bewundern oder zu verabscheuen?

Eine erste Antwort besagt, dass die fiktional ausgelösten Emotionen sich auf korrespondierende Personen in der Wirklichkeit richten, die in ihren Handlungen eine weitgehende Ähnlichkeit mit den fiktionalen Personen aufweisen. Dies ist wohl immer dann der Fall, wenn der Rezipient eine Parallele zu einer wirklichen Person in seiner Erinnerung herstellen kann. So meint Levinson (1990: 79), dass unsere Erinnerung *is tapped into and reactivated by those aspects of the story and characters that resonate with them.* Dieser Verweis auf die Erinnerung korrespondiert mit den Ergebnissen der funktionalen Emotionstheorie. So betont auch Oatley (1994) die Rolle, die der Erinnerung des Rezipienten bei der Entstehung der Emotion zukommt.

Die Möglichkeit einer Parallele zur Wirklichkeit kann aber nur dann angenommen werden, wenn der Rezipient einen breiten Erfahrungshintergrund besitzt. Ist dies nicht der Fall, muss es Alternativen geben. Dadlez (1997: 82ff.) diskutiert eine Reihe von Vorschlägen, die alle davon ausgehen, dass es weniger konkrete Personen sind, auf die sich die Emotionen richten, als vielmehr imaginierte Möglichkeiten oder gedankliche Abstraktionen, die sich universalisierend aus den fiktionalen Szenarios bilden.

4.3 Sympathie und Empathie in der Konstruktion fiktionaler Figuren

In seinem Versuch, eine Taxonomie von Emotionsarten im Bereich der Textrezeption zu bilden, macht Oatley (1994: 54f.) eine grundlegende Unterscheidung zwischen dem Leser, der eine Außenposition zum Text einnimmt und demjenigen, der in die Innenwelt des Textes eintritt und Bezüge zu den dargestellten Personen herstellt.

Die Außensicht reagiert emotional auf das jeweilige Muster, die übergreifende Formel des Textes. So ruft die handlungsbetonte Erzählung Neugier hinsichtlich des Fortschrittes der Handlung hervor, und der Rezipient passt sich dem betreffenden *schema* an. Erzählungen versuchen häufig, eine derartig einfache Assimilierung an ein *schema* aufzubrechen, und veranlassen den Leser stattdessen mittels überraschender Neuerungen, das *schema* zu modifizieren.

Den Eintritt in die fiktionale Welt versteht Oatley so, dass der Leser auf einzelne Figuren reagiert und deren Handlungen emotional erlebt. Hier muss man unterscheiden zwischen Emotionen der Sympathie - der Rezipient fühlt *für* die Figur - und solchen der Empathie - der Rezipient fühlt *mit* der Figur. Bei Sympathie ist es nicht notwendig, sich vorzustellen, was wohl der Charakter fühlt, die Gefühle des Rezipienten können sogar konträr zu denen des Charakters sein. Demgegenüber ist in der empathischen Reaktion entscheidend, dass der Rezipient die angenommenen Gefühle der Figur teilt. Zwischen Empathie mit einer fiktionalen Figur und einer Person in der Wirklichkeit besteht kein Unterschied (Neill 1996: 191):

> In empathizing with another, whether she be actual or fictional, one imagines the situation she is in from her point of view; one imaginatively represents to oneself her beliefs, desires, hopes, fears, and so on as though they were one's own. And in both cases, one may come actually to feel what the other in question, be she actual or fictional, is imagined as feeling.

Es wird mit Aufgabe einer geplanten explorativen Studie sein, herauszufinden, wann und unter welchen Umständen ein Rezipient eine empathetische Beziehung mit einer fiktionalen Figur aufbaut. Carroll (1997: 393) macht zu Recht darauf aufmerksam, dass eine derartige Empathie, die häufig auch unter dem Begriff der Identifikation diskutiert wird, wahrscheinlich gar nicht so häufig ist, weil der Leser in der Regel ausreichende Informationen über die Gefühle der Figur erhält, so dass anzunehmen ist, dass der Leser Sympathie für die Figur entwickelt und damit auf die jeweilige Gesamtsituation emotional reagiert.

4.4. Formale Gestaltung und Emotion

Im Anschluss an die traditionelle Differenzierung von Form und Inhalt kann man unterscheiden zwischen sog. *F-emotions*, die sich auf die Ereignisse in der fiktiven Welt richten, und *A-emotions*, die sich auf den Artefakt, d.h. auf die Form des Textes beziehen (vgl. Tan 1994: 28 und Kneepkens / Zwaan 1995: 132).

Es ist zu erwarten, dass beide Emotionsformen miteinander interagieren. Immer dann, wenn die Aufmerksamkeit auf die formale Gestaltung gelenkt wird, besteht beim Rezipienten die Tendenz, die über den Inhalt ausgelöste Emotion zu kontrollieren, das heisst über die Realisierung des Kunstcharakters des Textes eine größere Distanz einzunehmen. Texte, die die Wirklichkeitsillusion ihrer Welt hervorheben möchten, tragen in der Regel Sorge, die *A-emotions* gering zu halten, d.h. sie orientieren sich eher an die konventionellen Formen. Ohne Zweifel können aber *F-emotions* und *A-emotions* parallel bestehen. So kann Empathie mit einer Figur gekoppelt sein mit der Bewunderung für die sprachliche Formulierung, in der die Figur erscheint.

Eine besonders enge Koppelung der beiden Emotionsarten wird von Miall / Kuiken (1994) postuliert. Sie greifen das Kriterium der Abweichung (*deviation*) als Charakteristikum von Kunst und Literatur auf und binden die Auslösung von Emotionen an die Wahrnehmung von sprachlichen Abweichungen. Es ist eine wichtige Frage für die erwähnte explorative Studie, ob derartige Abweichungen die behauptete Wirkung haben. Die These könnte vielleicht erklären, warum die Rezeption fremdsprachiger Literatur deutlich weniger Emotionen auslöst als entsprechende muttersprachige Literatur. In der Fremdsprache sind solche Abweichungen schwerer zu erkennen, werden sicher oft auch gar nicht realisiert, so dass die vom Text intendierte Emotion an der entsprechenden Stelle nur unzulänglich erfolgt.

Selbst wenn der Text nicht - oder zumindest nicht erheblich - über Abweichungen charakterisiert ist, so ist natürlich die Wahl der Darstellungsmittel des Textes von erheblicher Relevanz. Texte bewegen sich hinsichtlich der Darstellung von Emotionen und damit auch in ihren Zielen hinsichtlich der Weckung von Emotionen im Leser zwischen zwei Polen. Auf der einen Seite liegen Textsorten wie das Melodrama, das nahezu ausschließlich auf Emotionen zielt, auf der anderen Seite finden wir metafiktionale postmoderne Texte, die direkte Emotionen, z.B. im Bereich Sympathie oder Empathie, bewusst verhindern. Innerhalb eines breiten Feldes 'realistischer' Texte ist es von erheblicher Bedeutung, ob der Text Emotionen direkt darstellt, indem er

Figuren über ihre Gefühle sprechen lässt, ob er sie über Berichte der Erzählinstanz verdeutlicht oder ob die Emotionen nur über indirekte Hinweise und somit über die Inferenzleistung des Lesers manifest werden.

5. Emotionen und konstruktivistisches Lernen

Emotionen bilden im Leseprozess eine unabdingbare Voraussetzung für das Verstehen und die Wertschätzung literarischer Texte. Ohne Emotionen gibt es keine Beteiligung an der fiktional entworfenen Welt, damit kein Interesse und auch kein Verständnis im kognitiven Sinn. Wenn die entworfene Welt des Textes nicht erfahren wird, bleibt sie für den Rezipienten ohne Wert. Wir betrachten die *Gefühle beim Lesen* als integralen Bestandteil des literarischen Leseprozesses und sehen darin nicht den Weg zu einer subjektiven Beliebigkeit der Textaneignung, die durch objektivierende Konstruktionen ersetzt werden sollte. Im Lichte der funktionalen Emotionstheorie zeigt sich, dass hinter den ausgelösten Emotionen eine Einschätzung und Beurteilung der fiktionalen Charaktere liegt. Die Emotion verbindet sich somit immer mit den kognitiven Komponenten des Verstehens.[1]

Untersuchungen zum Rezeptionsverhalten von Studierenden (vgl. Bosenius/ Donnerstag, im Druck) deuten darauf hin, dass es beim fremdsprachlichen Lesen nicht zu einer vollen Realisierung der dargestellten Erfahrungswelt kommt, weil die Leser beim ersten Lesen zu stark auf den Aufbau des Handlungsablaufs konzentriert sind. Hier könnte ein generelles Problem des derzeitigen literarischen Lesens liegen, weil die ursprüngliche Funktion der Literatur, emotional erlebbare Erfahrungswelten zu bieten, weitgehend auf andere Medien übergegangen ist. Über Film und Fernsehen ist es zu einem hohen Grad an Weckung und Stimulierung von Emotionen gekommen, die leicht zugänglich sind und in denen man eine Erschöpfung und Trivialisierung von Emotionen sehen mag:

> Thus, postemotionalism refers to the use of dead, abstracted emotions by the culture industry in a neo-Orwellian, mechanical, and petrified manner. ... A new hybrid of intellectualized, mechanical, mass-produced emotions has appeared on the world scene. (Mestrovic 1997: 26)

Das oft beobachtete geringe Interesse an literarischem Lesen - zumindest wenn es im Kontext der Schule verlangt wird - kann folglich darin begründet sein, dass die Emotionen über den rein sprachlichen Text nicht so stimuliert werden wie durch den Film (vgl. Tan 1994) und dass, für die Schüler erkennbar, der Unterricht den Emotionen keinen großen Stellenwert beimisst. Umfragen unter Schülern belegen, dass sie die Rezeption fremdsprachiger Literatur als ein weitgehend lehrergesteuertes Abarbeiten inhaltlich-formaler Analysekategorien sehen. Die Bedeutung von Emotionen im Verstehensprozess ist allererst in das Bewusstsein von Lehrenden und Lernern zu heben.

Sobald der Unterricht sich generell stärker an konstruktivistischen Lernprinzipien orientiert, kann auch den emotiven Komponenten der Sinnbildung mehr Raum zukommen. Dies soll im Folgenden kurz begründet werden.

Konstruktivistische Lernprinzipien werden besonders deutlich über ihre Abweichung von Prinzipien der Instruktion, die alle Lerner auf einen bestimmten Weg der Aufnahme von kleinschrittigen Lerninhalten mit anschließender Überprüfung verpflichtet. Konstruktivisten betonen demgegenüber die individuelle Wissensaneignung auf dem Hintergrund einer individuellen Wissensausprägung. Um die entsprechenden Lernprozesse auszulösen, muss es eine authentische, komplexe und reiche Lernumgebung geben, in der der Lerner auf der Basis seines bereits vorhandenen Wissens mit den neuen Elementen interagiert. Konstruktivisten gehen davon aus, dass der Lerner im Laufe seiner jeweiligen Lerngeschichte vielfältige Strategien entwickelt, die es ihm ermöglichen, eine Integration des neuen Wissens vorzunehmen. Je bewusster diese Strategien sind, desto besser können sie angewendet und vor allem auch entwickelt werden. Folglich ist es ein zentrales Ziel des konstruktivistischen Lernens, ein Bewusstsein vom eigenen Lernen zu entwickeln und somit in der Lage zu sein, selbstständig mit neuen Lernsituationen umzugehen. Auf diesem Wege erwirbt der Lerner ein Maß an Autonomie (vgl. Wolff 1998).

Auf den Unterricht mit fremdsprachigen literarischen Texten bezogen, ließe sich folgende Abfolge postulieren (vgl. Black / McClintock 1995: 1): 1. Die Lerner machen angesichts eines authentischen Textes in einer authentischen Lesesituation Beobachtungen zu für sie auffälligen Phänomenen des Textes. 2. Aus diesen Beobachtungen wird eine Bedeutungshypothese konstruiert, die 3. in der Lerngruppe auf ihre Funktionstüchtigkeit hin geprüft wird; d.h. die Lerner vergleichen hier ihre Beobachtungen, ihre Inferierungen und Kontextualisierungen. 4. Die Lerner gewinnen über diesen Prozess Einsicht in die Möglichkeit unterschiedlicher Konstruktionen, entwickeln damit Flexibilität und entwerfen 5. Kriterien für die Plausibilität ihrer Bedeutungskonstruktionen.

Unter der hier angenommen Prämisse, dass die Emotionen eng an die Kognitionen gebunden sind, würden die Emotionen die Aufmerksamkeit - die Emotion deutet immer auf Interessen und Belange des Rezipienten hin - und nicht zuletzt die Erinnerung der Lerner beeinflussen und damit einen wichtigen Stellenwert in der Entwicklung der Bedeutungshypothesen und der Überprüfung ihrer Funktionstüchtigkeit einnehmen.

Anmerkung

[1] Vgl. allgemein für das Lernen von Fremdsprachen: Schwerdtfeger 1997.

Literatur

Black, John B./ Mc Clintock, Robert O. (1995): *An Interpretation Construction Approach to Constructivist Design*. www.ilt.columbia.edu/ilt/papers/ICON.html.
Bordwell, David/ Caroll, Noel (Hrsg.) (1996): *Post-Theory*. Reconstruction Film Studies. Madison: University of Wisconsin Press.
Carroll, Noel (1997): Simulation, Emotions and Morality. In: Hoffmann, Gerhard u. a. (Hrsg.): 383-399.

Dadlez, Eva M. (1997): *What's Hecuba to Him?* Fictional Events and Actual Emotions. University Park: The Pennsylvania State University Press.
Duffy, Thomas M. u. a. (Hrsg.) (1993): *Designing, Environments for Constructive Learning.* Berlin: Springer.
Feagin, Susan L. (1996): *Reading with Feeling. The Aesthetics of Appreciation.* Ithaca: Cornell University Press.
Frijda, Nico (1986): *The Emotions.* Cambridge: Cambridge University Press.
Gerrig, Richard J. (1993): *Experiencing Narrative Worlds.* On the Psychological Activities of Reading. New Haven: Yale University Press.
Hoffmann, Gerhard/ Hornung, Alfred (Hrsg.) (1997): *Emotion in Postmodernism.* Heidelberg: Winter.
Jenkins, Jennifer/ Oatley, Keith/ Stein, Nancy (Hrsg.) (1998): *Human Emotions.* A Reader. Oxford: Blackwell.
Keitel, Evelyne (1997): Emotions in Reading Postmodernism. In: Hoffmann, Gerhard u. a. (Hrsg.): 347-362.
Kneepkens, E.W./ Zwaan, Rolf A. (1995): Emotions and Literary Text Comprehension. *Poetics* 23: 125–138.
Knuth, Richard A./ Cunningham, D.J. (1993): Tools for Constructivism. In: Duffy, Thomas M. u. a. (Hrsg.): 163–188.
Levinson, Jerrold (1990): The Place of Real Emotion in Response to Fiction. *Journal of Aesthetics and Art Criticism* 48: 79-89.
Margolis, Joseph (1990): *The Truth About Relativism.* Oxford: Blackwell.
Mestrovic, Stjepan G. (1997): *Postemotional Society.* London: Sage.
Miall, David S. (1993): Constructing Understanding: Emotion and Literary Response. In: Straw, Stanley B. u. a. (Hrsg.): 63–81.
Miall, David S./ Kuiken, Don (1994): Beyond Text Theory. Understanding Literary Response. *Discourse Processes* 17: 337-352.
Neill, Alex (1996): Empathy and (Film) Fiction. In: Bordwell, David u. a. (Hrsg.): 175-194.
Niemeier, Susanne/ Dirven, René (Hrsg..) (1997): *The Language of Emotions.* Amsterdam: John Benjamins.
Oatley, Keith (1994): A Taxonomy of the Emotions of Literary Response and a Theory of Identification in Fictional Narrative. *Poetics* 23: 53-74.
Oatley, Keith/ Johnson-Laird, Philip (1998): The Communicative Theory of Emotions. In: Jenkins, Jennifer u. a. (Hrsg.): 84-97.
Oxenhandler, Neal (1988): The Changing Concept of Literary Emotion: A Selective History. *New Literary History* 20: 105-121.
Pinker, Steven (1997): *How the Mind Works.* New York: Penguin.
Schwerdtfeger, Inge-C. (1997): Der Unterricht Deutsch als Fremdsprache. Auf der Suche nach den verlorenen Emotionen. *Info DaF* 24: 587–606.
Straw, Stanley B./ Bogdan, Deanne (Hrsg.) (1993): *Constructive Reading, Teaching Beyond Communication.* Portsmouth: Boynton / Cook.
Tan, Ed S. (1994): Film-induced Affect as a Witness Emotion. *Poetics* 23: 7-32.
Walton, Kendall (1990): *Mimesis as Make-Believe.* On the Foundations of the Representational Arts. Cambridge: Harvard University Press.
Wendt, Michael (1996): *Konstruktivistische Fremdsprachendidaktik.* Lerner- und handlungsorientierter Fremdsprachenunterricht aus neuer Sicht. Tübingen: Narr.
Wendt, Michael (1998): Fremdsprachenlernen ist konstruktiv. *Der Fremdsprachliche Unterricht Französisch* 2: 4–10.
Wolff, Dieter (1998): *Lernstrategien: Ein Weg zu mehr Lernerautonomie.* www.ualberta. ca/~german/idv/wolff1/htm

Le coureur perdu -
Erkennen, Verstehen und interkulturelles Lernen

Michael Wendt

Der erkenntnistheoretische Konstruktivismus leugnet keinesfalls die Realität 'an sich'; das Bild, das wir von ihr haben, ist aus seiner Sicht jedoch kein „Abbild", sondern ein mentales bedeutungshaltiges Konstrukt, das zu seiner Weiterentwicklung der ständigen Überprüfung auf interne Stimmigkeit und auf externe Funktionstüchtigkeit bedarf.

Aus der Beschreibung des *Wiedererkennens* als Wirkung von 'Signalen' und des *Verstehens* als Sinnzuweisung werden Folgerungen für die Textarbeit und interkulturelles Lernen im Fremdsprachenunterricht gezogen.

Le constructivisme épistémologique ne nie en aucun cas l'existence d'une réalité extérieure: l'image que nous avons de celle-ci y est décrite comme une construction mentale porteuse de sens qui, pour maintenir et développer sa viabilité interne et externe, nécessite des contrôles permanents.

L'auteur de cette contribution définit le concept de reconnaissance *comme l'effet de 'signaux' et celui de* compréhension *comme attribution d'un sens à la réalité ainsi perçue. Sur la base de ces définitions, il ouvre des perspectives pour l'analyse textuelle et le travail sur l'interculturel dans l'enseignement des langues étrangères.*

1. Vorbemerkung[1]

Trotz einer gewissen pragmatischen Akzeptanz des Englischen als *lingua franca* scheint es dem Fremdsprachenunterricht immer schwerer zu fallen, seinem Bildungsauftrag im zusammenwachsenden Europa gerecht zu werden. Eine anfängliche Motiviertheit erweist sich oft schon bald als nicht mehr tragfähig (vgl. Kieweg / Rampillon / Reisener 1998): Alles andere scheint unsere Schülerinnen und Schüler weit mehr zu beschäftigen als die Aneignung des nun einmal notwendigen Lernstoffs, und nur zu gut begreifen wir die Klage im Leserbrief eines Berliner Lehrers, dass uns leider niemand verrät, „wie das Wissen in die Köpfe kommt" (Niemeyer 1998). Dies scheint mir eine ganz grundsätzliche Frage, um so mehr, als wir keineswegs sicher sein dürfen, dass Wissen überhaupt – wie im Bild des Nürnberger Trichters vorausgesetzt – von außen ins Gehirn transportiert werden kann.

Wenn wir mit dem Versuch, in die Köpfe etwas hinein zu bekommen, so wenig Erfolg haben, lassen wir die Lernenden ihr Wissen doch selbst produzieren – lautet sinngemäß die Antwort der Anhänger der Freinet-Pädagogik, der Fürsprecher des autonomen Lernens, der Verfechter kreativer Unterrichtsformen und der Pioniere des Lernens mit dem Computer. Mit entsprechenden Unterrichtsarrangements kurieren sie – oft erfolgreich – Symptome, ohne den Ursachen auf den Grund zu gehen.

Konstruktivistische Kognitionstheorien hingegen können zeigen, dass die beklagten Erscheinungen auf gewissen Gegebenheiten der menschlichen Erkenntnis, des Verstehens und des Lernens beruhen.

2. Erkennen und Wahrnehmen

Erkenntnistheorie war immer auch ein Stück weit Erkenntniskritik. Dass wir die Welt, die Realität, die Dinge um uns, nie 'an sich' erkennen können, wie es naiver Realismus und Positivismus annehmen, sondern immer nur ausmachen können, was sie 'für uns' ganz persönlich sind, darüber waren und sind sich viele hervorragende Denker der Vergangenheit und Gegenwart weitgehend einig. Deren Reihe erstreckt sich von Platon und dem Apostel Paulus über Vico, Berkeley, Descartes und Kant bis zu Heidegger, Sartre und einigen postmodernen Denkern.

An den Mängeln unserer Erkenntnisfähigkeit nicht ganz unschuldig ist sicher auch die Ineffizienz unserer Sinnesorgane. „Über Geschmack lässt sich nicht streiten", sagt man; denn auch Geschmack als Sinneseindruck wird mit Recht als rein subjektive Empfindung angesehen. Aber gilt dasselbe nicht auch für Gerüche, Gefühltes, Gehörtes und Gesehenes? Schließlich sind auch für diese Sinneswahrnehmungen Erfahrungen mit Dingen verantwortlich, die nach unserem Empfinden ähnlich gerochen, ähnlich ausgesehen usf. haben.

Hieraus lässt sich folgern, dass Wahrnehmung immer auch Interpretation ist, wobei *Interpretation* hier zunächst die mentalen Prozesse des Vergleichens mit Erfahrungen und eine entsprechende Bewertung bedeutet. Der Säugling kann die Fliege an der Wand nicht als solche wahrnehmen – nicht etwa weil seine Augen dazu physisch nicht in der Lage wären, sondern weil die Realität einer Fliege in der mentalen Wirklichkeit des Säuglings noch nicht vorkommt.

Wahrnehmung geschieht also aus 'Anlass' von Realität, wie die Konstruktivisten sagen, sie findet aber ausschließlich im Gehirn statt. Und da die Wirklichkeit, in der wir leben, sich weitgehend aus Wahrgenommenem zusammensetzt, lässt sich annehmen, dass unsere 'Erfahrungswirklichkeit', genau wie jede Wahrnehmung, ein Konstrukt ist - eine 'Wirklichkeitskonstruktion'.

Dass dies keine philosophische Spitzfindigkeit ist, belegen die Neurologen. Wenn wir diesen Glauben schenken dürfen, verhält es sich mit unserem Gehirn in der Tat so (Schnabel / Sentker 1997: 163 nach Ramachandran; vgl. auch: 165):

> Der Job der linken Seite besteht darin, ein Modell der Wirklichkeit zu erschaffen und dieses möglichst aufrechtzuerhalten, während die rechte Seite die Aufgabe hat, Abweichungen von diesem Bild aufzuspüren. Wenn diese Anomalien eine bestimmte Schwelle überschreiten, zwingt die rechte Hemisphäre die linke, ihr Modell aufzugeben und von vorn anzufangen.

In konstruktivistische Sprechweise übersetzt heißt dies: Während Teile unseres Gehirns – ähnlich wie im Traum – damit beschäftigt sind, hypothetische mentale ('virtuelle') Wirklichkeiten zu erzeugen, überprüfen andere Gehirnzentren mit

Hilfe unserer Sinnesorgane, ob diese mentalen Wirklichkeiten in der Realität Bestand haben können, 'viabel' sind. Wenn ja, werden sie sich verfestigen – wir haben dann den Eindruck, die Realität erkannt, die „Wahrheit" gefunden zu haben. Gehen die Viabilitätsprüfungen jedoch negativ aus, konstruiert unser Gehirn neue Wirklichkeiten.

Der erkenntnistheoretische Konstruktivismus leugnet also keinesfalls die Realität 'an sich'. Er bezweifelt nur, dass wir ein wie auch immer geartetes „Abbild" von dieser besitzen. Das Bild, das wir von ihr haben, ist ein Konstrukt, verfügt aber über viele Facetten, wie z.B. das Bild vom anderen, die Ansichten, wie Lernen vor sich geht, Meinungen über unsere und andere Gesellschaften, Vorstellungen von dem Funktionieren der Zielsprache, kurzum: Vorstellungen, mit denen auch Fremdsprachenunterricht zu tun hat.

Außerdem gibt es zwischen Realität und Wirklichkeitskonstruktionen mit ziemlicher Sicherheit eine „Brücke", von der die radikalen Konstruktivisten der ersten Stunde gar nicht gern reden (vgl. auch Stangl 1987: 316), die sie verschämt in ihren Beispielen verstecken. Nicht anders als jeder technische Sensor, als Computer und als einige Pflanzen verfügen auch Menschen und Tiere über eine Form der Begegnung mit Realität, die ich als *Wiedererkennen* bezeichnen möchte und ohne die Phänomene wie die Habituation bei lebenden Organismen ebensowenig erklärt werden könnten wie das Auffinden eines Namens im Telefonbuch sowie die Identifizierung der Rufnummer in diesem Verzeichnis und auf dem Tastenfeld. Ja, nicht einmal Viabilisierungsprozesse und das Konstruieren aus 'Anlass' von Wirklichkeit ließen sich befriedigend beschreiben.

In Wiedererkennensprozessen besitzen gerade solche Zeichen eine besondere Signalwirkung, die im Laufe unserer Individuation und Sozialisation mit einem starken emotionalen Potential aufgeladen wurden. Hierzu gehören etwa der eigene Name, der Ruf „Vorsicht!", besonders große Spinnen oder ein bestimmter Musik-Sound.

3. Verstehen

3.1 Ist Verstehen möglich?

Beim bisherigen Stand unserer Überlegungen müssten wir diese Frage eigentlich verneinen. Wenn alle in ihren eigenen Wirklichkeitskonstruktionen leben und denken, wie sollten dann Verstehen oder gar Kommunikation möglich sein?

Auf den ersten Blick scheinen die Aussichten gering: Denn die von de Saussure behauptete Vereinigung von Bedeutendem und Bedeutetem im Zeichen ist keineswegs naturgegeben. Damit will ich sagen, dass wir zwar Ohren und Augen für die Laut- oder Schriftgestalt von Informationen haben, dass wir für Bedeutungen jedoch kein Sinnesorgan besitzen. Wir müssen also die Bedeutungen von Informationen zunächst einmal selbst konstruieren. Dass wir das auch wirklich tun, hat man bei Experimenten mit Unsinnswörtern (Logatomreihen) herausgefunden und als 'natürliche Semantisierungstendenz' (vgl. Haseloff / Jorswieck 1971: 24, 157) bezeichnet.

Durchaus Ähnliches lässt sich aber auch für Begriffe beobachten, mit denen wir täglich umgehen: Josiane Boutet hat in ihrem interessanten Buch *Construire le sens* (1997) Ergebnisse von Untersuchungen dargestellt, aus denen hervorgeht, dass selbst Angehörige derselben Berufsgruppe - hier: Metallarbeiter - Begriffen wie 'Arbeit', 'Qualifikation' und 'Facharbeiter' *(O.S.)* zum Teil stark voneinander abweichende Bedeutungen zuordnen.

Fazit: Verstehen ist primär nicht Sinn*entnahme*, sondern konstruktive Sinn*zuweisung* aus dem Vorrat bereits persönlich erfahrener Bedeutungen. Diese bezeichne ich als *konnotativ*. So gesehen, ist jedes Verstehen – natürlich auch das im Unterricht – konnotativ, „global" und subjektiv, geprägt von der eigenen Individuations- und Sozialisationsgeschichte, und ist Bedeutung ein Ort in unseren Wirklichkeitskonstruktionen.

Bevor wir aber den Anschein erwecken, einem grenzenlosen Subjektivismus das Wort zu reden (vgl. Schüle 1998)[2], machen wir uns klar, dass nicht nur Individuen, sondern auch Gemeinschaften, Gruppen, Volksstämme und Nationen Wirklichkeiten konstruieren. Solche interindividuellen oder sozialen Wirklichkeitskonstruktionen neigen dazu, sich in Institutionen zu kristallisieren: Familien, Vereine, Fachbereiche, Heimatvereinigungen, Parteien, Finanzämter, Kirchen, Medien konstruieren ihre eigenen Wirklichkeiten, an denen ihre Mitglieder ihre individuellen Wirklichkeitskonstruktionen viabilisieren und gegebenenfalls korrigieren. Kurzum: Als Mitglied in einem Werder Bremen Fan-Club habe ich einen schweren Stand, wenn ich Herta BSC für den besseren Verein halte.

Auch Begriffe lassen sich als interindividuelle Wirklichkeitskonstruktionen betrachten. In den meisten Sprachen gibt es ein Wort für *Kälte*, und dieser Begriff ist höchst viabel: Kälte zeigt sich beim Frieren des Wassers, wir schützen uns vor ihr mit Winterkleidung und indem wir die Fenster schließen, trotzdem er-*kälte*-n wir uns manchmal, und außerdem bauen wir Maschinen, die Kälte erzeugen. Trotzdem gibt es in der Physik, die es eigentlich wissen müsste, keine Formel und nicht einmal eine Einheit für Kälte.

Halten wir fest: Bedeutungen sind primär individuell-konnotative Konstrukte. Denotative Bedeutungen von Wörtern und kulturellen Symbolen, wie wir sie in Wörterbüchern, Vokabelverzeichnissen, Terminologien oder Lexika finden, erscheinen erst am Ende einer langen Kette von sozialen Konstruktions-, Viabilisierungs- oder Aushandlungsprozessen. Sie können dann von den meisten Mitgliedern einer Sprach- oder Kulturgemeinschaft *wiedererkannt* werden und damit letzten Endes sicherstellen, dass Verständigung über individuelle und gruppenspezifische Konnotationen hinweg wenigstens in Grenzen möglich ist.

3.2 Textarbeit im Fremdsprachenunterricht

Im Alltag können wir uns damit arrangieren, dass Verstehen so enge Grenzen hat; bei der Arbeit mit landeskundlichen oder gar literarischen Texten kann das aber dramatisch werden. Denken Sie etwa an die wohl allen bekannte Apfelschussszene in

Schillers *Wilhelm Tell*. Sicher kann ich den denotativen Apfel (vgl. auch Knobloch 1994: 212) im Schriftbild wiedererkennen, aber welche Bedeutung kommt ihm hier zu? Es ist überliefert, dass Schiller bei der Arbeit den Geruch reifer Äpfel schätzte. Dachte er an diese oder eher an den Reichsapfel, der in der besagten Szene symbolisch tödlich getroffen wird? Oder an den Baum der 'Erkenntnis', einer Erkenntnis, die sich bezeichnenderweise im Zusammenhang mit dem Sündenfall einstellte? Freud hätte natürlich sofort eine einleuchtende Deutung für den Apfel parat, der von einem Pfeil durchbohrt wird. Und während Schiller als klassisch gebildeter Mensch vielleicht den Apfel der Zwietracht des Paris im Sinn hatte, fallen mir die regenfleckigen Boskopäpfel in meinem Garten ein, meinen Söhnen eher die wachspolierten Hochglanzäpfel aus dem Supermarkt – welches ist nun die „richtige" Interpretation?

Dieses Beispiel aus dem Deutschunterricht macht deutlich, um wieviel schwieriger Textarbeit im Fremdsprachenunterricht sein muss. Fremdsprachige Texte sind für Lernende zunächst schwer durchschaubare Beziehungsgeflechte von Zeichen aus einer anderen Welt, denen sie oft nur versuchsweise Bedeutungen aus ihren eigenen Wirklichkeitskonstruktionen zuordnen können. Dieser Vorgang ist als Vergleich zu sehen: Welche mentalen Texte aus meiner Sozialisationsgeschichte, aus meiner Medienerfahrung, aus meiner Hörer- und Leserbiographie könnten hier passen und als Grundlage für die Konstruktion neuer mentaler Texte dienen? Hieraus folgt, dass jedes Lesen ein intertextuelles ist (vgl. Wendt 1996: 34-60) und dass der explizite Vergleich (vgl. Leupold 1988) themenähnlicher Texte die „natürlichste" Form des analytischen und interpretierenden Umgangs mit Texten darstellt.

Leider werden Schülerinterpretationen immer noch an einer vermuteten Sinngebungsabsicht des Autors gemessen (z.B. bei Sändig 1997: 104 f.), wobei im Grunde Folgendes geschieht: Die Lehrperson erwartet, dass die Schüler die von ihr vorbereitete Interpretation erraten und stellt sich als geistige „Hebamme" zwischen Schüler und Text (vgl. auch Weskamp 1997: 346 nach Gaudig 1911). Das veranlasst die Lernenden, ihre Bedeutungskonstruktion nicht am Text selbst, sondern an der Interpretation der Lehrperson zu viabilisieren, was vollkommen der Haltung des zukünftigen Lesers, den wir erziehen wollen, widerspricht. Mir ist oft entgegengehalten worden, dass dann ja der Beliebigkeit einer Interpretation Tür und Tor geöffnet wären[3] und Interpretation überhaupt nicht mehr lehrbar sei.

Im Gegenteil: Der Apfel in Schillers *Wilhelm Tell* darf nicht zur Birne werden, und er wird es auch nicht; denn jede Schülerinterpretation muss an der denotativen Textebene und in der *interpretative community* (vgl. Fish 1976) der Klasse oder des Kurses viabilisiert werden. Ich nenne dies „kontrolliertes Hineininterpretieren". Und: Gelenkte Interpretationen sind weiterhin durchaus zu befürworten, insbesondere beim „Einstieg" in eine Reihe themenähnlicher Texte – alle weiteren Texte aus dieser Reihe sollten dann jedoch von den Schülerinnen und Schülern interpretiert werden, wobei die Ergebnisse im Plenum zu verantworten sind.

Dabei sollte den Lernenden durchaus bewusst sein, dass und wie sie die Textaussagen konstruieren ('Konstruktionsbewusstheit') und dass es keine endgültigen Interpretationsergebnisse gibt.

4. Interkulturelles Lernen

4.1 Erziehung im Fremdsprachenunterricht?

Der Begriff des interkulturellen Lernens geht bekanntlich auf die interkulturelle Pädagogik zurück. Mit diesem Hinweis möchte ich unterstreichen, dass interkulturelles Lernen nicht das Lernziel für ein bestimmtes Fach auf einer bestimmten Jahrgangsstufe, sondern ein Richtziel ist, das im erzieherischen Gesamtzusammenhang gesehen werden muss und das als eines der hochrangigen, persönlichkeitsbildenden Lernziele zu gelten hat, dem sich die fremdsprachlichen Fächer in besonderer Weise verpflichtet fühlen sollten, weil sie ohne diese Zielperspektive ihre Daseinsberechtigung verlören. Eine derart generelle Behauptung kann nicht durch die Anzahl der Fälle, in denen Förderung von Fremdverstehen gelingt oder misslingt, bewiesen oder widerlegt werden.

Interkulturelles Lernen hat allgemein und in der Form von Fremdverstehen mit individuellen und interindividuellen Wahrnehmungsmustern zu tun, deren eingeschränkte Beeinflussbarkeit eingestanden werden soll. In seinem in *Fremdsprachen und Hochschule* (1998) erschienenen Aufsatz spricht Schüle statt von Wahrnehmungsmustern und Wirklichkeitskonstruktionen von verzerrten, schrecklichen und „verqueren subjektiven und kollektiven Imaginationen" der Lernenden (1998: 20), denen die Lehrkraft täglich gegenübertritt, und er fragt, wie wir mit den „Messern in den Köpfen" umgehen sollen. Die Antwort des Didaktikers kann nicht dieselbe sein wie die des Psychotherapeuten. Sie darf nicht, wie Schüle zu Recht vermerkt (1998: 25), „von einer bedingungsfreien, kreativen, dynamischen Lernerpersönlichkeit" ausgehen, sie kann sich aber nur auf Denkweisen beziehen, die noch perturbierbar sind. Ist dies gegeben, kann und muss Schülerinnen und Schülern aller Altersstufen bewusst gemacht werden, von welchen Parametern die Welt bestimmt ist, die sie in ihren Köpfen tragen, wer die Personen und welches die Medienangebote sind, an denen sie ihre Vorstellungswelten viabilisieren, wie subjektiv ihre auf diese Weise entwickelten Einstellungen sind und für welche Überzeugungen es lohnt, Verantwortung zu übernehmen.

Ist den Schülerinnen und Schülern erst einmal der Konstruktcharakter ihrer Einstellungen, Sichtweisen und Narzissmen bewusst geworden, kann versucht werden, ihre Bereitschaft und Fähigkeit zu fördern, die Viabilität ihrer Wirklichkeitskonstruktionen nicht nur an der Eigengruppe, sondern auch an fremdkulturellen Gruppen zu überprüfen. Dies nenne ich interkulturelles Lernen, und wie es mit aller Vorsicht in Gang gesetzt werden kann, sollen folgende Beispiele zeigen.

4.2 Arbeitsformen

Im Konstruktivismus-Themenheft von *Der fremdsprachliche Unterricht Französisch* (1998) hat Keuten sehr schön gezeigt, wie deutsche Schülerinnen und Schüler mit Hilfe von *e-mail* und Faxgerät im Gedankentausch mit französischen Partnern eigene Vorurteile überprüfen und revidieren. Ähnliches leistet das von Schüle (1997) initiierte Internet-Forum *Paris sans fin* durch die Fülle von Informationen über Lebensformen in der französischen Hauptstadt. Es geht aber natürlich auch mit herkömmlichen Unterrichtsmitteln und schon auf der Sekundarstufe I.

Das gilt etwa für beide Unterrichtsvorschläge, die sich in Börner/Vogel (1997) beschrieben finden. In Kellers Konstruktivismus-Beitrag steht die Relativierung von Heterostereotypen im Vordergrund. Melde (*ibid.*; vgl. auch Melde / Bergfelder-Boos 1997) benutzt Fotos einer jungen Frau, die in Marseille lebt, um die Schüler zur Hypothesenbildung über deren Lebensumstände anzureizen. Diese Konstruktionen werden dann zuerst im Klassengespräch, danach mit Hilfe diverser authentischer Materialien über das Leben in Marseille und die junge Frau viabilisiert. Dieses Marseille-Dossier ist beim Berliner Institut für Lehrerfortbildung erhältlich.

Es geht aber mit noch viel einfacheren Vorlagen:

Eine Karte der Rennstrecke aus der Zeitung, der Ausschnitt aus einer Radio- oder Fernsehübertragung der *arrivée du Tour de France*, ein Hörbild des Sprints auf den letzten 100 m, die jubelnde Menge o.ä. evozieren die Erfahrungen der Lernenden mit großen sportlichen Ereignissen ... und dann dieser Cartoon,

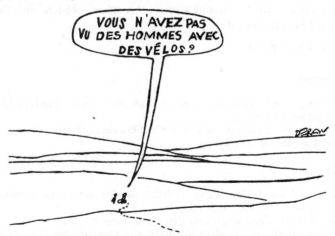

der eben jene Erfahrungen perturbiert: Wie kann so etwas passieren? Die Antwort auf diese Frage verlangt nach zusätzlichen Informationen über die äußere und innere Organisation der *Tour*, die dem zu erfindenden Dialog zwischen dem verirrten (?) Rennfahrer zielkulturelle Substanz verleihen und den hierfür herangezogenen Materialien (z.B. Zeitungsbericht) die Trockenheit und die emotionale Unzugänglichkeit nehmen. Etwas höhere Anforderungen stellen kreative Anschlussaufgaben, wie z.B. die Gestaltung eines *monologue intérieur*, der die Gedanken des Rennfahrers wiedergibt, während er noch im *peloton* fährt und als er dann plötzlich keinen seiner Konkurrenten mehr sieht ... Das kann albtraumartige Ausmaße annehmen: *la peur du coureur de perdre le peloton*, der Radrennfahrer als '*looser*', *la solitude du coureur*. Weitere Perturbationsmöglichkeiten bieten auch folgende Themen: *Les coureurs du samedi* (eine in Frankreich sehr verbreitete Erscheinung), *le Tour de France et les femmes* oder – aus aktuellem Anlass – *le dopage*.

5. Ausblick

Es ist hoffentlich deutlich geworden, dass das Anliegen eines Fremdsprachenunterrichts auf konstruktivistischer Grundlage nicht nur bestimmte Aufgabentypen betrifft, sondern dass er vor allem auch über das Fach hinaus zur Hinterfragung eigener und verbreiteter Überzeugungen und sogenannter „Wahrheiten" anregen will. Und in diesem Zusammenhang sei daran erinnert, dass nicht nur Lernende, sondern auch Lehrende sogenannte „subjektive Theorien" entwickeln, die im Hinblick auf Methoden und Inhalte des Unterrichts zu „feste(n) Glaubenssätzen" (vgl. Hermes 1996: 169) gerinnen können. Vielleicht ist es mir gelungen zu zeigen, wie man mit diesen umgehen kann.

Hierzu heißt es in der eingangs erwähnten Leserzuschrift eines Berliner Lehrers zu Recht: „Wenn sich etwas ändern soll, dann nicht nur durch immer neue Schlagworte und Versatzstücke der Schulpolitiker und Theoretiker, sondern auf Grund der konkreten Erfahrungen vor Ort ..."

Und es soll sich etwas ändern!

Anmerkungen

[1] Dieser Beitrag ist die Kurzfassung eines am 28.09.1998 in Bremen und am 7.11.1998 in Eichstätt gehaltenen Vortrags.
[2] Zum Solipsismus-Vorwurf vgl. Bredella 1999 und Erwiderung Wendt 1999.
[3] Vgl. auch Rampillon in diesem Band.

Literatur

Börner, Wolfgang/ Vogel, Klaus (Hrsg.) (1997): *Kulturkontraste im universitären Fremdsprachenunterricht*. Bochum: AKS-Verlag.
Boutet, Josiane (1997): *Construire le sens*. Bern u.a.m.: Lang. 2. Aufl.
Bredella, Lothar (1999): Die Verteilung von Autonomie, Kreativität und Allmacht. Zur Kritik der radikal-konstruktivistischen Fremdsprachendidaktik. *http://ourworld.compuserve. com/homepages/michaelwendt*
Der fremdsprachliche Unterricht Französisch 32 (1998): Konstruktiv lehren und lernen. Hrsg. v. Michael Wendt.
Fish, Stanley (1976): Interpreting the Variorum. *Critical Inquiry* 2: 465-485.

Haseloff, O.W./ Jorswieck, E. (1971): *Psychologie des Lernens*. Methoden, Ergebnisse, Anwendungen. Berlin/New York: Gruyter. 2. Aufl.

Hermes, Liesel (1996): Förderung der Methodenkompetenz im Englischunterricht durch Selbstbeobachtung. *Neusprachliche Mitteilungen* 49/3: 167-175.

Keller, Gottfried (1997): Die Wahrnehmung von Fremdkultur – neu interpretiert aus konstruktivistischer und sozialpsychologischer Sicht. In: Börner, Wolfgang/ Vogel, Klaus (Hrsg.): 37-58.

Keuten, Heinz-Peter (1998): Tandemlernen mit E-Mail. *Der fremdsprachliche Unterricht Französisch* 32: 37-42.

Kieweg, Werner/ Rampillon, Ute/ Reisener, Helmut (1998): Editorial. *Der fremdsprachliche Unterricht Englisch* 32/4: 3.

Knobloch, Clemens (1994): *Sprache und Sprechtätigkeit*. Sprachpsychologische Konzepte. Tübingen: Niemeyer.

Leupold, Eynar (1988): Der landeskundliche Vergleich im Französischunterricht. *Praxis* 35/1: 67-74.

Melde, Wilma/ Bergfelder-Boos, Gabriele (1997): Kreativität und Interaktion im Literaturunterricht auf der Oberstufe. Beispiele aus den Kursplanungen des Berliner Instituts für Lehrerfort- und -weiterbildung und Schulentwicklung. In: Meißner, Franz-Joseph (Hrsg.): *Interaktiver Fremdsprachenunterricht*. Wege zu authentischer Kommunikation. Festschrift für L. Schiffler. Tübingen: Narr: 227-233.

Niemeyer, Jochen (1998) [Leserbrief]. *Neusprachliche Mitteilungen* 51/3: 186.

Sändig, Uta (1997): Die Kategorie der Rezeptionsaufgabe – wie praktikabel ist sie eigentlich? In: Wendt, Michael u.a. (Hrsg.): 100-108.

Schnabel, Ulrich/ Sentker, Andreas (1997): *Wie kommt die Welt in den Kopf?* Reise durch die Werkstätten der Bewußtseinsforscher. Hamburg: Rowohlt.

Schüle, Klaus (1997): Sprachenlernen im Internet. *Praxis* 44/1: 3-5.

Schüle, Klaus (1998): Über das Unvermögen, Widersprüche zu denken und auszuhalten. Der schwache Sinn der inter- und multikulturellen Konzepte – Zur Kritik der fremdsprachendidaktischen Theorie und Praxis. *Fremdsprachen und Hochschule* 53: 7-29.

Stangl, Werner (1987): *Das neue Paradigma der Psychologie*: Die Psychologie im Diskurs des radikalen Konstruktivismus. Braunschweig/Wiesbaden: Vieweg.

Wendt, Michael (1996): *Konstruktivistische Fremdsprachendidaktik*. Lerner- und handlungsorientierter Unterricht aus neuer Sicht. Tübingen: Narr.

Wendt, Michael/ Zydatiß, Wolfgang (Hrsg.) (1997): *Fremdsprachliches Handeln im Spannungsfeld von Prozeß und Inhalt*. Dokumentation des 16. Kongresses für Fremdsprachendidaktik. Bochum: Brockmeyer.

Wendt, Michael (1999): „ ... warum radikale Konstruktivisten überhaupt schreiben." Eine Antwort auf den Beitrag von Lothar Bredella. *http://ourworld.compuserve.com/ homepages/michaelwendt*

Weskamp, Ralf (1997): Postmoderne Literaturtheorien. Folgen und Möglichkeiten für den fremdsprachlichen Literaturunterricht auf der gymnasialen Oberstufe. *Praxis* 44/4: 345-353.

Kompetenzen und Selbstverständnis der Lehrenden

„Ich weiß etwas, was du nicht weißt...":
Lehrkompetenz als Schlüssel zu einem innovativen Fremdsprachenunterricht

Eynar Leupold

Für den Fremdsprachenunterricht in der Schule, verstanden als lernende Organisation, ist die aktuelle Diskussion über die Probleme der Ausbildung und des Tätigkeitsfeldes der Unterrichtenden aus den folgenden Gründen von Bedeutung. Zum einen sieht er sich zunehmend der Konkurrenz außerschulischer Ausbildungsinstanzen (Nachhilfeschulen, Sommercamps, Sprachreisen) ausgesetzt. Diese Situation verlangt nach einer ständigen Qualitätssicherung und -verbesserung, die ihren Ausgangspunkt bei der Lehrerin und dem Lehrer hat. Zum anderen weisen neue fachdidaktische Erkenntnisse z. B. in den Bereichen Lernen, Wortschatzarbeit, interkulturelles Lernen und Neue Medien auf die Notwendigkeit zur Innovation im methodischen Vorgehen hin. Auch hier kommt den Unterrichtenden eine Schlüsselfunktion insofern zu, als ihr verändertes Tätigkeitsfeld nur mit neuen bzw. veränderten Fach- und Persönlichkeitskompetenzen zu bewältigen sein wird.

Der Beitrag versucht unter Bezugnahme auf Arbeiten zum Konstruktivismus darzustellen, über welche Kompetenzen die Lehrerinnen und Lehrer in Zukunft im Anschluss an ihre Ausbildung verfügen müssten, damit schulischer Fremdsprachenunterricht sich in enger Anlehnung an pädagogische und fachdidaktische Erkenntnisse in seiner Qualität positiv weiterentwickelt.

L'importance de la discussion actuelle sur les problèmes de la formation et de l'enseignement des langues, considéré comme institution d'apprentissage, résulte de deux facteurs: 1) confronté à la concurrence de plus en plus forte des instances privées périscolaires (voyages linguistiques, cours de soutien individualisé), l'exigence d'améliorer la qualité des prestations institutionnelles est à l'ordre du jour. Son point de départ est la personnalité de l'enseignant. 2) Les développements didactiques de différents domaines (notion d'apprendre, apprentissage lexical, apprentissage interculturel, nouveaux média) visent à la nécessité d'innover sur le plan méthodologique. Là aussi, l'enseignant tient une fonction-clé. Ces changements doivent se réaliser au profit de l'apprenant à condition que l'enseignant dispose de compétences spécifiques nouvelles et de compétences liées à la personnalité plus approfondies.

L'exposé démontre, en s'appuyant en partie sur des travaux relatifs au constructivisme, quelles devront être, à l'avenir, les compétences des enseignants afin que l'enseignement des langues évolue positivement en qualité et en s'appuyant sur les données de la recherche en pédagogie et en didactique.

Einleitung

Wo soll man ansetzen, wenn man sich zu der Frage der Lehrerinnen- und Lehrerausbildung äußern will? Ist nicht schon (fast) alles gesagt? Sind nicht die pädagogischen Implikationen einerseits und die fachdidaktischen Herausforderungen andererseits immer wieder mit dem Hinweis auf notwendige Veränderungen angesprochen und dargelegt worden? Haben sich nicht die Verbände undVereinigungen wie die

Hochschulrektorenkonferenz, die Konferenz der Vorsitzenden der fachdidaktischen Fachgesellschaften und der *Fachverband Moderne Fremdsprachen* mit Manifesten, Erklärungen und Stellungnahmen des Themas angenommen, um auf diese Weise Defizite anzumahnen? Trotz der hohen Zahl, der Perspektivenvielfalt und der Unterschiedlichkeit der Formen der Auseinandersetzung mit sowie der Einmischung in staatliche Vorgaben ist die zwingend gebotene Reform (vgl. Reinfried 1997: 212) im Bereich der Lehrerausbildung allerdings ausgeblieben.

Vor dem Hintergrund dieser insgesamt eher pessimistischen Bestandsaufnahme verzichtet der nachfolgende Beitrag sehr bewusst darauf, in direkter Weise administrative und organisatorische Aspekte der Lehreraus- und -fortbildung zu thematisieren. Wir werden im Rahmen unserer Ausführungen den Fremdsprachenlehrer, seine Rolle und seine Funktion im Unterrichtsprozess in den Mittelpunkt der Ausführungen stellen.

1. Veränderung des Unterrichts - Neue Herausforderungen für die Unterrichtenden

Der institutionelle Fremdsprachenunterricht hat sich in vielen seiner Faktoren verändert. U.a. wird das über Jahrhunderte unterrichtliches Handeln in der Schule bestimmende Prinzip „Der Lehrer lehrt - der Schüler lernt - der Lehrer quittiert den Grad des Lernerfolgs" zunehmend sowohl in ihren Teilen als auch insgesamt in Frage gestellt.

Seit der Arbeit von Holec (1980) weisen fachdidaktische Publikationen zunehmend in die Richtung, die Instruktionsfunktion des Lehrers zugunsten einer Stärkung der Eigenaktivität des Schülers im Lehr-/ Lernprozess zurückzunehmen.[1] Der 1989 publizierte Artikel von Müller mit dem Titel *Der Fremdsprachenlehrer als Trainer* beschreibt am Beispiel der Fehlerbewertung eine veränderte Rolle des Lehrers. Dem Bild des traditionellen „Leistungsrichters" im Unterricht wird der Lehrer als „Sporttrainer" gegenübergestellt, der über die Kooperation mit den Schülerinnen und Schülern den Fremdsprachenunterricht als Training in der Fremdsprache gestaltet. Zehn Jahre später bezeichnen Rüschhoff / Wolff (1999: 25) die Rolle des Lehrers als „die eines Moderators, der den Lernenden bei seinen Navigationsprozessen durch den Wissensraum betreut, ihm bei der Bewertung seiner Lernprozesse hilft. Der Lehrer ist nicht mehr der Anbieter und Vermittler von Wissen, er öffnet vielmehr Wissenszugänge."

Was die Schülerinnen und Schüler betrifft, so haben sich nicht nur die sozialdemografischen und sozialpsychologischen Merkmale in den vergangenen Jahrzehnten stark verändert, sondern sie agieren heute vielfach als eine *entreprise individuelle*, die selbsttätig Entscheidungen zu treffen haben und dies auch wollen. Erfahrungen aus dem Alltag von Schülerinnen und Schülern führen zu dem Anspruch auf Selbsttätigkeit im Unterricht. Dies kann nicht ohne Konsequenzen für den traditionellen Lehr-/Lernprozess bleiben, denn wir wissen, dass „unter einer massiven Einschränkung und Kontrolle, unter Bedingungen eines ständigen Vorschreibens und fehlender sozialer Akzeptanz sich die Person nicht als autonom, kompetent und sozial eingebunden erleben (kann)" (Prenzel 1993: 251).

Für den Soziologen L. Dollot (1990: 121) wird die Kultur von morgen zweifellos *une culture plus acquise que transmise* sein. Teilt man diese Auffassung, wird das Lernen neu, anders als bisher bestimmt werden müssen. Lernen als individueller Prozess der Überführung von Erfahrung in Wissen und der Anbindung der neuen Wissensstrukturen in ein bestehendes Netzwerk wird als ein aktiver, individueller Vorgang zu verstehen und zu gestalten sein. Dies bedeutet für das Erlernen einer Fremdsprache auch, dass – wie Bleyhl (1998: 50) schreibt – „das triviale *Input-output-Prinzip* mechanistischen Denkens, das methodisch in dem Dreierschritt: Präsentieren - Üben - Produzieren abläuft, zurückgedrängt wird und dafür das nichttriviale Urprinzip des Lebens und jeder Ausbildung und Bildung wieder mehr gepflegt wird, nämlich: Erkennen - Unterscheiden - Auswählen."

Was schließlich die Aufgabe des Unterrichtenden betrifft, die Lerner zu beurteilen, so kann vermutet werden, dass erstens die Selbstevaluation des Lerners von Lernprozessen und Lernergebnissen künftig an Bedeutung zunehmen und dass zweitens die Evaluation durch die Unterrichtenden über den Gegenstandsbereich der Wissenskompetenz der Schülerinnen und Schüler hinausgehen wird (Leupold 1999 und Rampillon in diesem Band).

Insgesamt ergibt sich mit Blick auf die Aufgaben der Unterrichtenden die Konsequenz, dass *une expertise et un professionnalisme encore plus larges et une grande capacité d'adaptation, au delà du simple recyclage des connaissances* (Michel 1996: 24) notwendig sein werden, um den künftigen Anforderungen des schulischen Fremdsprachenunterrichts gewachsen zu sein.[2]

2. Zur Lehrerrolle im Rahmen der Theorie des Konstruktivismus

Konzepte des Lehrens und Lernens wie 'Individualisierung', 'Handlungsorientierung' und 'Lernerautonomie' finden ihre Begründung nicht nur, aber auch durch den erkenntnistheoretischen Ansatz des Konstruktivismus in seinen verschiedenen Ausprägungen. Der Konstruktivismus hat die didaktische Diskussion erheblich belebt, auch oder gerade weil er ein „Sammelbecken von recht unterschiedlichen didaktisch-methodischen Ideen und Konzepten darstellt" (vgl. Hoops 1998: 248).

1994 forderte Wolff, „daß das konstruktivistische Paradigma das instruktivistische in der Schule ablösen wird und ablösen muß" (vgl. Wolff 1994: 427). Der aus diesen Worten sprechenden Überzeugung wird man sich angesichts der verstärkt anzutreffenden kritischen Bewertung der Theorie des Konstruktivismus in seinen unterschiedlichen Ausformungen als Grundlage didaktischer Entscheidungen[3] nicht vorbehaltlos anschließen mögen. Aber es gilt ohnehin, folgende Gesichtspunkte zu berücksichtigen.

Erstens zeigt die Vergangenheit, dass Veränderungen in der Institution Schule kaum auf dem Wege der Implantation geschlossener Theorieansätzen zu erreichen sind, sondern dass Veränderungen sich eher auf dem Wege der partiellen Innovation einzelner Faktoren abspielen, die aber dann auf Grund der Faktorenvernetzung im „Schneeballeffekt" weitere Veränderungen auslösen.

Zweitens darf nicht übersehen werden, dass schulisches Lernen – auch das Fremdsprachenlernen – bis heute dem *instruere* und dem *educare* verpflichtet ist. Eine Theorie wie der Radikale Konstruktivismus kann zwar mittelbar einen Beitrag zur Antwort auf die Frage nach der Wissenskonstruktion leisten, keinesfalls aber der von der Institution geforderten Erziehungskomponente in irgendeiner Weise Rechnung tragen.

Drittens hat schon Wendt (1996: 11) darauf hingewiesen,

> daß eine auf dem Denkmodell des Konstruktivismus gegründete *Konstruktivistische Fremdsprachendidaktik* keine Methode für den Fremdsprachenunterricht sein kann. Sie kann allerdings als eine Konzeption des Lernens von Fremdsprachen gelten, aufgrund derer bestimmte Vorgehensweisen und unterrichtliche Arrangements als günstiger, andere als weniger geeignet erscheinen müssen.

Schließlich gilt es einen Aspekt nicht zu verschweigen, der in fachdidaktischen Erörterungen zur Spachvermittlung oft ignoriert wird: Auch unterrichtsökonomische Gesichtspunkte können für die Auswahl und Anwendung von Lehrverfahren (mit)bestimmend sein, teilweise sogar wider besseres (fachdidaktisches) Wissen.

Unser Interesse an der Beantwortung der Frage, welche Rolle mit welchen Aufgaben der Lehrperson im Fremdsprachenunterricht heute zukommt, erfolgt also vor dem Hintergrund einer breiten fachdidaktischen Diskussion (vgl. Bausch u.a. 1993), die durch den erkenntnistheoretischen Ansatz des Konstruktivismus zusätzlich belebt worden ist. Uns kommt es folglich nicht darauf an, eine exhaustive Bewertung des konstruktivistischen Ansatzes vorzunehmen. Wir wollen vielmehr einige grundsätzliche Äußerungen, die die Rolle und die Arbeit der Lehrerinnen und Lehrer betreffen, zum Anlass nehmen, um mögliche Folgerungen für die Rolle und Funktion von Unterrichtenden im Fremdsprachenunterricht aufzuzeigen.

Um es pointiert zu sagen: Welche Funktion bleibt den Lehrerinnen und Lehrern in einer Theorie, die das Lernen von Begriffen und Begriffsstrukturen als autonomen Vorgang der „Realität**s**erarbeitung" (Diesbergen 1998: 77) propagiert? Denn „das zentrale methodologische Postulat des Konstruktivismus besteht darin, den Lernenden keine fertigen Lösungen vorzusetzen, sondern ihr Wissen selbst konstruieren zu lassen" (Diesbergen 1998: 242).

Für von Glasersfeld (1997: 309) hat folglich die Lehrtätigkeit „wenig mit der Übertragung von Wissen zu tun, ihr grundlegendes Ziel muß darin bestehen, die Kunst des Lernens auszubilden". Aufgabe der Lehrer, so von Glasersfeld (1997: 300), ist es, „die Konstruktionsprozesse ihrer Schüler zu orientieren". Aus dieser Orientierungsaufgabe leiten sich weitere Funktionen ab, so etwa ein „Aushandeln von Bedeutung und Wissen" (von Glasersfeld 1997: 306).

Eine wichtige Rolle spielt in diesem Zusammenhang die Einbeziehung und Aktivierung des Vorwissens der Lerner. Der Lehrer muss sich das Denken der Schüler vergegenwärtigen. Das Gespräch und das Lernarrangement nehmen ihren Ausgangspunkt bei der Analyse der aktuellen Bedürfnisse und der Erfahrungswelt der Lerner.

Auf wenige Prinzipien zusammengefasst, lassen sich vor dem Hintergrund eines konstruktivistischen Theorieansatzes folgende Forderungen an die Unterrichtenden ableiten: Der Lehrerin/dem Lehrer kommen die Aufgaben zu,

- sich um Einblick in das Vorwissen der Schülerinnen und Schüler zu bemühen,
- Lernarrangements für die Konstruktionsprozesse der Schülerinnen und Schüler zu schaffen,
- Schülerinnen und Schüler in ihrem Lernen zu orientieren sowie
- Zurückhaltung bei der Wissensübertragung zu üben.

3. Lehrkompetenzen

Traditionelle Lehreraktivität im Fremdsprachenunterricht artikulierte sich in Beschreibungen wie der von Bludau / Christ u. a. (1978: 6):

> Im Fremdsprachenunterricht muß der Lehrer die fremde Sprache so bieten und zu verwenden versuchen, daß der Lerner die Eigenschaften durchschauen und insbesondere die vom Deutschen abweichenden Strukturen zu verstehen vermag. Dazu dient eine lange Reihe von Lehrtechniken, die sinnvollerweise im direkten Zusammenhang mit dem Gebrauch der fremden Sprache und also wenigstens zum Teil während der sprachpraktischen Ausbildung zu erwerben ist.

Im Vordergrund stand auf der Basis der sicheren Beherrschung der Fremdsprache der Erwerb von so genannten 'Lehrtechniken' für einzelne Bereiche der Sprachvermittlung, wie z.B. der Einführung von neuen lexikalischen Strukturen, der Grammatikerklärung, der Arbeit an Sachtexten oder literarischen Texten. Das Sprachsystem war Ausgangspunkt der Überlegungen, der Lerner war Ziel unterrichtlichen Handelns, ohne selbst eine aktive Rolle zugewiesen zu bekommen. Lehrproben waren Instanzen der Überprüfung der Beherrschung dieser Techniken. Die Qualifikation eines Fremdsprachenlehrers ergab sich aus der Summe der beherrschten Lehrtechniken und eines weitgehend getrennt davon erworbenen psychologisch-pädagogischen Wissens.

Wenn aber nun Rahmenpläne neben der Wissenschaftsorientierung Handlungsorientierung, Schülerorientierung sowie selbstständiges und eigenverantwortliches Lernen und Problemorientierung als Zielvorgaben des Fremdsprachenunterrichts für den Unterricht angeben (vgl. *Richtlinien Französisch des Landes NRW* 1999), und wenn u.a. der erkenntnistheoretische Ansatz des Konstruktivismus nahe legt, Raum für individuelle Wirklichkeitskonstruktionen zu geben, dann zeichnet sich ab, dass die Beherrschung und Anwendung einmal erworbener Instruktionstechniken nicht mehr ausreichen, um diesen Anforderungen an unterrichtliches Handeln gerecht zu werden. Vor diesem Hintergrund erscheint der Appell, die Fremdsprachenlehrerausbildung zu verändern, nicht nur verständlich sondern dringlich (vgl. Reinfried 1997).

Wir gehen von der Hypothese aus, dass es in Zukunft nicht ausreichend ist, wenn Lehrerinnen und Lehrer mit bestimmten Qualifikationen, also starren Techniken zur Fremdsprachenvermittlung, ausgestattet sind, sondern dass sie zusätzlich über Kompetenzen verfügen müssen, die es ihnen erlauben, erworbene Lehrtechniken, ausgehend vom Lerner und der Lernsituation flexibel in Anwendung zu bringen.

Die Verwendung des Begriffs 'Kompetenz' verlangt nach weiterer Präzisierung; denn, wie Guy Le Boterf (1994: 10) richtig anmerkt, *le flou de la définition est à la mesure de l'intérêt qu'il suscite.* Wir bezeichnen mit dem Begriff 'Kompetenz' eine *faculté de mobiliser des savoirs, savoir-faire et savoir-être dans une situation professionnelle donnée* (Saunier 1997: 51f.). Es handelt sich um ein für Veränderungen offenes, dynamisches Konzept, das in der Bewältigung bestimmter Situationen aktiviert wird.

Wenn wir den Slogan von Godet (1998) *Les métiers changent, les compétences demeurent* auf den schulischen Fremdsprachenunterricht übertragen und davon ausgehen, dass die Veränderung schulischen Lehrens und Lernens ein permanenter Prozess ist, dann kommt es darauf an, Kompetenzen so zu definieren, dass sie für die Unterrichtenden Steuerungsinstrument für Entscheidungen nicht nur heute, sondern auch morgen sind. Aus der Diskussion zur Rolle der Kompetenzen im Bereich der Wirtschaft (vgl. Le Boterf 1994, Minet 1995) lassen sich die folgenden Kompetenzen auch für das Tätigkeitsfeld Schule ableiten:

- eine Persönlichkeitskompetenz
- eine Handlungskompetenz
- eine Lernkompetenz.

Jede der 3 genannten Kompetenzen setzt sich zusammen aus einem Bündel von Teilkompetenzen. Sie bilden jeweils offene Listen von Fähigkeiten und Eigenschaften. So gehören zur *Persönlichkeitskompetenz* die Fähigkeit zur Selbstevaluation, die Überzeugung der Selbstwirksamkeit, Offenheit und Kreativität. Mit der *Handlungskompetenz* verbunden sind die Fähigkeit zur lernerorientierten Aufbereitung von Lernmaterial, zur lernerorientierten Wissensvermittlung sowie die Fähigkeit, verbal und nicht-verbal Lerneraktivitäten zu stimulieren. Unter den Begriff *'Lernkompetenz'* fällt die Fähigkeit und Bereitschaft, neue Erkenntnisse aus unterrichtsrelevanten Forschungsbereichen aufzunehmen und mit vorhandenem Wissen bezüglich unterrichtlichen Handelns zu verknüpfen.

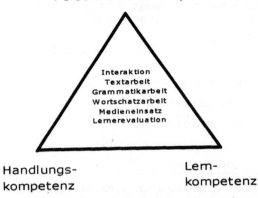

Lehrerinnen und Lehrer benötigen diese Kompetenzen aus mehreren Gründen. Zum einen sind es diese Kompetenzen, die interagierend bei der Vorbereitung und Durchführung des Unterrichts aktiviert werden. Erlernte Unterrichtstechniken wie die Textarbeit oder die Wortschatzarbeit erfahren in Rückkoppelung an die Kompetenzen ihre unterrichtsspezifische Aktualisierung mit Blick auf die Lernergruppe und unter Berücksichtigung neuerer fachdidaktischer Erkenntnisse. Ihre Aktivierung bietet die Gewähr für einen reflektierten - und das meint im Kontext der gegenwärtigen fachdidaktischen Diskussion - lernerorientierten Einsatz. Und schließlich sind es die Kompetenzen, die Ausgangspunkte für die Realisierung veränderter Konzepte des Lehrens und Lernens und damit für Innovationen im Fremdsprachenunterricht bilden.

4. Konsequenzen für innovatives Lehrerhandeln

Traditioneller Fremdsprachenunterricht weist - ungeachtet methodischer Variationen wie 'Lernen durch Lernen' - Phasen aus, die bislang lehrergesteuert ablaufen, in denen die Lehrerinstruktion dominiert.

Dazu gehören die Phasen der Vokabeleinführung und der Grammatikvermittlung. Wir wollen uns nachfolgend kurz dem Problem der Vokabeleinführung zuwenden und zeigen, in welcher Weise sich die Einbeziehung von Kompetenzen auf die Gestaltung dieser Phase auswirken kann.

Zur Illustration sei aus einem Lehrprobenentwurf eines Referendars zitiert. Gegenstand der Stunde war die Einführung eines lehrwerkfreien Textes. In dem Entwurf heißt es:

> Die Vokabeleinführung erfolgt einsprachig. Die Vokabeln werden im Lehrer-Schüler-Gespräch semantisiert und mit den dazugehörigen Erklärungen an die Tafel geschrieben, um die Schüler umgehend mit dem Schriftbild des neuen Vokabulars vertraut zu machen. Die Schüler werden aufgefordert, die neuen Vokabeln mit den Erklärungen in ihr Arbeits- bzw. Vokabelheft simultan zu übertragen. An dieses

Verfahren sind die Schüler gewöhnt. Das Vorlesen der neuen Vokabeln sowie das Lesen der Vokabeln bzw. der Erklärungen durch je einen Schüler beschließen diese erste Phase, die 10 Minuten nicht überschreiten sollte.

Das Tafelbild hat folgende Struktur:

(se) libérer	devenir libre
au bout de	après (la fin d'une durée)
survenir	apparaître tout à coup
intervenir	participer à un dialogue
déloger	chasser d'une place; faire partir
démarrer	mettre en marche.

Leider liegt kein Unterrichtsprotokoll vor, das die unterrichtliche Interaktion detailliert dokumentiert. Aber wir können davon ausgehen, dass hier ein „Semantisierungsgespräch" methodisches Leitprinzip der Worterklärungen war. De Florio-Hansen (1998: 303) nennt die folgenden Vorteile dieses Verfahrens:

- Das Hörverstehen wird trainiert.
- Die Lernenden üben Erfragungstechniken.
- Sie lernen verschiedene Erklärungsverfahren kennen.
- Sie erfahren mehr über Bedeutungsinhalt und -umfang sowie über die Verwendung des betreffenden Lexems im Ko- und Kontext.
- Die zielsprachige Semantisierung fördert die Ausbildung fremdkultureller Begriffe.
- Durch die intensivere Auseinandersetzung mit den neuen Vokabeln wird der Wortschatz besser im Gedächtnis verankert.

Aber die Unterrichtswirklichkeit zeigt immer wieder die Grenzen des Verfahrens:

- Ausgangspunkte sind das Wissenspotential des Lehrers und die Annahme eines Nichtwissens beim Schüler. Devise: „Ich weiß etwas, was du nicht weißt, und ich erkläre es dir."
- Es ist nicht zu sehen, in welcher Weise die Semantisierung durch den Lehrer dem individuellen mehrsprachigen Vorwissen der Lerner Rechnung trägt.
- Die Vorgabe von erklärenden Wörtern zur Semantisierung durch den Lehrer ist nicht geeignet, eine individuelle Begriffsbildung auf Lernerseite zu ermöglichen.
- Es ist kein handlungsorientierter Ansatz zu erkennen, dem ein Aushandeln von Bedeutung und Wissen zugrunde gelegen hätte.

Bei Aktivierung der vorgeschlagenen Kompetenzen würde die Lehrerin bzw. der Lehrer das methodische Verfahren auf dem Wege der Beantwortung der folgenden Fragen erarbeiten:

PERSÖNLICHKEITSKOMPETENZ

- Ist es für mich und/oder meine Rolle als Lehrerin/Lehrer in der Klasse wichtig, das Vokabular einzuführen?
- Habe ich Lust und Zeit, Begriffe mit den Schülerinnen und Schülern im Unterricht auszuhandeln?
- Traue ich mir selber zu, in einem lernerorientierten, offenen Verfahren den Lernprozess der Schülerinnen und Schüler zu orientieren?
- Kann ich gut genug das Vorwissen der Schülerinnen und Schüler einschätzen, um ein schülerorientiertes Lernarrangement zu schaffen?

HANDLUNGSKOMPETENZ

- Welche Möglichkeiten habe ich, um den unterrichtlichen Rahmen für ein Aus„handeln" von Begriffen zu gestalten?
- Wie kann ich das Vorwissen der Schüler stimulieren?
- Welche Techniken der Wortschatzeinführung kann ich im Ansatz oder in abgewandelter Weise einsetzen, um die Aktivität der Schülerinnen und Schüler für den Aufbau von Erfahrungswissen zu nutzen?
- Welche Medien kann ich einsetzen, um den Konstruktionsprozess der Schülerinnen und Schüler zu unterstützen?
- Wie kann ich mein unterrichtliches Handeln evaluieren?

LERNKOMPETENZ

- Welche zusätzlichen Informationen benötige ich, um die Wirksamkeit meines in Aussicht genommenen Verfahrens abzuschätzen?

Man mag einwenden, dass eine Planung unterrichtlichen Handelns der Beantwortung dieser Fragen nicht bedarf, da erfahrene Lehrer über subjektive Theorien verfügen, die zu einem „Routinehandeln" führen. Ungeachtet der Bedeutung subjektiver Theorien im Unterrichtsprozess gilt es einzuwenden, dass gerade eine Routine zu einer Verengung in der Anwendung unterrichtlicher Prinzipien führen und damit einen innovativen Unterricht verhindern kann.

Lehrkompetenzen sind ein Filter gegen die monotone Anwendung starrer Vermittlungstechniken. Sie sind ein Schutz für den Lehrer und für den Lerner. Und schließlich: Sie bieten die Chance zur Innovation des Lernens von Fremdsprachen in der Schule.

Schluss

Die Forderung an den Fremdsprachenunterricht, mit Blick auf die Notwendigkeit eines lebenslangen Lernens bei Schülerinnen und Schülern auch das 'Lernen lernen' auszubilden, ist mittlerweile allgemein anerkannt. Die Devise vom „Lehren (weiter)lernen" für die Zeit der Berufstätigkeit als notwendige Forderung an Lehrerinnen und Lehrer ist sehr viel weniger verbreitet.[4] Und gleichwohl sind der Aufbau, die ständige Vervollkommnung und das Training verfügbarer Kompetenzen unverzichtbar in einem *métier à hauts risques* wie René Richterich (1994: 27) den Lehrerberuf charakterisiert, denn *l'enseignant risque à tout moment de ne pas produire de l'apprentissage et de nier par là sa raison d'être.*

Das Risiko wird sicherlich immer bestehen. Aber sicher ist auch, dass eine Ausbildung der Kompetenzen der Lehrerinnen und Lehrer das Risiko vermindern und zu größerer Zufriedenheit in der Berufsausübung und zu einem effektiveren und motivierenderen Unterricht führen könnte.

Und schließlich gilt auch für die Unterrichtenden das (ergänzte) Zitat nach Vaneigem (1995: 75): *On est au-dessous de toute espérance de vie tant que l'on reste en deçà de ses capacités...ou de ses compétences.*

Anmerkungen

[1] Allerdings reicht die Diskussion zur Eigenaktivität des Schülers im Fremdsprachenunterricht weiter zurück, wie das folgende Zitat zeigt. E. Otto fordert (1925: 6) in seiner Didaktik, den Unterricht „so zu gestalten, daß sich die Schüler ihr Wissen in freudiger Arbeitsgemeinschaft mit Hilfe des Lehrers selbst erringen".
[2] Zu Abforderungen aus Sicht der Erziehungswissenschaft vgl. Lersch, R. (1996).
[3] Am ausführlichsten zuletzt dargestellt bei Diesbergen 1998; zu weiteren kritischen Stellungnahmen vgl. Hoops 1998, Dinter 1998 und Königs 1998.
[4] Einen guten Überblick zur Fortbildungproblematik aus der Sicht von Fachdidaktik und Sprachlehrforschung geben Ehlers / Legutke (1998).

Literatur

Bausch, Karl-Richard/ Christ, Herbert/ Krumm, Hans-Jürgen (Hrsg.) (1990): *Die Ausbildung von Fremdsprachenlehrern: Gegenstand der Forschung.* Tübingen: Brockmeyer.
Bausch, Karl-Richard/ Christ, Herbert/ Krumm, Hans-J. (Hrsg.) (1993): *Fremdsprachenlehr- und -lernprozesse im Spannungsfeld von Steuerung und Offenheit.* Bochum: Brockmeyer.
Bleyhl, Werner (1998): Knackpunkte des Fremdsprachenunterrichts. *Praxis des neusprachlichen Unterrichts* 45/2: 126-138.
Bludau, Michael/ Christ, Herbert u.a. (Hrsg.) (1978): *Zur Ausbildung und Fortbildung von Fremdsprachenlehrern.* Berlin: CVK.
DAAD (Hrsg.) (1998): *Dokumentation des deutsch-spanisch-portugiesischen Germanistentreffens.* Leipzig.
Diesbergen, Clemens (1998): *Radikal-konstruktivistische Pädagogik als problematische Konstruktion.* Bern/ Berlin/ Frankfurt a. M.: Lang.

Dinter, F. (1998): Zur Diskussion des Konstruktivismus im Instruktionsdesign. *Unterrichtswissenschaft* 26/3: 254-287.
Dollot, L. (1990): *Culture individuelle et culture de masse*. Paris: PUF.
Dugué, E. (1995): L'utilisation de la notion de compétence dans l'entreprise : une analyse critique. *Problèmes économiques* 240: 27-32.
Ehlers, Swantje/ Legutke, Michael K. (1998): Fortbildung von Fremdsprachenlehrern: Bestandsaufnahmen und Revision. *Zeitschrift für Fremdsprachenforschung* 9/1: 11-34.
Edelstein, W. (1998): Selbstwirksamkeit in der Schulreform. *Unterrichtswissenschaft* 26/2: 100-106.
Florio-Hansen, Inez de (1998): *Apprendre à apprendre*. Berlin: Cornelsen.
Glasersfeld, Ernst von (1997): *Radikaler Konstruktivismus*. Frankfurt a. M.: Suhrkamp.
Godet, M. (1998): Les métiers changent, les compétences demeurent. *Societal* Hors Série: 16-21.
Holec, Henri (1998): *Autonomie et apprentissage des langues étrangères*. Strasbourg: Conseil de l'Europe.
Hoops, Wiklef (1998): Konstruktivismus. Ein neues Paradigma für didaktisches Design? *Unterrichtswissenschaft* 26/3: 229-253.
Königs, Frank G. (1991): Auf dem Weg zu einer neuen Ära des Fremdsprachenunterrichts? Gedanken zur 'Postkommunikativen Phase' in der Fremdsprachendidaktik. *Taller de Letras*: 21-42.
Königs, Frank G. (1998): Was man weiß – was man wissen sollte. Grundsätzliche Überlegungen zur (neueren) Lehrwerkforschung Deutsch als Fremdsprache. DAAD (Hrsg.): 307-322.
Le Boterf, G. (1994): *De la compétence*. Paris: Les éditions d'organisation.
Lee, I. (1998): Supporting greater autonomy in language learning. *ELT Journal* 4: 282-289.
Lersch, R. (1996): Lehrerinnen und Lehrer für das 3. Jahrtausend. *Neue Sammlung* 1: 3-17.
Leupold, Eynar (1994): Quelques réflexions sur la spécificité de l'apprentissage autonome. *Praxis* 41/3: 288-292.
Leupold, Eynar (1999): Lernerevaluation. *Praxis* 46/2: 164-174.
Michel, A. (1996): Les compétences de base pour le XXIe siècle. *Futuribles* 210: 5-23.
Minet, F. (1995): *L'analyse de l'activité de la formation des compétences*. Paris: L'Harmattan.
Müller, Richard M. (1989): Fremdsprachenlehrer als Trainer. *Praxis* 36/1: 15-21.
Otto, Ernst (1925): *Didaktik des neusprachlichen Unterrichts*. Versuch einer wissenschaftlichen Unterrichtslehre. Bielefeld/Leipzig: Velhagen & Klasing. 2. Aufl.
Reinfried, Marcus (1997): Die Ausbildung zum neusprachlichen Gymnasiallehrer: eine Reform ist überfällig. *Französisch heute* 26/3: 210-227.
Reinfried, Marcus (1998): *Neukommunikativer Fremdsprachenunterricht: ein neues methodisches Paradigma?* (Erscheint demnächst.)
Richterich, René (1994): *Les compétences stratégiques*. Strasbourg: Conseil de l'Europe.
Rüschoff, Bernd/ Wolff, Dieter (1999): *Fremdsprachenlernen in der Wissensgesellschaft*. Ismaning: Hueber.
Saunier, P. (1997): Une notion exigeante de gestion sociale. *Personnel* 385: 50-61.
Schmitz, E. (1996a): Von der Unterrichtsplanung zum konkreten Lehrerhandeln. Eine Untersuchung zum Zusammenhang von Planung und Durchführung von Unterricht bei Hauptschullehrerstudentinnen. *Unterrichtswissenschaft* 24/3: 257-283.
Schmitz, E. (1996b): Die Lehrperson zwischen Selbstkonstruktion und Burnout. *Unterrichtswissenschaft* 24/4: 361-375.
Thweatt, K. S./ McCroskey, J. C. (1998): The Impact of Teacher Immediacy and Misbehaviours on Teacher Credibility. *Communication Education* 4: 348-358.
Vaneigem, R. (1995): *Avertissement aux écoliers*. Paris: Mille et une nuits.

Wendt, Michael (1996): *Konstruktivistische Fremdsprachendidaktik*. Lerner- und handlungsorientierter Fremdsprachenunterricht aus neuer Sicht. Tübingen: Narr.

Wendt, Michael (1998): Fremdsprachenlernen ist konstruktiv. *Der fremdsprachliche Unterricht Französisch* 32/2: 4-10.

Wolff, Dieter (1994): Der Konstruktivismus. Ein neues Paradigma in der Fremdsprachendidaktik? *Die Neueren Sprachen* 93/5: 407-429.

Das berufliche Selbstverständnis von Fremdsprachenlehrer/innen aus konstruktivistischer Sicht

Daniela Caspari

In diesem Beitrag untersuche ich die Aussagen von 12 Lehrer/innen zu den Lehrfunktionen 'Lernberater/in' und 'Organisator/in von Lernprozessen', die aus Sicht konstruktivistischer Lerntheorien als besonders lernförderlich gelten. Alle Befragten räumen diesen Funktionen einen hohen Stellenwert ein, wobei aber nur zwei Befragte diese Funktionen im Sinne einer Autonomieförderung verstehen. Anhand von zwei Einzelfalluntersuchungen stelle ich dar, dass die Interpretation und der Stellenwert dieser Lehrfunktionen von der Gesamtstruktur des beruflichen Selbstverständnisses bestimmt sind. Daher plädiere ich dafür, in Lehrerfortbildungsveranstaltungen stärker als bisher zur Beschäftigung mit dem eigenen beruflichen Selbstverständnis anzuregen.

La théorie constructiviste de l'apprentissage réserve aux enseignants les rôles de conseiller et d'organisateur des processus d'apprentissage. Pour mieux connaître les conceptions des enseignants quant à ces rôles j'examinerai les réponses de 12 professeurs allemands de langues étrangères. Tous accordent une grande importance à ces rôles, mais seulement deux personnes les perçoivent comme aide à une plus grande autonomie des apprenants. L'analyse détaillée des réponses de deux professeurs montre que leur identité professionnelle influence fortement la conception et l'importance de ces rôles. Dans le cadre de la formation continue, il semble alors important d'inviter les professeurs à s'occuper plus intensément de leur propre identité professionnelle.

1. Lehrerrollen und -funktionen in einem konstruktivistisch orientierten Unterricht

„Lehrer gelten nach wie vor als zentrale, vielfach sogar als die entscheidende Variable des Unterrichts" (vgl. Krumm 1995: 475), sie sind die *agents of change*, die Veränderungen in Schule und Unterricht anstoßen und begleiten und damit zu ihrer Weiterentwicklung beitragen können. Da sich in der Lehreraus- und -fortbildung weder bloße Appelle zur Veränderung noch Transmissionsmodelle als dauerhaft wirkungsvoll erwiesen haben, besteht heute Konsens darüber, dass man zur Veränderung von Praxis bei den konkreten Erfahrungen und den subjektiven Überzeugungen von Lehrer/innen ansetzen muss bzw. dass sie selbst dort ansetzen müssen (vgl. Legutke 1995). Dies gilt auch für alle Bemühungen um eine weitere Verbreitung von Lerntheorien, die auf konstruktivistischen Prinzipien aufbauen, sowie die darauf fußenden Überlegungen für einen konstruktivistischen Fremdsprachenunterricht.

Die Diskussion um Unterricht, der konstruktivistischen Prinzipien folgt, wird von Wolff (1997) auf das griffige Gegensatzpaar *Konstruktivismus versus Instruktivismus* gebracht. Mit Instruktivismus bezeichnet er eine pädagogisch-psychologische Konzeption, die Lernende als „reaktive Wesen" versteht, „die den angebotenen

Lehrstoff aufnehmen oder auch nicht" (Wolff 1997: 46). Der Konstruktivismus betrachtet Lernen dagegen als hochgradig subjektiven, selbstbestimmten und aktiven Prozess, „der von außen nur durch die Bereitstellung attraktiver 'Anlässe' und durch die gezielte Förderung der Ausbildung von Lerntechniken oder Lernstrategien beeinflußt werden kann" (Wendt 1998: 6).

Dies bedeutet, dass in konstruktivistisch orientiertem Unterricht dem Prinzip der Lernerautonomie ein herausragender Stellenwert eingeräumt wird. Die für dieses Prinzip spezifischen Lehrerrollen bzw. -funktionen werden in der (fach-)didaktischen Diskussion zumeist als *facilitator* oder „Lernförderer" (vgl. Ehrmann 1991, Legutke / Thomas 1991), „Lernberater" (vgl. Müller-Verweyen 1995) oder „Organisator von Lernprozessen" (vgl. Bönsch 1994) bezeichnet. Diese Lehrerrollen wurden bereits vor dem Aufkommen konstruktivistischen Fremdsprachenunterrichts diskutiert, z.B. im Zuge von projekt- und aufgabenorientiertem Unterricht, von offenem Unterricht und autonomem Lernen und dürften Lehrenden im Prinzip bekannt sein.

2. Der Stellenwert von Funktionsbestimmungen im beruflichen Selbstverständnis von Lehrenden

Um herauszufinden, wie Lehrende diese Funktionen betrachten, wie sie sie definieren und welchen Stellenwert sie ihnen persönlich geben, untersuche ich im Folgenden die entsprechenden Passagen von Interviews mit zwölf Lehrer/innen moderner Schulfremdsprachen. Diese Interviews haben das berufliche Selbstverständnis der Befragten zum Thema, d.h. es geht darum, wie sie sich als Fremdsprachenlehrer/innen selbst sehen und wie sie ihre Funktion verstehen.[1]

Im beruflichen Selbstverständnis kommt den Funktionsbestimmungen eine zentrale Bedeutung zu, denn es handelt sich hierbei um die in einen Begriff gefassten Vorstellungen von den zentralen Aufgaben oder Rollen, die Fremdsprachenlehrer/innen im Klassenraum einnehmen bzw. einnehmen können, z.B. „Wissensvermittler/in", „Sprach- bzw. Fertigkeitentrainer/in" oder „Botschafter/in bzw. Repräsentant/in". Ihr besonderer Stellenwert im beruflichen Selbstverständnis der Befragten zeigt sich u.a. daran, dass Funktionsbestimmungen wesentlich häufiger als andere Elemente die Funktion von subjektiven Deutungsmustern einnehmen.[2] Funktionsbestimmungen haben damit nicht nur den Vorteil, das eigene Selbstverständnis „auf den Begriff" zu bringen, sondern sie ermöglichen durch den bildhaften Charakter der Begriffe ebenfalls, kognitiv und affektiv/emotional besetzte Vorstellungen zu fassen.

Zur Ermittlung des Funktionsverständnisses habe ich die Interviews zum einen daraufhin ausgewertet, welche Aufgaben, Funktionen und Rollen die Befragten im Verlauf des Interviews von sich aus nennen bzw. thematisieren. Zum anderen habe ich die Antworten auf zwei meiner Gesprächsimpulse analysiert. Ich fragte die Lehrer/innen danach, wo sie sich in dem Kontinuum *Fremdsprachen --- Lehrer/in* einordnen: eher in Richtung Fachvertreter/in / Fachvermittler/in für Fremdsprachen oder eher in Richtung Lehrer/in allgemein, Erzieher/in, Pädagog(e)/in. Außerdem bat ich sie in der Regel gegen Ende des Gesprächs, ihr Selbstverständnis dergestalt darzustellen, dass sie siebzehn von mir vorgegebene Funktionskärtchen kommentierten und nach der persönlichen Wichtigkeit hierarchisierten. Da ich bei dieser Kärtchenabfrage die Bezeichnungen 'Lernberater/in' und 'Organisator/in von Lernprozessen' vorgegeben hatte, ordnete ich bei der Auswertung alle Interviewäußerungen, die Funktionen zur Unterstützung 'autonomen Lernens' thematisieren, diesen beiden Begriffen zu.

3. Die Funktionen 'Lernberater/in' und 'Organisator/in von Lernprozessen' aus Sicht der befragten Lehrer/innen

Alle Befragten messen diesen beiden Funktionen eine sehr große Bedeutung zu: sechs Befragte setzten sie auf den ersten Platz bzw. auf die erste Ebene[3], zwei Befragte auf den zweiten, zwei auf den dritten und eine Befragte auf den vierten Platz. Obwohl von mehreren Befragten ein enger Zusammenhang bzw. eine enge Zusammengehörigkeit dieser beiden Funktionen festgestellt wurde, gaben drei Befragte sogar beiden Kärtchen vordere Plätze.

3.1 Die Funktion 'Lernberater/in'

Bis auf Andrea Quandt[4], die als Referendarin [!] äußerte, „Lernberater ... hört sich ganz gut an, aber ich kann mir da nicht soviel drunter vorstellen" (15/34)[5], und Susanne Borschel, die diese Funktion nicht kommentierte, haben alle Befragten explizit oder implizit zur Funktion 'Lernberater/in' Stellung bezogen. Bei den meisten Kommentaren handelt es sich lediglich um sehr allgemein gehaltene Definitionen dieser Funktion, z.B. „Wir sind Lernberater: wir geben dem Schüler Hilfestellung, wie man lernt" (CB46)[6], „Mir ist es ungemein wichtig, den Schülern beizubringen, wie man lernt" (UJ69) oder „Ich muss mit den Schülern das Lernen üben" (IP41).

Aus den Begründungen für die Notwendigkeit der Funktion und den angeführten Beispielen lässt sich erkennen, dass die meisten Befragten diese Funktion im Sinne der Vermittlung von Lern- und Arbeitstechniken deuten. Diese Techniken sollen den Schüler/innen den Sprach- und Wissenserwerb erleichtern; so berichten die Befragten von Techniken „im sprachlichen Bereich" (IP), zum besseren Behalten (KT) oder ganz konkret von Techniken zum Vokabellernen (AB). Daneben werden mehrfach Techniken zur Textproduktion (IP, AB, UJ, HR) genannt.

Am ausführlichsten und differenziertesten stellen Uta Jolles und Heike Retzer ihre Funktion als Lernberaterin dar. Uta Jolles versucht, alle Möglichkeiten zu nutzen, den Schüler/innen Hilfestellungen zur Aneignung der Sprache bereitzustellen: „Ich probiere alles Mögliche aus, wie ich den Schülern das Lernen erleichtern kann" (UJ68). Dazu bespricht sie mit den Schüler/innen verschiedene Herangehensweisen, Lern- und Arbeitstechniken sowie Lernstrategien und hat auch „keine Scheu vor unkonventionellen Methoden oder neuen Techniken" (vgl. UJ70).

Bei Heike Retzer liegt ein Schwerpunkt auf dem Umgang mit Schülerfehlern, denen sie mit den verschiedensten Techniken und Strategien sowohl individuell wie im Klassenverband zu begegnen versucht. Außerdem verwendet sie bereits im Anfangsunterricht viel Zeit auf das Vorstellen und Einüben unterschiedlicher Lern- und Arbeitstechniken, sie gibt Hinweise zu unterschiedlichen Lernertypen und versucht, so oft wie möglich individuelle Hilfestellung zu leisten und individuelle Anregungen zu geben, z.B. während Gruppenarbeitsphasen oder in Anweisungen und Rückmeldungen zu selbstständiger häuslicher Arbeit.

Bei den Begründungen für die Notwendigkeit der Funktion können drei Bereiche unterschieden werden: Für einige Befragte gehören das Sprachenlernen und das Erlernen des Sprachenlernens untrennbar zusammen, so dass der/die Lernberater/in als Teilfunktion des/der „Sprachvermittler(s)/in" betrachtet wird (UJ, VM, WS). Zum anderen werden die Defizite der Schüler/innen angeführt: Die Schüler/innen wüssten gar nicht, wie sie lernen und arbeiten können (AB), und angesichts der zunehmenden Lernschwierigkeiten und Verhaltensänderungen sei ein individuelles Eingehen auf die Schüler/innen unumgänglich (HR). Als drittes wird der Wunsch angeführt, über den konkreten Fach- und Schulunterricht hinaus „langfristig" und „wegweisend" zu wirken (HR). d.h. auf das nachschulische Lernen bzw. „auf's Leben" (AB) vorzubereiten.

Als Gründe dafür, dass diese Funktion in der Unterrichtspraxis „viel zu kurz kommt" (HR) bzw. „uns nur schlecht gelingt" (RB), werden zum einen die knappe Unterrichtszeit und die hohe Schülerfrequenz pro Lerngruppe genannt. Zum anderen wisse man einfach noch zu wenig über das Lernen, und als Lehrer habe man diese Funktion auch nicht gelernt. Uta Jolles und Heike Retzer betrachten dies daher auch als das wichtigste Thema für Lehrerfortbildungen. Als dritter Grund wird das mangelnde Interesse der Schüler/innen (WS) bzw. ihre mangelnde Bereitschaft angeführt: „bestimmte Dinge müssen da auch von Schülern schon kommen" (CB).

Die drei Vertreter/innen der letzten Position messen der Funktion 'Lernberater' eine ebenso wichtige Bedeutung wie ihre Kolleg/innen bei, allerdings aus anderen Gründen und mit anderer Zielsetzung. Inge Hoberg beklagt, dass „diese Rolle [...] durch die Art, wie diese Schule auch ist, ... von außen mehr aufgezwungen wird" (20/16-17). Damit meint sie, dass die Schüler/innen nicht von sich aus zu systematischem Lernen bereit sind, sondern dass sie sie durch entsprechende Maßnahmen dazu anhalten muss.

Noch nachdrücklicher formuliert Walter Schuster die Notwendigkeit der Funktionen 'Lernberater' und 'Organisator von Lernprozessen', die er gleichsetzt: „Ich empfinde es als großen Nachteil, dass den Schülern sprachliche Mängel im Fortgeschrittenen-Unterricht nicht so deutlich werden wie z.B. Mängel in Mathe oder Physik" (WS32) und „Eine der Versuchungen der Oberstufenschule besteht darin, die Schüler für zu selbstständig zu halten bzw. in ihrem Lernen alleine zu lassen" (WS56). Daher versteht er unter den genannten Funktionen, Lernfortschritte regelmäßig zu überprüfen (vgl. WS42) und die Schüler/innen durch häufige Zwischenüberprüfungen zu regelmäßigem Lernen zu zwingen (vgl. WS43).

Während diese Lehrer/innen die Schüler/innen durch äußere Anreize bzw. durch äußeren Druck zum Lernen bewegen wollen, geht Frau Jolles den entgegengesetzten Weg: „Ich lerne zunehmend, die Schüler darin zu unterstützen, für ihr Lernen selbst Verantwortung zu übernehmen" (UJ71), auch aus dem Grund, weil sie selbst dadurch entlastet werde.

An dieser Äußerung sind zwei Aspekte von besonderem Interesse: Unter den befragten Lehrpersonen sind Frau Jolles und Frau Retzer die einzigen, die den Schüler/innen ausdrücklich zunehmende Eigenverantwortung für ihr Lernen geben möchten. Alle anderen übernehmen diese Verantwortung selbst - mehr oder weniger explizit und mehr oder weniger gern: „Eltern und Schüler verdonnern mich dazu, zu kontrollieren und zu disziplinieren" (SB42) bzw. „Ich empfinde die Verantwortung für den Lernzuwachs der Schüler als positive Herausforderung" (VM32). Zum anderen wird an Frau Jolles Formulierung deutlich, dass es sich bei der Übernahme und der Ausgestaltung der Funktion 'Lernberater/in' um einen beruflichen und persönlichen Entwicklungsprozess handelt. Diese Prozesshaftigkeit formuliert auch Frau Bach, für die „der Lernberater" erst durch die Erfahrungen an ihrer neuen Schule „ eine ganz wichtige Aufgabe geworden" (AB39) ist.

3.2 Die Funktion 'Organisator/in von Lernprozessen'

Wie oben bereits erwähnt, hängen für viele Lehrende die beiden Funktionen 'Lernberater/in' und 'Organisator/in von Lernprozessen' eng zusammen bzw. sie werden synonym verwendet. So verwundert es nicht, dass die Ergebnisse der Analyse der Äußerungen zum/r 'Organisator/in von Lernprozessen' denen des/der 'Lernberater/in' vergleichbar sind. Der einzige offensichtliche Unterschied liegt darin, dass im Vergleich zur individualisierenden Funktion des/der 'Lernberater/in' stärker die Gruppensituation thematisiert wird: „[...] wie man das oft so als klassisches Bild hat, emsige Gruppen im Klassen-, in der, im Klassenzimmer, die überall lernen, und der Lehrer ist derjenige, der moderiert und organisiert [...]" (KT20/6-8).

Wie beim 'Lernberater' sind auf der einen Seite Aussagen zu finden, die auf ein instruktives Verständnis dieser Funktion schließen lassen: Almut Bach z.B. begründet die Notwendigkeit einer „sinnvoll[en]" Organisation damit, dass der Lernprozess der Schüler/innen durch „den richtigen Weg, wie sie an so 'ne Sache rangehen [...] dann auch gesteuert" (15/23-24) werde. Wie den/die 'Lernberater/in' verstehen einige Befragte diese instruktive Funktion so, dass sie die Schüler/innen zum regelmäßigen und systematischen Lernen anhalten müssen: „Dieses [systematische] Lernen muß ja irgendwie noch rein, ... das ist schließlich auch ganz wichtig, nehmen wir vielleicht mal 'Organisator von Lernprozessen'" (IH 20/12-13).

Auf der anderen Seite sind Aussagen zu finden, die auf eine größere Freiheit und Mitverantwortung der Schüler/innen für ihre Lernprozesse deuten: Für Verena Martin ergibt sich die Organisation von Lernprozessen aus ihren Aufgaben als „Sprachvermittlerin". Das bedeutet für sie, eine Vorauswahl des Lernstoffes für die

Schüler/innen zu treffen und ihnen Mittel und Strategien zur Verfügung zu stellen, aus denen sie auswählen können und zu denen sie ein Feedback erhalten (vgl. VM31). Heike Retzer freut sich, dass sie nicht allein für die Organisation von Lernprozessen zuständig ist, sondern dass auch die Schüler/innen selbst gute Ideen für das methodische Vorgehen haben (vgl. HR44). Andrea Quandts Formulierungen legen auf den ersten Blick ebenfalls eine solche autonomiefördernde Dimension nahe: „Also, als erstes hab' ich den Organisator von Lernprozessen. ... Denn das find' ich das Wichtigste, dass die Schüler lernen, etwas zu lernen. Also dass sie ihre eigenen Lernprozesse haben, die ich organisiere" (15/14-16).

Da Frau Quandt im Interview aber keine weitere Aussage getätigt hat, die auf bewusste Autonomieförderung abzielt, war es notwendig, diese Äußerung im Zusammenhang mit anderen Elementen ihres beruflichen Selbstverständnisses zu deuten. Vor allem ihre Aussagen zu Problemen/ Dilemmata im Französischunterricht und zu ihren eigenen Sprachlernerfahrungen legen nahe, dass sie „unter eigene [...] Lernprozessen haben" nicht versteht, die Lernprozesse der Schüler/innen in ihrer Individualität zu unterstützen und zu begleiten. Sie versteht hierunter vermutlich, dass die Schüler/innen durch die von ihr geschaffenen Lehr-/Lernarrangements bereit sind, sich mit dem Stoff auseinanderzusetzen, und dass sie etwas lernen, inhaltlich und in Bezug auf Lern- und Arbeitstechniken.

Nimmt man auch für die anderen Befragten eine ähnliche Deutung der Funktion 'Organisation von Lernprozessen' an, so könnten gleich zwei Phänomene der vergleichenden Gesamtauswertung aller zwölf Befragten erklärt werden: zum einen die Tatsache, dass in den Antworten vieler Befragter zu diesem Komplex auf die methodische Komponente, d.h. das methodische Vorgehen im Unterricht, abgehoben wird (nach dem Motto: „Wie kann ich am besten bzw. überhaupt erreichen, dass die Schüler lernen?"). Zum anderen könnte sie die Diskrepanz zwischen der hohen Positionierung der beiden Funktionen im Selbstverständnis der Befragten und dem Rest des Interviews erklären, wo nur bei Frau Jolles und Frau Retzer Ansätze bzw. Versuche von Autonomieförderung zu erkennen sind.

Meine These lautet daher, dass die große Mehrzahl der Befragten folgender Deutung einer gelungenen Organisation von Lernprozessen zustimmen würden: Bei der fachlichen Arbeit werden die Voraussetzungen und Bedürfnisse der Schüler/innen so berücksichtigt, dass die meisten von ihnen bereit und in der Lage sind, die vom Lehrenden vorgesehenen Lernziele zu erreichen. Eine solche Deutung würde der von Wolff formulierten instruktivistischen Konzeption entsprechen, bei der allerdings den vermuteten Voraussetzungen und Bedürfnissen der „reaktiven Wesen" möglichst gut Rechnung getragen wird.

Diese These kann ich durch viele andere Befunde aus den Einzelauswertungen wie aus der vergleichenden Gesamtanalyse stützen. An dieser Stelle sei nur angeführt, dass für alle Befragten das Ausüben von Vermittlungsfunktionen selbstverständlich ist und bei den meisten einen wichtigen Teil ihrer Tätigkeit ausmacht. Besonders prägnant formuliert es Christoph Busch: „Als Englischlehrer sind wir Vermittler: von Sprache, von Wissen, von Wissen über fremde Kulturen" (CB44).

Für die erfolgreiche Realisierung dieser Funktionen betrachten die Befragten die Konsumhaltung und das Desinteresse der Schüler/innen als größtes Hindernis: „Wir alle haben damit zu kämpfen, dass die Schüler auch in der Schule dazu neigen, sich hinzusetzen und unterhalten zu lassen" (AB19), „Ich sehe es als größte Schwierigkeit, die Schüler zu aktivieren" (HR21). Diese Haltung der Schüler/innen wird von Almut Bach denn auch als Grund dafür gesehen, warum ihre Versuche zur Einführung selbstständigerer Arbeitsformen bis jetzt gescheitert sind: „Es ist unheimlich schwierig, die Schüler zu aktivieren, geschweige denn zur Selbstständigkeit zu erziehen" (AB44). Im Gegenzug identifizieren sich die meisten Befragten in hohem Maße mit Motivierungsfunktionen, allerdings nicht als „Animateur/Animatrice" im Sinne von „Klassenclown" oder „Unterhalter".

Als weitere Belege für eine vornehmlich instruktivistische Grundhaltung können die Ausführungen der Befragten zum Einsatz von *native speakers* als Fremdsprachenlehrer/innen und zum Einsatz von Computerprogrammen gedeutet werden.

Zwar sind nur zwei Lehrerinnen auf Grund eigener Erfahrung der Meinung, dass die Erteilung von Unterricht durch *native speakers* mehr Nachteile als Vorteile hat. Aber auch nur eine Lehrerin ist davon überzeugt, dass „ein begeisterter *native speaker* als Fremdsprachenlehrer das Nonplusultra" ist (vgl. HR51). Die allermeisten bewerten die durch ihr eigenes Sprachenlernen erworbene Fähigkeit, Schülerschwierigkeiten besser zu verstehen, größeres Verständnis dafür zu haben und sie im Unterricht besser berücksichtigen zu können, als so entscheidende Vorteile, dass sie *native speakers* höchstens als Ergänzung, nicht aber als Ersatz für deutsche Fremdsprachenlehrer/innen betrachten. Nur wenige Befragte führen die Tatsache, dass *native speakers* ihr Land „verkörpern" und authentisches Englisch sprechen bzw. vermitteln, überhaupt als Vorzug an. Statt einer reichen, starken Lernumgebung bevorzugen die meisten somit die gewohnte Progression, um eine Überforderung der Schüler/innen zu vermeiden.

Die Analyse der Äußerungen zum Einsatz von Computerlern- und -übungsprogrammen unterstützt die These, dass sich die befragten Lehrer/innen tendenziell als zentrale Steuerungsinstanz im Unterricht verstehen: Bis auf zwei spricht sich niemand grundsätzlich gegen die Verwendung von Computerprogrammen im eigenen Unterricht aus. Akzeptiert werden bzw. würden Computerprogramme aber lediglich als ergänzendes Angebot an die Schüler/innen und zur Entlastung bzw. Unterstützung der Lehrperson vor allem in Übungsphasen. Keiner der Befragten würde dagegen zulassen, dass der Computer den Unterricht grundsätzlich verändert. Auch dass er die Lehrperson überflüssig machen könnte, kann sich keiner der Befragten vorstellen, die als Gegenargumente vor allem die Bedeutung des „menschliche Faktors" (AB) für die Erziehungsfunktion und die Gebundenheit von Sprache und Kommunikation an Menschen anführen.

4. Zur Einbindung der Funktionen 'Lernberater/in' und 'Organisator/in von Lernprozessen' in die Gesamtstruktur des beruflichen Selbstverständnisses

Bei der Analyse von Frau Quandts Äußerung zur Organisation von Lernprozessen wurde bereits deutlich, dass es für eine adäquate Deutung der Antworten auf einzelne Interviewfragen z.T. unumgänglich ist, weitere Aussagen des/der Befragten heranzuziehen. Im Folgenden werde ich daher untersuchen, welche zusätzlichen Erkenntnisse zu gewinnen sind, wenn man die Äußerungen zweier Personen zum/zur 'Lernberater/in' und 'Organisator/in von Lernprozessen' innerhalb der Gesamtstruktur ihres beruflichen Selbstverständnisses betrachtet. Ausgewählt habe ich zum einen Frau Uta Jolles, weil sie neben Frau Retzer als einzige explizit Autonomieförderung als eine ihrer Funktionen angibt. Zuvor untersuche ich Herrn Kay Trossen, weil er sowohl die Funktion des Lernberaters als auch des Organisators von Lernprozessen für wichtig hält, sie nach eigener Aussage aber beide nicht bzw. kaum realisiert.

In Herrn Trossens Funktionsverständnis kommt den Funktionen 'Pädagoge' und 'Mittler' die größte Bedeutung zu. Er versteht es als seine „zentrale Aufgabe", „die Schüler näher an Frankreich und an die französische Sprache heranzubringen" (KT32), weil für die allermeisten von ihnen Frankreich „ein Land wie China [ist]: Wenn sich die Eltern nicht dafür interessieren, haben sie keinerlei Beziehung dazu, noch nicht einmal durch die sinnliche Warenwelt" (KT54). Er versucht, diese Funktion zu erfüllen, indem er sich den Schüler/innen als „Mittler" anbietet: „Mittler zu sein, bedeutet für mich, die Schüler spüren zu lassen, dass Frankreich etwas mit mir zu tun hat" (KT35). Diese Funktion hält er sogar für noch wichtiger als die Vermittlung von Sprachkenntnissen: „Wichtiger als das Beibringen von Sprache und ihren Strukturen ist es, die Schüler an meinen Erfahrungen mit Frankreich teilhaben zu lassen" (KT28). Erfüllen kann er diese Mittlerfunktion deswegen, weil er ein ganz enges, persönliches Verhältnis zu Land und Sprache hat: „Frankreich ist ein Teil meines Lebens und meiner Geschichte, der mich nicht unerheblich geprägt hat" (KT7).

Die zweite wichtige Funktion besteht für Herrn Trossen darin, Pädagoge zu sein. Darunter versteht er die indirekte Einflussnahme auf Schüler/innen, indem er „als Persönlichkeit auf [sie] wirken und auf sie eingehen will" (KT36). Deshalb hält er es nicht nur für seine Person für „wahnsinnig wichtig", sich „den Schülern als Person bzw. als Persönlichkeit erkennbar zu machen" (KT30). Er beurteilt auch generell die Persönlichkeit eines Lehrers für wichtiger als dessen fachliche Qualitäten: „Am wichtigsten ist die Persönlichkeit des Lehrers; fachliches Wissen und didaktisch-methodisches Können sind zwar notwendig, reichen allein für's Lehrersein jedoch nicht aus" (KT31). Diese Haltung erklärt, warum sich Herr Trossen für die methodische Seite von Sprachunterricht kaum interessiert: „Die didaktisch-methodische Seite langweilt mich im Grunde. Was mich interessiert in Französisch, das hat mit Frankreich zu tun" (KT63).

Da für Herrn Trossen die beiden Funktionen 'Mittler' und 'Pädagoge' die größte Wichtigkeit besitzen, dürfte er es als größten Erfolg seines Wirkens betrachten, wenn es ihm gelingt, die Schüler/innen für Frankreich oder Französisch zu interessieren. Die enorme Bedeutung dieser Aufgabe spiegelt sich darin, dass zwei von vier Lernzielen, die Herr Trossen persönlich für die wichtigsten hält, diesen Bereich betreffen: „Die Schüler sollen spüren, dass Frankreich und Französisch ein Teil meines Lebens sind" (KT19) und „Die Schüler sollen etwas mit Frankreich zu tun bekommen und persönliches Interesse gewinnen, so dass die Sprache für sie nicht 'äußerlich' bleibt" (KT17). Dagegen führt er nur ein einziges sprachliches Lernziel an: „Die Schüler sollen sich trauen, frei zu reden und zu schreiben" (KT16). Zielsetzungen im Bereich 'Sprachenlernen-Lernen' nennt er keine.

All diese Befunde passen zu der Tatsache, dass Herr Trossen Aufgaben der Lernberatung oder der Organisation von Lernprozessen im Verlauf des Interviews weder direkt noch indirekt thematisiert. Daher ist es um so erstaunlicher, dass er am Ende nicht nur die beiden Funktionskärtchen als für ihn wichtige Funktionen kommentiert, sondern sie bei der Hierarchisierung auf der ersten und zweiten Ebene platziert: erste Ebene (zusammen mit 'Animateur' und 'Mittler'): „Lernberater zu sein ist eine ganz zentrale Aufgabe, auch wenn die Schüler nur wenig Interesse haben, das Lernen zu lernen (KT34)"; zweite Ebene (zusammen mit 'Mitlerner'): „Ich wäre manchmal gerne Organisator von Lernprozessen, schaffe es aber kaum" (KT41). Wie kann diese Diskrepanz erklärt werden?

Auch wenn Herr Trossen es für seine persönlich wichtigste Aufgabe hält, die Schüler/innen „näher an Frankreich und die französische Sprache heranzubringen" (KT32), also eine Einstellungsänderung zu erreichen, so besteht seine vom Lehrplan vorgegebene Hauptaufgabe doch darin, dafür zu sorgen, dass sie sprachliches und fachbezogenes Wissen und Können erwerben. Außerdem hat er als Schüler selbst das Lernen-Lernen als wichtig empfunden und fand es positiv, darin vom Lehrer unterstützt bzw. dazu angehalten zu werden.

Diese doppelte Diskrepanz, zum einen zwischen den von ihm als Lehrer als persönlich wichtig erachteten und den von außen vorgegebenen Anforderungen, zum anderen zwischen den von ihm als Lehrer und als ehemaliger Lerner als wichtig erachteten Funktionen dürfte der Hauptgrund dafür sein, dass Herr Trossen den 'Lernberater' und den 'Organisator' erst auf Grund des Anstoßes durch die Funktionskärtchen thematisiert. Sie dürfte auch der Grund für die überraschend hohe Positionierung der beiden Funktionen sein, denn auch wenn sie für die Erfüllung der für ihn persönlich wichtigen Ziele nicht wichtig sind, so sind sie doch für den Erfolg seines Wirkens als Französischlehrer von entscheidender Bedeutung.

Dass Herr Trossen gleichzeitig Gründe anführt, die ihn daran hindern, diese Funktionen trotz ihrer Wichtigkeit zu realisieren (Schüler/innen haben nur wenig Interesse, das Lernen zu lernen, aufgrund der hohen Arbeitsbelastung, der großen Lerngruppen und des 45-Minuten-Taktes kann er kaum als Organisator von Lernprozessen wirken), werte ich als Hinweis darauf, dass er diesen Funktionen vermutlich weder in seinem Handeln noch in der Gesamtstruktur seines Selbstverständnisses die von ihm eigentlich als notwendig erachtete Bedeutung einzuräumen bereit ist. So dürften diese Gründe die Funktion von Entlastungsargumenten dafür besitzen, warum Herr Trossen dieses Ideal selbst nicht konsequenter zu realisieren versucht.

Auch bei der Englisch- und Französischlehrerin Frau Jolles ist nach dem Stellenwert der Funktionen 'Lernberaterin' und 'Organisatorin von Lernprozessen' in ihrem beruflichen Selbstverständnis zu fragen. Für sie ist es im Gegensatz zu Herrn Trossen „selbstverständlich", dass „Sprachtrainerin" ihre „allererste Funktion" ist (vgl. UJ78). Sie begründet dies damit, dass der formale Spracherwerb im Französischen ganz besonders wichtig sei (vgl. UJ30). Da die Schüler/innen nach ihrer Beobachtung jedoch immer weniger bereit und fähig sind, Dinge auswendig zu lernen (vgl. UJ31), empfindet sie es als Herausforderung, die Schüler/innen hierbei zu unterstützen. Im Gegensatz zu anderen Befragten wählt sie dafür nicht Zwang oder Druck, sondern stellt unterschiedliche und abwechslungsreiche Materialien und Methoden bereit: „Ich probiere alles Mögliche aus, wie ich den Schülern das Lernen erleichtern kann" (UJ68). Dass sie eine solche Art des Sprachtrainings für selbstverständlich hält, wird z.B. daran ersichtlich, dass sie es als „Handwerk" (23/28) ihrer Zunft bezeichnet.

Ein zweiter wichtiger Grund dafür, warum Frau Jolles im Rahmen ihrer Funktion 'Sprachtrainer/in' die 'Lernberatung' und die damit einhergehende 'Organisation von Lernprozessen' für ganz besonders wichtig hält, dürfte die Tatsache sein, dass für sie das Sprachenlernen und das (Sprachen-)lernen-Lernen untrennbar zusammengehören: „Mir ist es ungemein wichtig, den Schülern beizubringen, wie man lernt" (UJ69). Daher bedeutet für sie „Sprachtrainer/in" zu sein nicht, dass sie „reaktiven Wesen" Initiative und Verantwortung für das Lernen abnimmt, im Gegenteil: „Meine wichtigste Aufgabe ist es, den Schülern die Möglichkeiten bereitzustellen, sich die Sprache aneignen zu können" (UJ61). Nicht nur die Eigenständigkeit und damit die Individualität der Lerner zu unterstützen, ist Frau Jolles Ziel. Sie geht noch einen Schritt weiter, indem sie ihnen dabei behilflich ist, „für ihr Lernen selbst Verantwortung zu übernehmen" (UJ71).

Dass diese zunehmende Gewährung und Unterstützung autonomen bzw. autonomeren Lernens keinesfalls eine mir bzw. der Gesprächssituation geschuldete Wunschvorstellung ist, sondern dass Frau Jolles sich tatsächlich um seine Realisierung bemüht, kann an den Schilderungen ihres methodischen Vorgehens in verschiedenen Klassenstufen abgelesen werden. Besonders wichtig ist es ihr hierbei, alle Möglichkeiten zur Besprechung, Anwendung und Einübung von Lern- und Arbeitstechniken und Strategien zu nutzen, auch wenn dies heutzutage viel mehr Zeit koste als früher.

Welche Gründe könnte es dafür geben, dass Frau Jolles im Unterschied zu fast allen anderen Befragten bereit ist, ihren Schüler/innen Selbstständigkeit beim Lernen nicht nur zu gewähren, sondern sie hierin auch aktiv zu unterstützen? Ganz wichtig scheint mir ihre Definition der 'Fremdsprachenlehrerin' zu sein. Für sie gehören die fachliche und die pädagogische Komponente dieser Aufgabe „untrennbar zusammen" (UJ60). Daher hält sie – wiederum im Gegensatz zu Herrn Trossen – didaktisch-methodisches Wissen und Können für das entscheidende Kapital einer Fremdsprachenlehrerin: „Ich habe gelernt, wie man Schülern eine Fremdsprache beibringt" (UJ 57).

Das Zusammenwirken der fachlichen und der pädagogischer Aufgabe findet ebenfalls Ausdruck in Frau Jolles subjektivem Deutungsmuster: „Ich bin schülerorientiert" (UJ48). Dies beinhaltet für sie z.B., dass nicht nur „der Lehrstoff und die Aufgabenformen die Schüler persönlich betreffen" (UJ36), sondern auch, dass sie ohne Scheuklappen nach den für ihre Schüler/innen geeigneten Methoden sucht: „Ich habe keine Scheu vor unkonventionellen Methoden oder neuen Techniken" (UJ70). Die Schülerorientierung schlägt sich ebenfalls in verschiedenen Funktionen nieder: Frau Jolles betrachtet sich als ständige Mitlernerin (vgl. UJ72), sie ist im Anfangsunterricht bereit, 'Animatrice' zu sein (UJ63), und sie verfolgt das Ziel, ein Klima zu schaffen, in dem man miteinander reden kann (UJ51). Das „gemeinsame kommunikative Tun" als Methode wie als Ziel scheint mir Ausdruck des Einseins von fachlicher und pädagogischer Funktion bei Frau Jolles zu sein.

Weitere Gründe für Frau Jolles Bemühen um Methodenvielfalt und, damit verbunden, zunehmender Schülerautonomie dürften in ihrer langjährigen beruflichen Erfahrung und der damit verbundenen Sicherheit, in ihrer persönlichen Begeisterung für die Fächer und für das Unterrichten ihrer Fächer sowie in ihrer generellen Bereitschaft zu Veränderungen liegen: „Innovationen im Unterricht sind für mich lebensnotwendig" (UJ67). Nicht zufällig beschreibt sie die Bereitschaft und Fähigkeit zur Gewährung von Autonomie als Entwicklungsprozess („Ich lerne zunehmend, die Schüler darin zu unterstützen ..." [UJ71]), der durch die intensive Zusammenarbeit mit Kolleg/innen und durch Fortbildungen gefördert wird.

Wie die Einzelanalysen zeigen, ist es für das tiefere Verständnis von Aussagen zu Einzelelementen des beruflichen Selbstverständnisses notwendig, diese nicht nur isoliert, sondern ebenfalls im Rahmen der Gesamtstruktur des Selbstverständnisses zu untersuchen. Die Analyse der Einbindung von Einzelelementen in die Gesamtstruktur ermöglicht außerdem, den Stellenwert und die Funktion des entsprechenden Einzelelementes im Rahmen der Gesamtstruktur sowie das Zusammenspiel der einzelnen Elemente zu bestimmen.

So konnte im Fall von Herrn Trossen gezeigt werden, dass die beiden Funktionen 'Lernberater' und 'Organisator von Lernprozessen' trotz ihrer ausdrücklichen Hochschätzung im Gesamt seines Funktionsverständnisses isoliert bleiben und vermutlich die Rolle eines Idealselbst spielen. Bei Frau Jolles sind diese Funktionen dagegen an mehrere Elemente ihres Selbstverständnisses angebunden: Sie besitzen die Funktion, zur methodischen Realisierung ihrer Hauptaufgabe 'Sprachentrainerin' beizutragen, sie stellen eine Reaktion auf Probleme im Französischunterricht dar, sie entsprechen ihren Vorstellungen von der Spezifik der französischen Sprache und deren Erlernbarkeit, und sie sind Ausdruck ihres subjektiven Deutungsmusters, schülerorientiert zu sein. Außerdem werden sie durch Frau Jolles grundsätzliche Bereitschaft zu Innovation begünstigt.

5. Anmerkungen zu den Ergebnissen aus konstruktivistischer Sicht

Welche dieser Ergebnisse sind nun unter konstruktivistischem Blickwinkel von Interesse?

Für besonders bemerkenswert halte ich den Konstruktcharakter des beruflichen Selbstverständnisses. Die Untersuchung folgt dem Forschungsansatz „subjektive Theorien" (vgl. Grotjahn 1998) und definiert das berufliche Selbstverständnis als „subjektive Theorie über sich selbst in bezug auf die eigene berufliche Tätigkeit". Bei dieser Theorie handelt es sich um subjektive Konstrukte aus Wissen, Einstellungen, Gefühlen, Absichten usw., die die Personen auf Grund ihrer vielfältigen Erfahrungen im ausgeübten Beruf und auf Grund der Bewertung ihrer Erfahrungen gebildet haben.

Subjektive Theorien liegen nicht in fertig mitteilbarer Form vor, sondern sie benötigen einen Anlass, um konstruiert und verbalisiert zu werden; im Falle meiner Untersuchung war dies die Interviewsituation. Allen Interviewpartnern ist es dabei gelungen, sehr komplexe und strukturierte Vorstellungen zu äußern; dies werte ich als Zeichen für die Komplexität und Strukturiertheit ihrer subjektiven Konstruktionen von Wirklichkeit. Im Falle der subjektiven Theorie 'berufliches Selbstverständnis' beinhaltet diese Wirklichkeit eine umfassende Selbstsicht, die durch langjährige Auseinandersetzung mit der äußeren (Berufs-)Welt und den Selbst- und Weltsichten der dort agierenden Personen gebildet und modelliert wurde. Es handelt sich also um eine Wirklichkeit, die Selbst- und Weltsicht in ihrem Zusammenwirken enthält.

Wenn man sich die Komplexität und die vielfachen Beziehungen zwischen den Einzelelementen der subjektiven Theorie 'berufliches Selbstverständnis' vergegenwärtigt, verwundert es nicht, dass es sich dabei um relativ stabile Überzeugungen handelt. Im Falle von Lehrer/innen kommt dazu, dass die grundlegenden Vorstellungen über den Beruf bereits während der eigenen Schulzeit geprägt werden. Dies betrifft nicht nur allgemeine Vorstellungen von Lehrerrolle und Lehrerverhalten, sondern ebenso fachspezifische Vorstellungen wie die 'Natur' und Bedeutung von Fremdsprachen oder ihre beste Erlernbarkeit (vgl. Caspari in Vorb.). Daher stellt sich die Frage, wie erfahrene Lehrer/innen zu einem Überdenken bzw. zu einer Veränderung ihrer subjektiven Wirklichkeitskonstruktionen animiert werden können.

Folgt man den Überlegungen der konstruktivistischen Lerntheorie, dann dürfte dies am ehesten in völlig neuen Lernumgebungen oder mit Hilfe völlig neuer Lernerfahrungen der Fall sein, bei denen sich die vorhandenen Wirklichkeitskonstruktionen als nichtviabel erweisen und eine Überwindung der Differenz zwischen eigenen Erfahrungen und neuen Daten über Realität lohnend erscheint (vgl. Wendt 1998: 6). Da solche Lernerfahrungen als organisierte Veranstaltungen im Angebot der Lehrerfortbildungseinrichtungen aber die Ausnahme darstellen[7], ist es m.E. sinnvoller zu überlegen, wie ein solches Überdenken im Rahmen traditioneller Kurzzeitlehrgänge erfolgen könnte.

Stellen wir uns vor, dass Herr Trossen und Frau Jolles freiwillig und aus eigenem Antrieb eine Lehrerfortbildungsveranstaltung zum Thema *Konstruktiv(istisch)er Fremdsprachenunterricht* besuchen. Unterstellen wir, dass sie aus dieser Veranstaltung nicht nur attraktives Unterrichtsmaterial für den folgenden Montag, sondern „mehr" mitnehmen wollen: Wissen, worum es sich dabei handelt, Informationen über die theoretischen Grundlagen dieser Konzeption, Ideen, wie sie sich im Fremdsprachenunterricht umsetzen lässt, ein Urteil, ob sich ein solcher Versuch lohnt etc. Gehen wir weiter davon aus, dass den Lehrer/innen in dieser Fortbildungsveranstaltung all dies angeboten wird, dass ihnen außerdem deutlich gemacht wird, wo im „herkömmlichen" Fremdsprachenunterricht bereits „konstruktivistisch" gelernt wird, und dass sie Gelegenheit erhalten, über Prinzipien, Inhalte, Methoden sowie über die dazugehörigen Lehrerfunktionen zu reflektieren. Spekulieren wir: Wie dürfte eine solche Lehrerfortbildung bei den beiden „ankommen", was würden sie vermutlich „mitnehmen"?

Bei Frau Jolles dürfte eine solche Veranstaltung vermutlich auf sehr fruchtbaren Boden fallen. Sie dürfte vor allem an den methodischen Anregungen interessiert sein, speziell an Methoden zur Einübung und Vermittlung von Lern- und Arbeitstechniken und an Methoden zur Bewusstmachung und Einübung von Lernstrategien. Ich nehme an, dass sie durch den lerntheoretischen Hintergrund des Konstruktivismus darin bestärkt wird, ihre bereits vorhandenen Initiativen zur Erhöhung von Schülerautonomie fortzusetzen und auszubauen. Dieser theoretische Hintergrund dürfte ihr außerdem eine zusätzliche Begründung bzw. Rechtfertigung für ihr Vorgehen liefern, ggf. sogar einen konzeptuellen, theoretischen Rahmen zur Neustrukturierung ihrer diesbezüglichen Überlegungen. Bei der Diskussion um die entsprechenden Lehrerrollen könnte sie ihre Erfahrungen einbringen und die damit verbundenen Vorteile und Schwierigkeiten mit anderen erörtern.

Wie könnte nun Herr Trossen auf dieselbe Veranstaltung reagieren? Da ihn didaktisch-methodische Überlegungen langweilen, er aber stark an seinem Fach und an „Wissenschaft" interessiert ist, dürfte für ihn die theoretische Seite von besonderem Interesse sein. An den unterrichtspraktischen Überlegungen dürfte er sich dagegen wenig beteiligen, eventuell in der Form, dass er Einwände und Bedenken formuliert. Bei den Überlegungen zu den Lehrerfunktionen könnte er ähnlich wie im Interview reagieren: Im Prinzip hält er sie für sinnvoll, sieht aber wenig Möglichkeiten, sie unter den herrschenden Bedingungen im Unterricht auch umzusetzen. Im ungünstigsten Fall käme Herr Trossen also mit Wissen über eine neue, spannende Theorie nach Hause - und mit der Bestätigung seiner Meinung, dass Didaktik und Methodik für ihn und seinen Unterricht nicht wirklich relevant sind.

Ebenso ungünstig wäre folgende Variante, die ebenfalls eine weit verbreitete Reaktion auf Fortbildungen darstellt: Der/die Teilnehmer/in beschließt, den Unterricht ab sofort konstruktivistisch zu gestalten, aber entweder ist davon schon nach kurzer Zeit nichts mehr zu bemerken, oder er/sie führt einfach den gewohnten Unterricht unter dem neuen Etikett 'Konstruktivismus' fort.[8] Dass diese Gefahr, neue Begriffe mit alten Inhalten zu füllen, real besteht, zeigt die Geschichte des kommunikativen Fremdsprachenunterrichts. Im Falle des konstruktivistischen Fremdsprachenunterrichts sehe ich diese Gefahr ebenfalls, weil sich Einzelelemente, wie z.B. die Bevorzugung bestimmter Sozialformen oder die Einübung von Lern- und Arbeitstechniken, ohne Schwierigkeiten in einen Unterricht nach instruktivistischen Prinzipien einfügen lassen.

Auf Grund dieser zugegebenermaßen hypothetischen, nichtsdestotrotz aber realistischen Fortbildungsszenarien könnte man sowohl die Forderung nach Abschaffung von Fortbildungsveranstaltungen wie nach ihrer völligen Individualisierung in Form von Einzelberatungen erheben. Da Kurzzeitlehrgänge aber die häufigste Art von fachbezogener Fortbildung darstellen und vielfältige positive Effekte aufweisen (u.a. im kommunikativen und 'psychohygienischen' Bereich), plädiere ich dafür, sie stärker zur individuellen wie gemeinschaftlichen Reflexion über die eigenen, persönlichen Vorstellungen von Fremdsprachenunterricht und Fremdsprachenlehrersein zu nutzen.

Eine stärkere Bewusstmachung dessen, was jeder bzw. jedem Einzelnen dabei wichtig ist, wie jede/r Einzelne bestimmte Prinzipien, Methoden, Materialien etc. beurteilt und warum, eine lebendige Diskussion darüber, wie jede/r Einzelne bestimmte Lehrfunktionen definiert und beurteilt, können Ansatzpunkte dafür sein, dass die Lehrer/innen die Inhalte der Lehrerfortbildung tatsächlich in ihre subjektiven Theorien integrieren und, im Falle von Differenzen, dazu ermutigt zu werden, ihre entsprechende (Teil-) Theorie zu modifizieren.[9] Die Auseinandersetzung mit dem Konstruktcharakter des beruflichen Selbstverständnisses kann dabei nicht nur zur besseren Akzeptanz einer solchen Beschäftigung mit sich selbst beitragen, sondern ebenfalls Anlass und Hilfestellung zur Reflexion selbst leisten.

Anmerkungen

[1] Zum Forschungsprojekt und seiner Methodik siehe Caspari (im Druck).
[2] Unter 'Deutungsmustern' sind Wissensbestände, Erfahrungsstrukturen und Überzeugungen zu verstehen, die von solch zentrale Bedeutung für die Befragten sind, dass sie ganz unterschiedliche Aspekte des beruflichen Selbstverständnisses einzubinden vermögen und damit als strukturierendes und kohärenzstiftendes Prinzip des jeweiligen Selbstverständnisses fungieren. Zu den Charakteristika von deutungsmustern und ihrer Funktion innerhalb subjektiver Theorien vgl. Kallenbach (1996: 97-99). Aus meinem Forschungsprojekt sind zwei entsprechende Einzelfallanalysen veröffentlicht (Caspari 1998).
[3] "Ebene" bedeutet, dass die Befragten mehrere Funktionsbestimmungen gleichberechtigt auf eine position setzten.
[4] Zwecks Gewährleistung des Vertrauensschutzes sind alle Namen geändert.
[5] Lies: Interviewtext Seite 15, Zeile 34. Zwei Punkte markieren ein kurzes Innehalten beim Sprechen, drei Punkte eine kurze Pause.
[6] Lies: Statement 46 von Christoph Busch. Bei den Statements handelt es sich um verdichtete Aussagen zu den einzelnen inhaltlichen Teilbereichen des Gesprächs, die

entweder direkt dem Interviewtext entnommen oder in ihrer Formulierung an den Sprachduktus des Gesprächspartners angelehnt sind. Die Numerierung hat keine inhaltliche Bedeutung.

[7] Z.B. „erlebte Landeskunde" im Zielsprachenland oder Veranstaltungen zum Einsatz des Computers im Fremdsprachenunterricht, die an der Justus-Liebig-Universität z.Zt. als Tandem-Kurse von Studierenden und Lehrer/innen erprobt werden.

[8] Zu den Auswirkungen von Lehrerfortbildung vgl. Lamb 1995.

[9] Zu Formen der Veränderung von subjektiven Theorien vgl. Schlee 1996: 153f.

Literatur

Bausch, Karl-Richard/ Christ, Herbert/ Krumm, Hans Jürgen (Hrsg.) (1995): *Handbuch Fremdsprachenunterricht.* Tübingen: Francke. 3. Aufl.

Bönsch, Manfred (1994): Zur Neubestimmung der Lehrerrolle: Zum Verhältnis von Schule und LehrerInnen. *Unterrichtswissenschaft* 22/1:75-87.

Caspari, Daniela (1998): 'Quel professeur êtes-vous?' - Deutungsmuster als strukturierendes Prinzip des beruflichen Selbstverständnisses von Fremdsprachenlehrerinnen und Fremdsprachenlehrern. In: Letzelter, Michèle u.a. (Hrsg.): 687-702.

Caspari, Daniela (im Druck): Vom Interview zum Strukturbild und darüber hinaus. Zur Erforschung des beruflichen Selbstverständnisses von Fremdsprachenlehrer/innen. In: Müller-Hartmann, Andreas/ Schocker-von Ditfurth, Marita (Hrsg.): Qualitative Forschung im Bereich Fremdsprachen lehren und lernen. Tübingen: Narr.

Caspari, Daniela (in Vorb.): Zur Bedeutung des eigenen Lernens für das berufliche Selbstverständnis von Fremdsprachenlehrer/innen. In: Finkbeiner, Claudia u.a. (Hrsg.).

Goethe-Institut (Hrsg.): *Handbuch für Spracharbeit.* Teil 6: Fortbildung. München: Goethe-Institut.

Grotjahn, Rüdiger (1998): Subjektive Theorien in der Fremdsprachenforschung: Methodologische Grundlagen und Perspektiven. *Fremdsprachen Lehren und Lernen* 27: 33-59.

Ehrmann, Wilfried (1991): Vom Belehrer zum Lernförderer - Gedanken zur Rolle des Lehrers im Sinne des personenzentrierten Ansatzes von Carl R. Rogers. *Erziehung und Unterricht* 141/9: 709-713.

Finkbeiner, Claudia/ Schnaitmann, Gerhard W. (Hrsg.) (in Vorb.): *Lehren und Lernen im Kontext empirischer Forschung und Fachdidaktik.* Donauwörth: Auer.

Kallenbach, Christiane (1996): *Subjektive Theorien.* Was Schüler und Schülerinnen über Fremdsprachenlernen denken. Tübingen: Narr. (Giessener Beiträge zur Fremdsprachendidaktik.)

Krumm, Hans-Jürgen (1995): Der Fremdsprachenlehrer. In: Bausch, Karl-Richard u.a. (Hrsg.): 475-480.

Lamb, Martin (1995): The consequences of INSET. *ELT Journal* 49/1: 72-80.

Legutke, Michael K. (1995): Einführung. In: Goethe-Institut (Hrsg.) : 1-22.

Legutke, Michael/ Thomas, Howard (1991): *Process and experience in the language classroom.* London / New York: Longman. (Applied Linguistics and Language Study.)

Letzelter, Michèle/ Meißner, Franz-Josef (Hrsg.) (1998): *L'enseignement de deux langues partenaires. Der Unterricht zweier Partnersprachen.* Actes du Congrès de Tours. Akten des Kongresses von Tours. Tübingen: Narr.

Müller-Verweyen, Michael (1995): Pädagogischer Dialog: Zur Rolle der Lehrperson in lernergesteuerten Lernprozessen. *Fremdsprache Deutsch,* Sondernummer: 51-56.

Müller-Verweyen, Michael (Hrsg.) (1997): *Neues lernen – Selbstgesteuert – Autonom.* München: Goethe-Institut.

Schlee, Jörg/ Mutzeck, Wolfgang (Hrsg.) (1996): *Kollegiale Supervision.* Modelle zur Selbsthilfe für Lehrerinnen und Lehrer. Heidelberg: Winter.
Schlee, Jörg (1996): Veränderung Subjektiver Theorien durch Kollegiale Beratung und Supervision (KoBeSu). In: Schlee, Jörg u.a. (Hrsg.) :149-167.
Wendt, Michael (1998): Fremdsprachenlernen ist konstruktiv. *Der Fremdsprachliche Unterricht Französisch* 32/2: 4-10.
Wolff, Dieter (1994): Der Konstruktivismus: Ein neues Paradigma in der Fremdsprachendidaktik? *Die Neueren Sprachen* 93/5: 407-429.
Wolff, Dieter (1997): Instruktivismus vs. Konstruktivismus: Zwanzig Thesen zur Lernbarkeit und Lehrbarkeit von Sprachen. In: Müller-Verweyen, Michael (Hrsg.) : 45-52.

Linguistik und Didaktik

Konstruktionen sind Konstruktionen sind Konstruktionen ... Zur Verwendung eines Konzeptes in der Sprachwissenschaft und verwandten Disziplinen

Martin Stegu

Im vorliegenden Beitrag sollen verschiedene (Interessens-) Ebenen aufgezeigt werden, auf denen LinguistInnen (inkl. SemiotikerInnen und KommunikationswissenschaftlerInnen) konstruktivistische Ansätze einbringen können:

- Semiotik (Zeichen-Welt-Beziehung)
- Kommunikationstheorie ('Sender'-'Empfänger'-Beziehung)
- *langue* (fixierte, 'systematisierte' Konstruktionen)
- *parole* (Wirklichkeitskonstruktionen im Gespräch)
- Spracherwerb - Spracherlernung (inkl. interkulturelle Aspekte)
- Meta-Ebene: Theorien über Sprache („Konstruktionen zu Konstruktionen").

Ein besonderes Augenmerk wird in diesem Zusammenhang naturgemäß dem Sprachenlernen gewidmet sein; dabei soll kritisch überlegt werden, ob die Konstruktionsmetapher nicht bisweilen allzu leichtfertig verwendet wird und u.U. voreilige Schlussfolgerungen für den Fremdsprachenunterricht gezogen werden.

The contribution sets out to describe various pathways of enquiry which linguists (including semioticians and communication scholars) might want to take using constructivist approaches in the following domains:

- semiotics (sign-world interplay)

- communication theory ('sender'-'recipient' interplay)

- langue (fixed, systematic constructions)

- parole (constructions of reality in discourse)

- language acquisition - language learning (including intercultural aspects)

- meta levels: theories of language etc. (constructions about constructions).

In this context, particular emphasis will be placed on language learning. Here I want to critically reflect on whether the construction metaphor is not at times used all too undiscerningly and whether that results in premature conclusions as to the nature of foreign language teaching.

1. Einleitung

Ich beschäftige mich bereits seit etlichen Jahren mit Zusammenhängen zwischen Konstruktivismus und Linguistik (inkl. verwandter Disziplinen; vgl. Stegu 1991, 1997a, 1998). Zunächst wähnte ich mich mit diesem Interesse relativ allein auf weiter Flur, erst in allerletzter Zeit gab es verschiedene Initiativen, an diesen Fragen interessierte LinguistInnen zusammenzubringen. Hier seien die linguistische Sektion des großen Konstruktivismus-Kongresses *Weisen der Welterzeugung* (Heidelberg, Mai 1998; Leitung: Jürgen Broschart) sowie der Workshop *Konstruktivistische Linguistik* im Rahmen der letzten Österreichischen Linguistiktagung in Graz (Dezember 1998) erwähnt, den ich - gemeinsam mit Ralf Vollmann - selbst organisiert habe.[1]

Konstruktivistisches Denken entspricht anscheinend dem Zeitgeist, und Müller (1997) stellt ganz richtig fest, dass im Bereich der Fremdsprachendidaktik eine ganze Reihe neuerer Ansätze (wenn nicht die meisten) konstruktivistische Züge in sich tragen, selbst wenn dies den betreffenden AutorInnen gar nicht bewusst sein mag. Bei den erwähnten Veranstaltungen - und auch bei der in Dortmund organisierten Arbeitsgemeinschaft - ist hingegen anzunehmen, dass v.a. „bewusste" KonstruktivistInnen teilnehmen, und es stellt immer einen Erkenntnisgewinn dar zu erfahren, welche Aspekte konstruktivistischen Denkens für welche Art von Linguistik (und auch Fremdsprachendidaktik) herangezogen werden. In diesem Sinn ist meine Liste von Interessensebenen erweiterbar (und ja auch bereits im Lauf der Zeit erweitert *worden*) und soll primär Diskussionsbasis sein. Im Übrigen sind die einzelnen angenommenen Ebenen gar nicht präzise voneinander zu trennen und weisen (wie so vieles) fließende Grenzen auf.

2. Konstruktionen in und durch Sprache

2.1 Semiotik: Probleme mit der Referenz

Wenn wir von einem dreistrahligen Zeichenmodell ausgehen, stellt die Ecke mit dem 'Referenten', mit dem gemeinten 'Objekt der Wirklichkeit', für eine konstruktivistische Sichtweise das wohl größte Problem dar (vgl. dazu Stegu 1997a). In einem streng realistischen Bedeutungsmodell gibt es mehr oder minder unproblematische Wirklichkeitsobjekte, für die die Sprache nur Etiketten zur Verfügung stellen muss. KonstruktivistInnen leugnen zwar im Allgemeinen die Realität nicht, bezweifeln aber den direkten erkenntnismäßigen Zugang zu dieser. Das hat zur Folge, dass auch die Referenten nicht der Realität zugeschrieben werden können oder dürfen, sondern selbst nur wieder als Konstrukte begreifbar sind. Konstruierte Referenten rücken der Signifikats-Ecke *de facto* ziemlich nahe; trotzdem ist auch unter konstruktivistischen Vorzeichen eine Trennung sinnvoll, weil wir auf alle Fälle Bedeutungsvorstellungen von Wahrnehmungen unterscheiden müssen, selbst wenn wir niemals die 'Wirklichkeit an sich' wahrnehmen.

Die „Referentenecke" ist die problematischste und interessanteste; die anderen Bestandteile des Zeichendreiecks sind aber ebenfalls betroffen. So haben wir als RezipientInnen auch keinen direkten Zugang zu akustischen, schriftlichen usw. Zeichen*formen*, sondern müssen diese ja auch wahrnehmend (nach-)konstruieren. Zeichen*bedeutungen* wiederum mögen zwar neuronale („reale") Entsprechungen haben, der Konstruktcharakter der eigentlichen 'Bedeutungen' wird jedoch sogar konstruktivismusfernen Personen einleuchten.

Diese Überlegungen sind zwar einerseits von sehr grundlegender Art, haben aber bereits Auswirkungen auf das Erlernen anderer Sprachen. Sprachunterschiede, die gewisse Unterschiede in der „Weltsicht" ausdrücken[2], sind für Leute mit einer konstruktivistischen erkenntnistheoretischen Basis viel leichter nachzuvollziehen als für eingefleischte RealistInnen.

2.2 Kommunikationstheorie: Kritik am Sender-Empfänger-Modell

Vor einigen Jahren war das ursprünglich von Shannon/Weaver (1949) für ganz andere Zwecke konzipierte und dann in verschiedener Weise adaptierte Sender-Empfänger-Kommunikationsmodell kanonischer Wissensbestandteil aller linguistischen Einführungsproseminare. Seit kurzer Zeit, seit der teils bewussten, teils unbewussten „konstruktivistischen Wende", gehört es nun zum allgemeinen *bon ton*, dieses Modell zu relativieren bzw. überhaupt in Frage zu stellen oder gar zu bekämpfen.

Wenn es schon schwierig oder unmöglich ist, zu realen Objekten direkten Erkenntniszugang zu haben, wird die Problematik noch akuter, wenn es um das Erkennen bzw. Verstehen sprachlicher Äußerungen geht. Wurde früher das Nicht-Verstehen eher als Ausnahme, als v.a. durch das „Rauschen"des Kanals bedingte Panne angesehen, ist für den Konstruktivismus ein gewisses Auseinanderklaffen zwischen Gemeintem und Verstandenem fast der Normalfall. Sprachliche Informationen können nicht einfach von Mensch zu Mensch transportiert werden, sondern der 'Empfänger' hat - ausgehend von einem Angebot sprachlicher Daten - das vom 'Sender' Gemeinte mit bestem Wissen und Gewissen selbst zu (re-)konstruieren.

Für die KonstruktivistInnen könnten sich nun zwei Extrempositionen ergeben: Entweder nimmt man an, Verständnis sei prinzipiell kaum je erreichbar (hier ergeben sich Affinitäten zu extremen postmodernen und poststrukturalistischen Auffassungen), oder man verlässt sich auf die ausgleichende Kraft konsensueller Prozesse bzw. auf die angenommenen Ähnlichkeiten bei biologischer Grundausstattung und Sozialisation (vgl. das weiterführende Konzept der 'sozialen Konstruktion'). Interessanterweise vertreten die meisten KonstruktivistInnen eher die zweite Position, so dass die doch in zahlreichen Fällen bestehen bleibende Rest-Differenz bei gegenseitigen Verstehensversuchen sekundär beinahe wieder völlig ignoriert wird.

Hier soll für eine mittlere Position plädiert werden, die auch textsortenspezifische und situationelle Faktoren berücksichtigt. Wenn A B fragt: „Kannst Du mir sagen, wie spät es ist?" und B teilt hierauf A die Uhrzeit mit, kann man wohl davon ausgehen, dass ein erfolgreicher Verstehensvorgang stattgefunden hat. Im Falle von Gedichtlektüren u.ä. verhält es sich meist anders, und hier bekräftigt der Konstruktivismus die sich schon lange immer mehr durchsetzende Meinung, dass es nicht die „eine richtige" Interpretation geben kann und muss.

Der Wunsch aller an Kommunikation Beteiligten wird es aber immer sein, das eigene Gemeinte so gut wie möglich mitzuteilen bzw. das von anderen Gemeinte so gut wie möglich zu verstehen, und so hat das alte Kommunikationsmodell als angestrebte, jedoch nie ganz zu erreichende Utopie zweifellos weiterhin eine gewisse Berechtigung. Es sollte jedoch allen - nicht nur SprachphilosophInnen, sondern in erster Linie auch Laien (Stichwort: Laienlinguistik, vgl. Antos 1996) - bewusst sein, dass es sich bei diesem Modell um keine direkte Abbildung realer Kommunikationsprozesse handelt. Alle Modelle sind Konstruktionen, manche aber anscheinend noch mehr als andere.

Für Fremdsprachenlernende ist aus diesen Überlegungen abzuleiten, dass infolge des konstruktiven Charakters von Wahrnehmung und Verstehen Kommunikationsprozesse bereits innerhalb derselben Sprachgemeinschaft sehr komplexe Vorgänge sind und oft nur approximative Verstehensresultate erreicht werden können. Im Fall der Kommunikation zwischen Angehörigen verschiedener Muttersprachen bzw. „Kulturen" erhöhen sich diese potentiellen Missverständnisse, selbst wenn man sich auf dieselbe *lingua franca* geeinigt hat. Dies sind natürlich keine umwerfend neuen Erkenntnisse - sie erscheinen aber im Rahmen konstruktivistischer Positionen in einem neuen Licht und werden durch diese zusätzlich gestützt.

2.3 Die *langue* als System fixierter Konstruktionen

Die *langue* stellt uns (lexikalische, syntaktische usw.) Mittel zur Verfügung, die sich über Jahrhunderte herausgebildet haben („konstruiert"worden sind) und mit denen wir nun sowohl auf alte, sich wiederholende, als auch immer wieder auf neue und sich verändernde Gegebenheiten Bezug nehmen.

Wir konstruieren unsere Welterfahrung nicht immer total neu, sondern werden durch die fixierten *langue*-Konstruktionen geleitet. Dabei ist noch immer nicht ganz geklärt, wie sehr wir in unserer Weltsicht von unserer Sprache (= *langage* und *langue*) abhängig sind bzw. wie leicht es ist, sich aus deren Prägung zu befreien. Hier hat man natürlich an die bekannte Sapir-Whorf-Hypothese zu denken; es soll aber auch der Ansatz von Broschart (1998) erwähnt werden, der den Konstruktionsbegriff in interessanter Weise auf seine grammatisch-typologischen Studien anwendet.

2.4 Ad-hoc-Wirklichkeitskonstruktionen durch die *parole*

Langue und *parole* - selbst nichts anderes als Konstruktionen - stehen in einem dialektischen Verhältnis zueinander; die *langue* bildet die Basis für *parole*-Erzeugnisse, die wiederum auf die *langue* zurückwirken. Die Entstehung der *parole*-Äußerungen selbst könnte oder müsste bereits als 'Konstruktion' bezeichnet werden, wobei es mir scheint, dass sich in diesem Fall die alltagssprachliche Bedeutung des Lexems („zusammenfügen, zusammenbauen") und die i.e.S. konstruktivistische Bedeutung („mentalkognitiv konstruieren, wo der *common sense* nur Auseinandersetzung mit 'Gegebenem' vermutet") annähern bzw. überlagern.

Haben wir bisher vor allem individuelle Konstruktionsprozesse im Auge gehabt, soll hier der bereits einmal erwähnte Begriff der 'sozialen Konstruktion' wieder aufgenommen und auf gesprächsanalytische Ansätze (vgl. z.B. Henne / Rehbock

1995) hingewiesen werden, nach denen in Gesprächen gemeinsam Wirklichkeit ausgehandelt und konstruiert wird.

2.5 Spracherwerb - Spracherlernung

Das Besondere an diesem Punkt ist, dass es hier nicht um konstruktive Prozesse bei der Sprachverwendung (Produktion und Rezeption) durch gewöhnliche *native speakers* geht, sondern um die Aneignung der entsprechenden Kompetenzen sowohl in der L1 als auch in der L2 bis hin zur Ln, die ihrerseits jeweils als konstruktiver Prozess angesehen wird, wobei meist Verbindungen zu sonstigen Lerntheorien hergestellt werden. An dieser Stelle sei auf die bekannten Arbeiten von Wolff (1994), Wendt (1996) und Müller (1997) verwiesen. Müller (1997: 91) z.B. meint, dass sich die Konzepte der Enkulturation, der Authentizität und der Aufgabenorientiertheit, der Lernerautonomie, des kooperativen Lernens, der Kreativität und der Imagination (zumindest implizitem) konstruktivistischem Denken verdanken.

Bei aller grundsätzlichen Bejahung 1. dieser Konzepte sowie 2. des dabei herstellbaren Konnexes mit konstruktivistischem Denken werde ich in Teil 3 jedoch einige kritische Bemerkungen zu m.E. vielleicht etwas vorschnell vorgebrachten Argumenten äußern, mit denen beim Konstruktivismus Unterstützung für gewisse didaktische Modelle gesucht wird.

Bevor wir zum nächsten Punkt übergehen, soll noch ein Konzept gesondert erwähnt werden, das heute in der Fremdsprachendidaktik - aber nicht nur in dieser - eine große Rolle spielt: die Interkulturalität bzw. die interkulturelle Kompetenz. Das Verhältnis des Lehr- und Lernziels 'interkulturelle Kompetenz' zu den sonstigen fremdsprachendidaktischen Zielkompetenzen erscheint weder theoretisch noch praktisch geklärt (vgl. Stegu 1997a). Einerseits wird z.B. Enkulturation bzw. 'fremdkulturelle Kompetenz' angestrebt, andererseits wird erklärt, selbst bei ausgezeichneten Sprachkenntnissen könne die totale Anpassung an die andere Kultur nie erreicht werden und müsse man sich mit einer interkulturellen Kompetenz begnügen, die Konflikte beim Aufeinandertreffen verschiedener Kulturen vermeiden helfen soll.

Herrschten in den Anfangszeiten interkultureller Forschung und Lehre realistische Bedeutungskonzepte vor („Die Japaner sind so ..., die Amerikaner so ...."), setzten sich in letzter Zeit immer mehr konstruktivismusnahe Sichtweisen durch, bei denen das Entstehen und Überwinden von Fremd- und Selbstbildern mitreflektiert wird. Hier ergibt sich jedoch meist das Problem, dass der Kulturbegriff selbst nach wie vor irgendwie „realistisch" gesetzt wird und dessen eigener Konstruktionscharakter nicht bewusst gemacht wird. Dies führt uns bereits zum nächsten Punkt.

2.6 Meta-Ebene: Theorien über Sprache als Konstruktionen zu Konstruktionen

Es passiert zwar des öfteren, dass über konstruktive Phänomene (quasi-)realistisch nachgedacht und geschrieben wird; es ist jedoch stets der rekursive Charakter konstruktivistischen Denkens zu beachten: Auch die beschreibende Meta-Sprache besteht aus nichts anderem als aus Konstruktionen. Um das Beispiel von vorhin aufzunehmen: Wenn ich einen Eindruck von 'japanischer Kultur' habe, so handelt es sich bei letzterer nicht um eine objektive Gegebenheit, sondern um ein innerhalb und außerhalb Japans, von JapanerInnen und Nicht-JapanerInnen und letzten Endes von allen, die diesen Begriff verwenden, selbst (mit-)konstruiertes Konzept. Dazu kommt aber auch noch, dass der Kulturbegriff seinerseits bereits ein Konstrukt ist, und die Beziehung zwischen den verschiedenen begrifflichen Hierarchien ist hier alles andere als trivial. So kann ja wohl eine Vorstellung von 'japanischer Kultur' nur dann entstehen, wenn man primär an so etwas wie „Kultur" glaubt. Und dies wird ja wohl immer die *crux* der Interkulturalitätsforschung bleiben: dass sie auf einem besonders vagen und diskutablen Begriff aufbauen muss.

Diese Probleme stellen sich aber in gewisser Weise für die gesamte Linguistik: Der ganze sprachwissenschaftliche Begriffsapparat besteht aus Konstruktionen zu Konstruktionen. Ein besonders schönes Beispiel wäre der Verbalaspekt: Diese Kategorie dient dazu, bestimmte Handlungsabläufe in Abhängigkeit von syntaktischen, semantischen usw. Faktoren in gewisser Weise zu „sehen", zu konstruieren, aber die Kategorie 'Verbalaspekt' ist natürlich selbst wiederum ein Konstrukt. Ich selbst sehe eine besondere Nähe von Konstruktivismus und Pluralismus und habe mich daher auch dafür ausgesprochen, in manchen Fällen, bei denen die traditionelle Linguistik monistische Entweder-oder-Lösungen fordert („Semantik oder Pragmatik?", „Text oder Nicht-Text?" usw.), auch plurale Sowohl-als-auch-Lösungen vorzusehen (vgl. Stegu 1998).

Gab es früher - mehr oder minder - nur die anerkannte Meta-Sprache der Linguist-Innen, die auch an die Lernenden, u.U. in etwas adaptierter Form, weitergegeben werden sollte, kommen durch die *language awareness*-Strömung zusätzliche metasprachliche Phänomene in den Blick: Hier sollen die Lernenden selbst über sprachliche Regeln usw. nachdenken und sprechen, auch in einer von ihnen selbst entwickelten, noch nicht ganz kanonischen Begrifflichkeit. Wenn die Lernenden im Weiteren auch an allgemein verbreitete Terminologien herangeführt werden, muss dabei besonders darauf geachtet werden, dass nicht der Eindruck entsteht, die üblichen Termini würden die Sprachphänomene beschreiben, „wie sie wirklich sind", und nur die Lernenden hätten probeweise „herumkonstruiert". Ob es sich um Sprachlaien oder um SprachexpertInnen handelt: konstruiert wird von beiden Gruppen.

3. Konstruktion - ein neues Zauberwort?

Der Terminus 'konstruieren' und diverse Ableitungen davon wurden ursprünglich nur in einem sehr konkreten Sinn verwendet, der allerdings sekundär auch für abstrakte Bedeutungsnuancen eingesetzt werden konnte: „Diese Brücke wurde im Jahre 1996 konstruiert", aber auch: „Dieser Gedanke wirkt sehr konstruiert." Dies sind ganz normale metaphorische Erscheinungen: aus 'konkret' wird 'abstrakt'.

Wenn jemand behauptet, auch oder ganz besonders der Konstruktionsbegriff des Konstruktivismus sei bloß eine Metapher, muss man dieser Person Recht geben: Natürlich handelt es sich um eine Metapher, aber dies allein ist noch kein Gegenargument, weil wir ja inzwischen mehr denn je wissen, dass all unser Denken metaphorisch ist und dass wir uns sonst nicht nur nicht ausdrücken, sondern auch nicht einmal denken könnten. Trotzdem ist Metapher nicht gleich Metapher, und auch im vorliegenden Fall habe ich gewisse Probleme, alle Verwendungsarten von 'Konstruktion' u.ä. unter einen Hut zu bringen bzw. miteinander zu vergleichen. Ich habe bereits erwähnt, dass mir das Besondere des konstruktivistischen Konstruktionskonzeptes darin zu liegen scheint, dass es dort Konstruktionen annimmt, wo der *common sense* nur Gegebenes sieht. Die technische Konstruktion einer Brücke hat vielleicht nichts mit dem Konstruktionsbegriff des Konstruktivismus zu tun, meine Wahrnehmung - die eben nicht nur rezeptiv, sondern mental-konstruierend ist - hingegen schon. Es scheint Übergangszonen zu geben, z.B. wenn man vom Konstruieren von Texten spricht, durch die zwangsläufig auch gewisse 'Wirklichkeiten' mitkonstruiert werden.

Die metaphorische Übertragung des Konstruktionsbegriffs erscheint mir also prinzipiell berechtigt, ja auch unverzichtbar; trotzdem sollte man sich hie und da fragen, ob man aus lauter Begeisterung nicht bisweilen ein wenig leichtfertig damit umgeht. Es sei mir daher die folgende, etwas kritische Überlegung gestattet.

Konzepte wie Lernerautonomie, 'Lernen lernen', kreatives Lernen usw. sollen hier keineswegs in Frage gestellt werden. Ich bin der festen Überzeugung, dass durch derartige Lernmodelle größere und dauerhaftere Fortschritte erzielt werden als durch sogenannte rein instruierende didaktische Formen. Mir erscheint es auch nicht verfehlt, hier einen Zusammenhang mit der grundsätzlich konstruierenden Natur unserer Wahrnehmung, unseres Denkens und Lernens zu sehen.

Als einer, der selbst jahrelang unter Bedingungen einer Massenuniversität, der Wirtschaftsuniversität Wien, Sprachunterricht erteilen musste, der aus verschiedenen Gründen in vielen Fällen eher den „instruierenden" Weg gehen musste, möchte ich nun doch auch für diese letztere Methode (als eine Methode unter anderen und unter gewissen Bedingungen) eine Lanze brechen.

Manchmal wird so getan - ich übertreibe jetzt absichtlich ein wenig -, als ob durch die Einsicht in den konstruktiven oder autopoietischen Charakter des Lernens die Lehrkraft überhaupt jede Funktion verloren hätte - außer einer vielleicht prinzipiell 'orientierenden'. Dies wäre so, als ob man auch in der normalen Kommunikation aufgrund des Wegfalls eines 'Senders' im engeren Sinn auf KommunikationspartnerInnen überhaupt verzichten könnte bzw. diesen nur orientierende Hilfsfunktionen zuweisen dürfte. Diese realen KommunikationspartnerInnen *gibt* es aber in Hülle und Fülle, und die wollen uns auch alle instruieren, manipulieren, und wir müssen uns mit deren Meinung auseinandersetzen.

Genauso wie es weiterhin 'Sender' gibt, die uns nicht nur sagen „Denke einmal, so gut Du es kannst, über Politik nach!", sondern „Unsere Partei ist die beste, weil sie sich für die Unterprivilegierten der Gesellschaft einsetzt." und wir uns mit eben solchen Meinungen auseinandersetzen müssen, darf m.E. auch der/die LehrerIn/SprachexpertIn nach wir vor in gewissen Fällen den Lernenden ganz einfach mitteilen: „Das Futur wird auf folgende Weise gebildet ...." Auch diese Äußerung wird ja nicht 'als solche' rezipiert, sondern muss (nach-)konstruiert (und auch überprüft) werden.

Das Bekenntnis zu einer konstruktivistisch orientierten Fremdsprachendidaktik bedeutet jedenfalls nicht, die SchülerInnen völlig in einer falsch verstandenen Autopoiesis oder Autonomie allein und laienhaft herumkrebsen zu lassen ...

Anmerkungen

[1] Vgl. URL: http://www-gewi.kfunigraz.ac.at/constr/home.html
[2] Vgl. von Glasersfeld im Vorwort zu diesem Band.

Literatur

Antos, Gerd (1996): *Laien-Linguistik.* Studien zu Sprach- und Kommunikationsproblemen im Alltag. Tübingen: Niemeyer.
Bernhard, Jeff (Hrsg.) (1991): *Semiotik – interdisziplinär II.* Wien: ÖGS.
Bernhard, Jeff (Hrsg.) (1997): *Welt der Zeichen. Welt der Dinge.* Wien: ÖGS.
Broschart, Jürgen (1998): Constructivism and Linguistics: Implications for a Theory of Language and Grammar. *Workshop 'Konstruktivismus und Linguistik' der Konferenz 'Weisen der Welterzeugung: Die Realität des Konstruktivismus II', Heidelberg, 30.4.-3.5.1998* (unveröff. Ms.).
Henne, Helmut/ Rehbock, Helmut (1995): *Einführung in die Gesprächsanalyse.* Berlin: de Gruyter. 3. Aufl.
Mattheier, Klaus J. (Hrsg.) (1997): *Norm und Variation.* Bern, Amsterdam, Frankfurt a. M.: Lang.
Müller, Klaus (1997): Konstruktivistische Lerntheorie und Fremdsprachendidaktik. *Jahrbuch Deutsch als Fremdsprache* 23: 77-112.
Shannon, Cl./ Weaver, W. (1949): *The Mathematical Theory of Communication.* Urbana, Ill.: University of Illinois Press.
Stegu, Martin (1991): Semiotik (in) der Postmoderne. Epistemologische Überlegungen zum Theorienpluralismus in den Zeichenwissenschaften. In: Bernard, Jeff (Hrsg.): 191-208.
Stegu, Martin (1997a): Semiotik und (pluraler) Konstruktivismus. In: Bernard, Jeff (Hrsg.): 283-298.
Stegu, Martin (1997b): Ausweitung oder Aufweichung? Zur Rolle des 'Fehlers' in der modernen Fremdsprachendidaktik. In: Mattheier, Klaus J. (Hrsg.): 169-178.
Stegu, Martin (1998): *Postmoderne Semiotik und Linguistik.* Möglichkeiten, Anwendungen, Perspektiven. Frankfurt am Main: Lang.
Wendt, Michael (1996): *Konstruktivistische Fremdsprachendidaktik.* Lerner- und handlungsorientierter Unterricht aus neuer Sicht. Tübingen: Narr.
Wolff, Dieter (1994): Der Konstruktivismus: Ein neues Paradigma in der Fremdsprachendidaktik. *Die Neueren Sprachen* 93/5: 407-429.

Hinweise

Anschriften der Autoren

Bleyhl, Prof. Dr. Werner, Hohenackerstr. 34/1, 73733 Esslingen

Bosenius, Dr. Petra, Universität zu Köln, Institut für englische Sprache und ihre Didaktik, Gronewaldstr. 2, 50931 Köln

Caspari, Dr. Daniela, Untergasse 41, 35398 Gießen-Stadt Allendorf

Donnerstag, Prof. Dr. Jürgen, Universität zu Köln, Institut für englische Sprache und ihre Didaktik, Gronewaldstr. 2, 50931 Köln

Glasersfeld, Prof. Ernst von, 37 Long Plain Road, Amherst, Ma. 01002 - 9523, U.S.A.

Leupold, Prof. Dr. Eynar, Martin-Luther-Universität Halle-Wittenberg, FB: Romanistik, 06099 Halle (Saale)

Martel, Prof. Angéline, Télé-université, 1001 Sherbrooke est, Montréal, Québec, Canada

Meixner, Dr. habil. Johanna, Katholische Universität Eichstätt, Universitätsallee, 85072 Eichstätt

Müller, Prof. Dr. Klaus, Katholische Universität Eichstätt, Universitätsallee, 85072 Eichstätt

Rampillon, Ute, Camí de Can Diol, L'Hort d'en Costa, 07460 Pollensa/Mallorca, Spanien

Rusch, PD Dr. Gebhard, Universität Siegen, FB 3, Adolf-Reichwein-Str. 2, 57076 Siegen

Schmidt, Prof. Dr. Siegfried J., Wilhelms-Universität Münster, Institut für Kommunikationswissenschaften, Bispinghof 9-14, 48143 Münster

Stegu, Prof. Dr. Martin, Wirtschaftsuniversität Wien, Institut für Romanische Sprachen / VERBAL (Verband für Angewandte Linguistik), Augasse 9, 1090 Wien, Österreich

Wendt, Prof. Dr. Michael, Hubertusstraße 38, 35415 Pohlheim

Hinweise zur Skripterstellung

Bitte beachten Sie die neuen Rechtschreibregeln.

Die Beiträge sollen (einschließlich der Anmerkungen, Literaturhinweise, Abbildungen, Anhänge) nicht mehr als 10 Seiten umfassen.

Um ein einheitliches Seitenbild zu erhalten, bitten wir um Beachtung der folgenden Hinweise:

Skriptform

Wir benötigen das Skript als Ausdruck (möglichst Laserdrucker) und als Diskette (3,5"). Betriebssystem Windows ab Version 95, Winword ab Version 97, MS DOS Word 5.5 oder Word Perfect.

Seitenformat, Paginierung, Fußnoten

Die Druckvorlage ist auf DIN A4 Format zu erstellen (wird in der Druckerei auf DIN A5 verkleinert). Die Länge des Textblocks („Satzspiegel") beträgt ohne Seitenzahl 24 cm, die Breite 16 cm. Die Seitenzahlen sollen unten rechts (=ungerade Seite) bzw. unten links (=gerade Seite) bündig mit dem Textrand stehen; ihr Abstand zum Textblock beträgt etwa 1 cm. Bitte keine Einzelzeile am Seitenende („Schusterjunge") oder am Seitenanfang („Hurenkind") und keine automatischen Worttrennungen. Es sind keine Fußnoten vorzusehen.

Schriftart

Die nachfolgenden Informationen beziehen sich auf die Schriftart *Times New Roman* bei Winword.

Reihenfolge, Schriftgrößen, Einrückungen, Zeilenabstände

Hauptüberschrift:	16 Pkt, nicht kursiv, fett; zentriert
Autorenname(n) (unter Hauptüberschrift):	15 Pkt, kursiv, nicht fett; linksbündig
Zwischenüberschriften:	14 Pkt, nicht kursiv, fett; linksbündig
Normaler Text:	13 Pkt; bitte keine drucktechnischen Hervorhebungen, keine Einrückungen (Ausrichtung: "Block")
Seitenzahl:	13 Pkt
Abstracts, Anmerkungen (hinter dem normalen Text, vor Lithinw.):	12 Pkt; Text der Anmerkungen 0,5 cm von der hochgestellten Nummerierung entfernt
Literaturhinweise:	12 Pkt, 0,5 cm hängend (ab 2. Zeile 0,5 cm eingerückt)
Zeilenabstände:	– (s. unter: *Format Absatz*) im normalen Text: genau; *Maß: 16 Pkt* – bei den Literaturhinweisen und den Anmerkungen: *einfach; Maß 0* – Zwischen Absätzen: *Abstand nach: 6 Pkt*

Quellenangaben und Zitate

Zur Kennzeichnung sinngemäßer und wörtlicher Zitate im laufenden Text bitte Kurzform in Klammern verwenden, z. B.: Hingegen ist Wilding (1991a: 14) der Meinung ... Oder, wie Brugsch (2. Aufl. 1989: 165) meint: „Im Anfangsunterricht soll die Lehrkraft...". Nach verbreiteter Ansicht (vgl. Arnold 1987: 24, Klämper / Ziehl 1982: 102, Vielau 1989) wird diese Unterrichtsform ...
Diese Zitierform verhilft zur Einsparung vieler Anmerkungen!

Bitte verwenden Sie die „unten und oben" Anführungsstriche. Ausnahme: 'Begriff'.

Titel und *fremdsprachige Zitate* im laufenden Text sollen nicht in Anführungsstriche gesetzt, sondern *kursiv* geschrieben werden. Bitte keine Unterstreichungen verwenden.

Längere Zitate (ab 40 Wörtern) sollen, soweit sie notwendig sind, im abgesetzten Block wiedergegeben werden: 12 Pkt-Schrift, Zeilenabstand einfach, links und rechts 0,5 cm eingerückt.

Literaturangaben (in den Literaturhinweisen)

a) *Monographie*
Nachname, Vorname (Jahr): *Haupttitel.* Ort: Verlag. 2. Aufl. (Reihe Band.)

b) *Sammelband*
Nachname, Vorname/ Nachname, Vorname (Hrsg.) (Jahr): *Haupttitel. Untertitel.* Ort: Verlag.

c) *Beitrag zu Sammelband*
Nachname, Vorname (Jahr): Titel und ggf. Untertitel des Beitrags. In: Nachname, Vorname u. a. (Hrsg.): 14-28.

d) *Zeitschriftenaufsatz*
Nachname, Vorname (Jahr): Titel und ggf. Untertitel des Aufsatzes. *Name der Zeitschrift* Jahrgang/Heftnummer: 305-315.

N.B.: Bitte **Vornamen** ausschreiben und Verlag angeben.

Grafiken, Übersichten, Abbildungen, Fotos

Es ist möglich, Schwarz-Weiß-Fotos (Abzug) wiederzugeben; mehrere Fotos sollten aus Kostengründen auf einer Seite zusammengestellt werden.

Bitte Abbildungs**originale** beilegen.

Bitte denken Sie daran, dass die Beachtung dieser Hinweise Zeit und Kosten spart. Für weitere Fragen stehen wir Ihnen gern zur Verfügung.

Die Herausgeber

Kolloquium Fremdsprachenunterricht

Herausgegeben von Gerhard Bach, Volker Raddatz,
Michael Wendt und Wolfgang Zydatiß

Band 1   Volker Raddatz / Michael Wendt (Hrsg.): Textarbeit im Fremdsprachenunterricht – Schrift, Film, Video. Kolloquium zur Ehren von Bertolt Brandt (Verlag Dr. Kovač 1997).

Band 2   Gabriele Blell / Wilfried Gienow (Hrsg.): Interaktion mit Texten, Bildern, Multimedia im Fremdsprachenunterricht (Verlag Dr. Kovač 1998).

Band 3   Renate Fery / Volker Raddatz (Hrsg.): Lehrwerke und ihre Alternativen. 2000.

Band 4   Gisèle Holtzer / Michael Wendt (éds.): Didactique comparée des langues et études terminologiques. Interculturel – Stratégies – Conscience langagière. 2000.

Band 5   Gerhard Bach / Susanne Niemeier (Hrsg.): Bilingualer Unterricht. Grundlagen, Methoden, Praxis, Perspektiven. 2000.

Band 6   Michael Wendt (Hrsg.): Konstruktion statt Instruktion. Neue Zugänge zu Sprache und Kultur im Fremdsprachenunterricht. 2000.

Andreas Pehnke / Gabriele Förster / Wolfgang Schneider (Hrsg.)

Anregungen international verwirklichter Reformpädagogik

Traditionen, Bilanzen, Visionen

Frankfurt/M., Berlin, Bern, Bruxelles, New York, Wien, 1999.
731 S., zahlr. Abb.
Greifswalder Studien zur Erziehungswissenschaft.
Herausgegeben von Andreas Pehnke. Bd. 8
ISBN 3-631-35645-5 · Geb. DM 148.–*

Der Band vermittelt Erkenntnisse aus Japan, den Niederlanden, Rußland, Ungarn, Tschechien, Spanien, Dänemark, Schweden, der Slowakei, der Schweiz und Deutschland zu Modernisierungseffekten von Reform- und Alternativschulen für das Regelschulwesen.
Er gewährt Einblicke in Arbeitsmethoden und -ergebnisse aus Schulen traditioneller Reformpädagogik sowie reformorientierter Grundschul- und Sekundarschulpraxis an staatlichen Schulen. Er dokumentiert auch Erfahrungen der wissenschaftlichen Begleitung von Schulversuchen und thematisiert Ambivalenzen in der Aufarbeitung der historischen Reformpädagogik.

Aus dem Inhalt: Ecole d'Humanité · Benposta, die Nation der Kinder · Eine Tvind-Innenansicht · Odenwaldschule · Montessori-, Waldorf-, Jenaplanschulen · Versuchsschulerfahrungen (Bielefeld, Kassel) und -initiativen (Greifswald)

Frankfurt/M · Berlin · Bern · Bruxelles · New York · Oxford · Wien
Auslieferung: Verlag Peter Lang AG
Jupiterstr. 15, CH-3000 Bern 15
Telefax (004131) 9402131
*inklusive Mehrwertsteuer
Preisänderungen vorbehalten